★ 职业教育城市轨道交通专业精品教材 ★

Chengshi Guidao Jiaotong Tufa Shijian Yingji Chuli

# 城市轨道交通突发事件应急处理

江　薇　刘　凯　主　编
荣炜倪　舒　鑫　副主编

人民交通出版社股份有限公司
北　京

## 内 容 提 要

本书是职业教育城市轨道交通专业精品教材之一。本书内容主要包括:城市轨道交通突发事件应急处理概述、车站突发事件的应急处理、列车突发事件的应急处理、信号设备故障的应急处理、自然灾害与恶劣天气的应急处理,共5个单元。

本书是城市轨道交通类专业的核心教材,可供职业院校教学选用,也可作为城市轨道交通行业岗位培训或自学用书,同时可供城市轨道交通行业工程技术人员学习参考。

**图书在版编目(CIP)数据**

城市轨道交通突发事件应急处理/江薇等主编. —北京:人民交通出版社股份有限公司,2021.6 (2025.1重印)

ISBN 978-7-114-17267-0

Ⅰ.①城… Ⅱ.①江… Ⅲ.①城市铁路—轨道交通—突发事件—处理—职业教育—教材 Ⅳ.①U239.5

中国版本图书馆 CIP 数据核字(2021)第 079143 号

**书　　名**:城市轨道交通突发事件应急处理
**著 作 者**:江　薇　刘　凯
**责任编辑**:时　旭　侯力文
**责任校对**:孙国靖　龙　雪
**责任印制**:刘高彤
**出版发行**:人民交通出版社股份有限公司
**地　　址**:(100011)北京市朝阳区安定门外外馆斜街3号
**网　　址**:http://www.ccpcl.com.cn
**销售电话**:(010)85285911
**总 经 销**:人民交通出版社股份有限公司发行部
**经　　销**:各地新华书店
**印　　刷**:北京科印技术咨询服务有限公司数码印刷分部
**开　　本**:787×1092　1/16
**印　　张**:17.25
**字　　数**:297千
**版　　次**:2021年6月　第1版
**印　　次**:2025年1月　第3次印刷
**书　　号**:ISBN 978-7-114-17267-0
**定　　价**:42.00元

# Preface 前言

随着我国城镇化规模不断扩大，流动人口与机动车数量快速增加，现有城市交通基础设施面临着巨大的挑战。城市轨道交通对改善现代城市交通拥堵局面、调整和优化城市区域布局、促进国民经济发展发挥的作用，已是不容置疑的客观现实。在城市化进程加快、新一线城市经济崛起的背景下，我国城市轨道交通迎来快速发展，轨道交通运营规模不断扩大，轨道交通运营人才紧缺问题也亟待解决。

本套城市轨道专业教材自2010年出版以来，在教学、科研和培训工作中发挥了很大的作用，深受使用院校师生的好评。为体现城市轨道交通发展中新技术、新材料、新设备、新工艺和新标准的应用，更好地适应职业教育"校企合作，工学结合"的人才培养模式，满足实际教学需求，人民交通出版社股份有限公司根据使用院校师生反馈的意见和建议，组织相关专业教师、企业技术人员，对本套教材进行了全面修订。

本书是根据教育部发布的教学标准，新增加的一本专业课教材。本书遵循职业教育"以必需、够用为度"的原则，"以就业为导向，以服务为宗旨"的指导思想，旨在培养热爱祖国、政治立场坚定，适应城市轨道交通运营管理工作岗位要求，掌握城市轨道交通运营应急处理知识，具有车站安全运营、列车安全运行等方面管理和服务能力的高素质劳动者和技能型人才。通过本课程的学习，学生应掌握城市轨道交通突发事件处理原则，熟悉应急工具的使用规定和操作方法，掌握运营生产类、自然灾害类、公共安全类等突发事件的处理方法，能根据突发事件应急处理程序分角色完成应急预案演练。

本书特点如下：

(1)以岗位工作内容与实际操作流程为基础，将本专业职业项目分解成若干个突发事件应急处理典型任务，结合城市轨道交通运营管理行业"1+X"证书考核要求，设计教学内容，充分体现"教、学、做一体"的教学方法。

(2)秉持以学生发展为中心的职业教育理念，遵从学生认知学习规律，全书贯穿案例导入、图表结合、小组合作、情景模拟、角色扮演等教与学的方法，让学生有更强的体验感与参与感。

(3)突出职业性和技能性。每一单元课后配套设计单元实训，实训任务的布置、实施、评价环环相扣，能够满足企业岗位培训的要求。

（4）编写过程力求做到校企合作、工学结合，广泛吸收北京、上海、广州、武汉等地先进的城市轨道交通运营管理经验，做到理论知识与时俱进，实训技能贴近实际。

本书由武汉市交通学校江薇、刘凯担任主编，荣炜倪、舒鑫担任副主编，李艳艳、侯萱参与编写。江薇负责全书的框架和编写思路设计以及统稿、校对工作，编写单元1、单元2的第1～4节、附录1～附录4；刘凯编写单元2的第5～8节和单元5；荣炜倪编写单元3的第2～7节和单元4；舒鑫编写单元2的第9节和单元3的第1节。

书中参考、引用了城市轨道交通行业专家、学者的著作和成果，部分城市轨道交通企业运营管理相关文献，在此谨向相关单位和作者表示衷心感谢。

限于编者水平，书中难免有疏漏和错误之处，恳请广大读者提出宝贵建议，以便进一步修改和完善。

**编　者**

**2021年2月**

Contents 目录

# 单元1 城市轨道交通突发事件应急处理概述

教学目标

**知识目标**

1. 能说明城市轨道交通突发事件的基本概念、特征与分类;

2. 能描述城市轨道交通运营企业目前处理突发事件的应急管理模式及组织方式,讲解模式中各环节的工作要点;

3. 能说明城市轨道交通应急预案体系、城市轨道交通突发事件应急预案的结构和内容。

**能力目标**

1. 能编制城市轨道交通应急演练方案;

2. 会运用常用的应急预案演练方式。

建议学时

6学时

## 案例导入

2012年11月19日19时19分,某城市地铁8号线区间隧道中,一辆往东行驶的列车在行驶过程中车厢内突然冒烟、起火花,列车临时停在隧道内距车站200m处。惊恐不已的乘客自行打开车门,上演隧道大逃亡。事件发生后,消防队出动5辆消防车、约30名消防员到场救援。2012年11月20日0时20分,该市地铁公安分局发布通报,称列车因车顶受电弓(电压1500V)发生故障,致使其部件与车顶发生接触短路,产生响声和烟雾,同时电弧击穿列车顶部,烟雾从洞口(直径约4cm)进入车内。

市民陈女士当时坐在列车的第一节车厢。在列车开过前一站，快要进入下一站时，她突然看到车窗外闪过一片火花，还看到有白烟冒出。“我还以为是短路了，但列车当时没有停下，像失控一样又往前冲了近1min。”陈女士说，“当时车厢内顿时一片混乱，大家陷入恐慌。很多人拼命往前挤，有人还按开了逃生门，我们都拼命冲下车。”在下车过程中，由于人多拥挤，陈女士被挤倒。“当时我身下压着人，应该有十多人倒在地上。我的胸口撞到水管，肋骨处受伤了”陈女士说。随后，她爬起来和大家一起摸黑在隧道里走，心里很害怕。

**思考：**1. 从上述案例分析，城市轨道交通突发事件有什么特点？

2. 城市轨道交通运营企业开展突发事件应急处理的必要性和主要方法是什么？

## 1.1 认识城市轨道交通突发事件

### 1.1.1 城市轨道交通突发事件的定义

从广义上讲，突发事件是指在组织或个人原定计划之外或在其认识范围之外突然发生的，对其利益具有损伤性或潜在危害性的一切事件。这个定义包含两层意思：一是指事件发生、发展的速度很快，出乎意料；二是指事件难以应对，必须采取非常规方法来处理。

从狭义上讲，突发事件是指在一定区域内突然发生的、规模较大且对社会产生广泛负面影响的，对生命和财产构成严重威胁的事件和灾难。简而言之，就是天灾人祸。“天灾”即自然灾害；“人祸”如恐怖事件、社会冲突等人为祸患，专家也称其为“危机”。

城市轨道交通突发事件是指在运营过程中列车脱轨、冲突、解体、路外人员伤亡、群死群伤（3人死亡或死亡、重伤5人及以上）、火灾、爆炸、毒气袭击、地震、恶劣天气、突发大客流或者由于设备严重故障、损坏等原因造成中断运营的非常规事件。

城市轨道交通主要包括有轨电车、地铁系统、轻轨系统、单轨（独轨）系统、磁浮系统、自动导向交通系统和市域快速轨道系统等，其中地铁为主要的城市轨道交通方式。本书中所讲城市轨道交通主要指地铁。世界各国地铁已经发生过或可能发生的事故（灾害事件）共有以下13种：火灾、爆炸、地震、毒气泄漏、突发疫

情、电梯事故、列车脱轨(包括倾覆)、大面积断电、大面积淹浸、重大设备故障、大客流爆满、恐怖袭击、其他重大紧急事件。2000 年至今世界各地发生的有较大影响的城市轨道交通突发事件见表 1-1。

**2000 年至今世界各地发生的重大地铁突发事件**　　表 1-1

| 事故类型 | 时间 | 地　点 | 事故产生原因及后果 |
|---|---|---|---|
| 火灾事故 | 2001.7 | 英国伦敦 | 列车撞击月台起火,32 人受伤 |
| | 2003.2 | 韩国大邱 | 人为纵火,198 人死亡,147 人受伤 |
| | 2004.1 | 中国香港 | 人为纵火,14 人受伤 |
| | 2004.2 | 俄罗斯莫斯科 | 上班高峰发生爆炸,40 人死亡,120 人受伤 |
| | 2006.7 | 美国芝加哥 | 脱轨起火,152 人受伤 |
| | 2016.1 | 日本东京 | 车站通气口的不明物质燃烧而引起 |
| | 2020.3 | 美国纽约 | 一辆地铁列车发生火灾,1 人死亡,16 人受伤 |
| 水灾事故 | 2007.8 | 美国纽约 | 暴雨导致地铁运输系统瘫痪 |
| | 2008.3 | 中国上海 | 泡沫塑料堵塞下水道,通道地面严重积水,4 部电梯停运,影响正常运营超过 2h |
| | 2008.7 | 中国北京 | 雨水倒灌入车站,列车停运 3h |
| 停电事故 | 2003.8 | 英国伦敦 | 停电后,2/3 列车停运,25 万人被困在地铁中,许多地铁站被迫暂时关闭 |
| | 2007.10 | 日本东京 | 东京地铁大江户线突然停电,全线停止运行,1300 人被困在列车中,10 人被送医院治疗 |
| 自然灾害 | 2003.5 | 日本仙台 | 地震,仙台地铁全线停运 |
| | 2007.7 | 中国重庆 | 雷击,供电设备损坏,部分区间断电,部分线路停运达 7h |

续上表

| 事故类型 | 时间 | 地　　点 | 事故产生原因及后果 |
|---|---|---|---|
| 列车事故 | 2000.3 | 日本东京 | 列车脱轨,3 人死亡,44 人受伤 |
| | 2004.11 | 美国华盛顿 | 列车相撞,20 人受伤 |
| | 2005.1 | 泰国曼谷 | 列车追尾,140 余人受伤 |
| | 2005.4 | 日本兵库尼崎 | 列车脱轨,107 人死亡,400 余人受伤 |
| | 2006.7 | 西班牙巴伦西亚 | 列车脱轨颠覆,41 人死亡,47 人受伤 |
| | 2006.10 | 意大利罗马 | 与停站列车追尾,1 人死亡,236 人受伤 |
| | 2007.7 | 委内瑞拉加拉加斯 | 列车追尾,1 人死亡,多人受伤 |
| | 2009.6 | 美国华盛顿 | 列车相撞,9 人死亡,76 人受伤 |
| | 2011.9 | 中国上海 | 列车追尾,271 人受伤 |
| | 2013.5 | 中国香港 | 列车脱轨,62 人受伤 |
| | 2014.5 | 美国纽约 | 列车脱轨,19 人受伤 |
| | 2019.9 | 中国香港 | 列车脱轨,8 人受伤 |
| 恐怖活动 | 2000.11 | 德国杜塞尔多夫 | 车站炸弹袭击,9 人受伤 |
| | 2001.8 | 英国伦敦 | 列车爆炸,6 人受伤 |
| | 2001.9 | 加拿大蒙特利尔 | 毒气袭击,40 余人受伤 |
| | 2004.2 | 俄罗斯莫斯科 | 自杀式爆炸袭击,40 人死亡,134 人受伤 |
| | 2004.8 | 俄罗斯莫斯科 | 爆炸袭击,8 人死亡,10 人受伤 |
| | 2005.7 | 英国伦敦 | 连环爆炸袭击,52 人死亡,700 余人受伤 |
| | 2015.12 | 英国伦敦 | 持刀捅人事件,造成数人受伤 |
| 设备事故 | 2010.12 | 中国深圳 | 电梯逆行,23 人受伤 |
| | 2011.7 | 中国北京 | 电梯逆行,1 人死亡,30 人受伤 |
| | 2014.11 | 中国北京 | 乘客夹在安全门与列车门空隙,1 人死亡 |
| | 2016.10 | 韩国首尔 | 乘客夹在安全门与列车门空隙,1 人死亡 |

2000年至今，公共安全事故如踩踏事故少有发生，而列车事故、火灾事故和水灾事故的发生较为频繁、影响较为严重，恐怖活动也时有发生，因而必须重点考虑构建城市轨道交通运营安全体系和编制突发事件应急处理预案。

### 1.1.2　城市轨道交通突发事件分类

根据2007年11月1日起施行的《中华人民共和国突发事件应对法》的规定，突发事件，是指突然发生，造成或者可能造成严重社会危害，需要采取应急处置措施予以应对的自然灾害、事故灾难、公共卫生事件和社会安全事件。根据以上定义，目前我国将突发事件分为自然灾害、事故灾难、公共卫生事件和社会安全事件4类。

(1)自然灾害：由于自然原因而导致的灾害或突发事件。如地震、台风、山体崩塌、滑坡、冰雹、洪涝等。

(2)事故灾难：在人们生产、生活过程中发生的，直接由人的生产、生活活动引发的，违反人们意志的、迫使活动暂时或永久停止，并且造成大量的人员伤亡、经济损失或环境污染的意外事件。如列车脱轨、火灾、大面积停电、设备故障、化学品泄漏等。

(3)公共卫生事件：突然发生，造成或者可能造成社会公众健康严重损害的重大传染病疫情、群体性不明原因疾病、重大食物和职业中毒以及其他严重影响公众健康的事件。如传染病疫情、集体食物中毒、生化、毒气、放射性污染等。

(4)社会安全事件：由人们主观意愿产生，危及社会安全的突发事件。如恐怖袭击、治安事件、群体性事件、金融安全事件等。

目前，我国大多数城市轨道交通运营企业按照《国家城市轨道交通运营突发事件应急预案》将突发事件划分为4级的分级方法，结合企业自身情况，按照性质、严重程度、可控性和影响氛围等因素，将运营突发事件分为特别重大、重大、较大和一般4级。

(1)特别重大运营突发事件：造成30人以上死亡，或者100人以上重伤，或者直接经济损失1亿元以上的突发事件。

(2)重大运营突发事件：造成10人以上30人以下死亡，或者50人以上100人以下重伤，或者直接经济损失5000万元以上1亿元以下，或者连续中断行车24h以上的突发事件。

(3)较大运营突发事件：造成3人以上10人以下死亡，或者10人以上50人以下重伤，或者直接经济损失1000万元以上5000万元以下，或者连续中断行车6h以上24h以下的突发事件。

(4)一般运营突发事件：造成3人以下死亡，或者10人以下重伤，或者直接经济损失50万元以上1000万元以下,或者连续中断行车2h以上6h以下的突发事件。

上述分级标准有关数量的表述中,“以上”含本数,“以下”不含本数。

### 1.1.3 城市轨道交通突发事件的特征

城市轨道交通因为其公共场所属性、人员和设备密集状况,所发生的突发事件具有突发性、公共性、危害性、不确定性、紧迫性和社会性等特征。

1)突发性

突发性是指城市轨道交通突发事件通过偶然的契机,以偶然的形式突然发生,没有预警,处置难度大。一方面,突发事件的暴发偶然因素更大一些;另一方面,突发事件要求人们必须在极短的时间内就作出对突发事件发生的具体时间、实际规模、具体态势和影响深度分析、判断。这一特征稍有偏差,没有及时处置或处置不当,就会造成财产损失和人员伤亡。

2)公共性

城市轨道交通突发事件的公共性首先体现在该事件涉及公共利益,即对公共财产、公共安全和公共秩序产生影响。在高度复杂、变化快速的现代社会,普通的突发事件如果不及时处置或处置不当,当其达到一定数量或规模时就会发生质变,从而成为一种挑战公共利益的公共事件,就有可能演变为非常态的突发公共事件甚至紧急状态;其次,在应对和处置城市轨道交通突发事件中,需要调动和整合全社会的人力、物力、信息等公共资源和力量,即政府部门间的协调和配合、政府与社会组织及公民个人的合作与沟通。

3)危害性

危害性不仅体现在人员的伤亡、组织的消失、财产的损失和环境的破坏上,而且还体现在突发事件对社会心理和个人心理所造成的破坏性冲击,并进而渗透到社会生活的各个层面,产生社会后遗症。如果城市轨道交通突发事件导致了公众对政府部门管理社会的能力及其管理体制和方式的怀疑,造成了对于政府形象的伤害,则其消极作用和影响更甚。因此,城市轨道交通运营企业处置突发事件的最基本的原则就是力求在可能的范围内,最大限度地控制突发事件的发生、发展,并且将其损害降至最低限度。

4)不确定性

不确定性除了指城市轨道交通突发事件的发生具有不确定性或突发性外,还指突发事件发展的不确定性,以及突发事件的后果和其严重程度的不确定性。

5)紧迫性

紧迫性是指城市轨道交通突发事件所反映的问题极端重要,关系社会、组织

或个人的安危,需紧急采取特别、及时、有效的处置措施。随着突发事件的发展、演变,它所造成的损失可能会越来越大。因此,城市轨道交通突发事件的应急响应越快、响应决策越准确,其所造成的损失就会越小。所以,在突发事件中时间非常紧迫,对时间的把握在很大程度上决定了突发事件管理的有效性。

6)社会性

城市轨道交通突发事件的发生一方面会对社会和经济造成一定的损失,另一方面往往会对社会系统的法律法规、技术规范、经验认识、行为准则等产生影响,从而推动社会和轨道交通行业基本架构的发展。

### 1.1.4 城市轨道交通突发事件应急处理原则和工作要求

根据国务院2015年颁布的《国家城市轨道交通运营突发事件应急预案》要求,城市轨道交通运营突发事件应对工作坚持统一领导、属地负责,条块结合、协调联动,快速反应、科学处置的原则。运营突发事件发生后,城市轨道交通所在地城市及以上地方各级人民政府和有关部门、城市轨道交通运营单位(以下简称“运营单位”)应立即按照职责分工和相关预案开展处置工作。

城市轨道交通运营企业针对城市轨道交通突发事件特点,对应急处理突发事件提出了如下工作要求:

(1)以人为本,科学决策。贯彻“安全第一,生命至上”的要求,最大限度地减少人员伤亡和财产损失。运用先进技术,充分发挥专家作用,科学决策,提高救援效率。

(2)统一领导,分级负责。在市级人民政府统一领导下,各区人民政府、市级直属部门及城市轨道交通运营、供水、供电、供气、通信、交通、医疗等有关单位按各自分工,负责城市轨道交通运营日常应急管理和突发事件应急处置工作。

(3)快速反应,协调联动。运营突发事件发生后,运营单位立即开展先期处置;各相关单位按照职责分工联动处置,密切协作,形成合力,及时、准确传递信息,快速、有效处置事件。

(4)平战结合,有效应对。各单位要将运营突发事件预防作为应急工作的中心环节和主要任务,建立责任体系,加强基础工作,完善工作机制,加强监测预警、维修保养,强化检查督促,开展宣传教育,防止和减少运营突发事件发生。

## 1.2 城市轨道交通突发事件应急管理

城市轨道交通面向公众提供快速、便捷的交通运输服务,具有建设要求高、技术复杂度高、客运环境封闭、运转强度大等特点，一旦发生突发事件，造成的经济损失和社会影响都不可估量。为了保障公众生命财产安全、建设施工安全、运营设备稳定和系统设施安全，加强城市轨道交通突发事件应急管理是城市轨道交通运营企业的一项重要研究课题。

### 1.2.1 应急管理概述

应急管理是近年来针对突发事件决策优化研究的一门系统性新兴学科，它涉及公共管理、运筹学、信息技术及各领域的专门知识。

应急管理是指应对突发事件的过程中，为了降低突发事件的危害，达到优化决策的目的，基于对突发事件的原因、过程及后果进行分析，有效集成社会各方面的相关资源，对突发事件进行有效预警、控制和处理的过程。

应急管理是以其客体突发事件应急响应全过程为主线，涵盖突发事件的监测监控、预测预警、突发事件信息报告、突发事件响应处置、应急资源组织调配、事件善后处理、应急体系与预案的建设等。应急管理主要包括应急组织机构、应急预案管理、应急资源管理和突发事件应急处理等。

(1)应急组织机构。应急组织机构是应急体系的中枢，是日常应急体系建设和应急规章制度监督的主体机构。在突发事件发生时，应急组织机构也是应急指挥的决策和执行机构。

(2)应急预案管理。突发事件发生在不同领域、不同环境、不同处置条件下，其发展的结果也不尽相同。这就需要对容易发生突发事件的领域及突发事件特征本身进行专业性、有针对性的研究和分析，科学推演，制订比较完善的应对方案，这些方案的集合就是预案。预案就是一系列决策点、实施原则、方法和措施的集合组成，用于指导将来可能发生的突发事件。预案制订完成后还需要反复进行演练实施，演练过程本身也是对预案的验证和调整。预案管理就是根据这些研究和实践，对可能出现的突发事件的规律进行分析、预测，从而用来指导和完善预案的准备和制订。

(3)应急资源管理。应急资源包括物资资源、人力资源、社会资源和环境资源等。突发事件的潜在危害性需要在限定的时间内处理完毕，并避免其扩大，这就要求决策者迅速组织所需的应急资源来响应。突发事件应急处理最终将落实在应急资源的使用上，因此，应急资源管理是应急管理的一项重要内容，应急资源的布局、资源的调度效率、组织协调就显得尤为重要。决策者能否在限定的时间将各种资源有效地调度到指定的地点，将直接影响对突发事件处理的效果。

(4)突发事件应急处理。突发事件应急处理是应急管理的核心,应急管理的各项内容都是围绕着应急处理这一核心开展的。突发事件发生后,决策者就应该对突发事件所表现出来的特征、发展趋势、可能造成的影响作出分析和判断,作出相应的决策;应急人员则通过预先准备的预案和反复演练中所获得的应对能力及经验熟练应对和处理突发事件。

## 1.2.2　城市轨道交通应急管理

1)城市轨道交通应急管理模式

传统的突发事件应急管理模式主要是分类管理和分阶段管理,即不同的事件由不同部门管理,同一事件划分为事前、事中和事后3个阶段。随着城市轨道交通运营系统向复杂化、网络化和系统化发展,所对应的城市轨道交通应急管理正在由分类管理走向综合管理、由分阶段管理走向全过程管理,形成预防(Prevention)、准备(Preparation)、响应(Response)和恢复(Recovery)4个阶段应急管理(简称“PPRR”)。这4个阶段的管理不是相互割裂分开的,而是一体、连续、动态反馈的系统过程。

(1)预防阶段。

预防是城市轨道交通突发事件应急管理的重要一环,在这一环节,导致突发事件发生的各种可能性都要予以排除。该阶段涉及城市轨道交通企业和管理机构为防止事故发生采取的各类安全措施和技术手段,预防工作主要针对运营危险源,制定相关安全生产风险的管理办法保障运营监控。运营监控的主要内容包括规章制度、强制性标准、设施设备及安全运营管理情况。技术手段主要通过BAS(Building Automation System,设备监控系统)、SCADA(Scan Control Alarm Database,电力监控系统)、MCS(Main Control System,主控系统)和FAS(Fire Alarm System,火灾报警系统)等自动化系统实现对车站机电设备、供电设备、重要系统接口、火灾危险源等的实时监控。通过客流系统对大客流进行监控,在高架线路设置风力检测装置实现对特殊气象的监控,在地铁车辆段建立周界报警系统实现车辆段的治安监控;辅以其他人为的控制方法,包括定时、定人进行轨道巡检、设备检修、定期的安全检查和危险源识别等。

预警的内容包括:可能引起突发事件的人员、设施设备及环境状态的预警,自然灾害预警,纵火、爆炸、投毒、恐怖活动等事故的预警,以及其他可能威胁运营安全的预警。依据危害程度、发展情况和紧迫性等因素,突发事件的预警级别分为Ⅰ级、Ⅱ级、Ⅲ级、Ⅳ级共4级,依次用红色、橙色、黄色和蓝色表示。

Ⅰ级预警：预计将要发生Ⅰ级响应以上地铁运营突发事件，事件会随时发生，事态正在不断蔓延。

Ⅱ级预警：预计将要发生Ⅱ级响应以上地铁运营突发事件，事件即将发生，事态正在逐步扩大。

Ⅲ级预警：预计将要发生Ⅲ级响应以上地铁运营突发事件，事件即将临近，事态可能会扩大。

Ⅳ级预警：预计将要发生Ⅳ级响应以上地铁运营突发事件，事件已经临近，事态有扩大的趋势。

Ⅰ级、Ⅱ级预警信息的发布，由地铁运营总公司（以下简称“总公司”）安全管理部门通知运营部门的线网应急指挥中心后，由线网应急指挥中心发布。

Ⅲ级、Ⅳ级预警信息的发布，由线网应急指挥中心确认达到发布条件后向各相关单位或部门发布。根据事态的发展和处置情况，预警信息发布部门应按照发布程序视情况对预警级别作出相应的调整或解除。

（2）准备阶段。

准备阶段的主要工作包括制订应急预案，建立应急组织结构和危机预警机制，制订应对不利的紧急情况的应急方案；然后根据方案需要，做好组织、人力资源、资金、应急物资和设备等方面的准备。

城市轨道交通运营企业各单位或部门都应建立有本单位或部门的应急人员保障制度、应急物资保障制度、技术保障制度、培训保障制度和培训演练制度等。其中，应急人员保障制度包括应急人员的配置、救援队伍和应急抢险人员的培训等；应急物资保障制度应明确应急物资配置的地点和清单；技术保障制度包括成立技术保障组，建立技术图纸及物资台账的存档制度等。培训保障制度包括各部门结合自身业务，制订的年度应急培训计划，开展自救、互救、逃生的知识和技能培训，组织应急抢险队伍进行突发事件处置的知识和技能培训。培训演练保障制度包括各运营生产部门结合自身业务，制订年度应急演练计划，由安全部门统筹发布年度应急演练计划，各运营生产部门按年度应急演练计划组织实施。

（3）响应阶段。

一旦发生紧急事件，立即启动城市轨道交通应急响应程序。应急响应程序为：接警→应急响应级别确定→应急启动→救援行动→应急恢复→应急结束等。城市轨道交通运营企业及主管部门与外部机构协调，在事发现场采取初步措施，同时派人员赶赴现场，明确所需的技术支持手段。

响应行动按照事故(事件)的可控性、严重程度和影响范围予以分级,不同等级的响应由不同应急指挥层级来指挥组织实施,相关单位执行相对应的预案。超出本级应急处理能力时,应报请上一级应急机构启动上一级应急预案。

接到相应级别的突发事件信息后,应急领导机构和现场指挥机构即时成立,应急领导机构和现场指挥机构的相关人员应立即赶赴事件现场,指挥、布置相关工作。现场指挥机构自低向高分为事故处理主任、现场指挥部、应急领导机构3个层级。现场指挥机构的下一级必须服从上一级的指挥,并向上一级报告应急抢险工作。

突发事件应急处置过程中的应急指令下达、应急信息收发及应急资源协调、调配等管理规定一般以运营单位的总体应急预案为依据,具体应急处置方法和流程按照专项应急预案和现场处置预案执行。

(4)恢复阶段。

突发事件处置完成后,需要对恢复或重建进行管理。运营企业各当事单位或部门应尽快组织生产秩序恢复工作,消除事件后果对正常运营的影响。应急抢险结束后应对应急处理过程进行总结,对应急救援能力作出评估,就事故应急救援过程中暴露出来的问题,及时进行调整、完善,制定改进的措施,并将结果反馈给预防阶段,作为制定或修改安全措施和技术手段的依据。

评估的内容有如下几个方面:

①应急抢险过程中发现的问题;

②对应急抢险物资准备情况的评估;

③对各专业救援组在抢险过程中的救援能力、协调的评估;

④对应急指挥部的指挥效果的评估;

⑤应急抢险过程中通信保障的评估;

⑥对预案有关程序、内容的建议和改进意见;

⑦在防护器具、抢救设置等方面的改进意见。

2)城市轨道交通应急组织管理

应急组织机构是应急体系的中枢,是日常应急体系建设和应急规章制度监督的主体机构。在突发事件发生时,应急组织机构也是应急指挥的决策和执行机构。根据城市轨道交通线路网络化的特点,城市轨道交通应急组织机构分3个级别设置,分别是总公司层级应急组织机构、线网层级应急组织机构和线路层级应急组织机构,如图1-1所示。各应急组织机构根据所处层级,其分工各不相同,见表1-2。

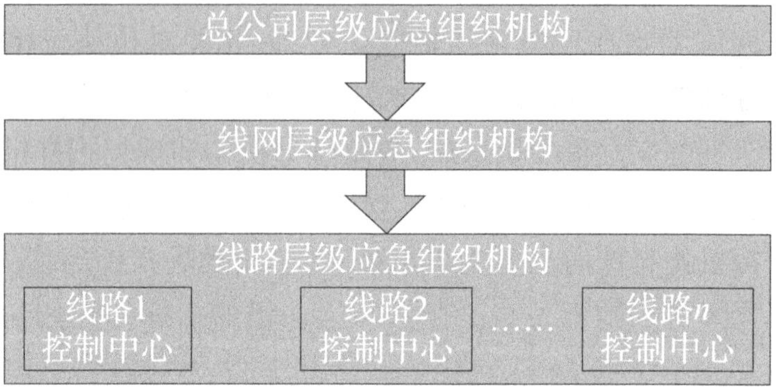


图 1-1　城市轨道交通应急组织机构

**城市轨道交通各层级应急组织机分工**　　表 1-2

| 项目 | 总公司层级<br>应急组织机构 | 线网层级<br>应急组织机构 | 各线路<br>应急组织机构 |
|---|---|---|---|
| 管理范围 | 总公司内所有应急资源的调配，包括新线建设业务、城市轨道交通运营业务 | 城市轨道交通运营范围内全线网内的严重突发事件 | 负责本条线路的紧急事件的处理 |
| 管理职责 | (1)负责制订公司级应急制度、应急预案，指导下级应急组织机构制定相关应急处理程序；<br>(2)负责接报并处理由下级应急组织上报的城市轨道交通建设和运营的重大突发事件，协调总公司内部应急资源，进行合理的救援；<br>(3)负责与市政府，社会救援力量联系 | (1)负责接报并处理由线路控制中心上报的重大突发事件，对于特别重大的突发事件应向总公司应急组织上报；<br>(2)负责协调各线路的应急人员、应急资源，进行救援；<br>(3)负责监督各线路应急组织的救援工作 | (1)负责本条线路的突发事件接报，并向线网指挥中心上报；<br>(2)协调本线路控制中心的应急资源和救援力量，进行应急抢险；<br>(3)负责向全公司各级应急组织通报现场救援情况 |

目前,应急系统的管理主要有集中管理模式、代理工作模式和协同管理模式。国内已实现网络化运营的运营企业多采用分层协作、集中管理的工作模式。其中,线网应急组织机构和各线路应急组织机构在常态状况下属于生产调度指挥部门,内设应急值班岗位,负责该机构从常态向应急状态的转化。总公司应急组织机构是运营企业内专业应急组织机构,常设应急值班岗位,负责与总公司应急委员会成员的联系与协调。3 个层级间的关系为逐层向上负责,即各线路应急组织机构对线网应急组织机构负责,线网级应急组织机构对总公司级应急组织机构负责。

3)应急预案管理

应急预案即突发事件应急处置行为规程,必须具备较强的可操作性。它在内容组成上应包括危害因素、事件类型、事发场所或部位、事件等级处置目标、工作组织、岗位职责、处置流程、预案仿真及培训演练等;在功能要求上应体现职责分明,流程固化,操作简便,处置有效。从预案体系来说,预案分为以下几类。

(1)总体预案:即总公司针对突发事件的指导性预案,包含突发事件的等级、事件处理的原则和总公司应急组织等内容。

(2)现场预案:即突发事件发生时,规定现场救援人员应急救援的操作规程。从预案层级来说,现场预案应根据不同的应急组织层级编制不同级别的应急预案,如某线的应急处理程序、线网指挥中心应急预案。从预案内容来说,现场预案的内容应尽可能详细,例如某线控制中心应急处理程序应包含在线路某个区段应急状况下的行车方案、组织方案等内容。

(3)专项预案:即各级应急组织针对某一突发事件类型而制定的应急处置操作规程,例如恶劣天气应急预案、防台风应急预案、大客流应急预案等。

4)应急资源管理

应急资源是突发事件应急救援所需要的专业救援人员、应急物资,还包括历史资料法律法规、专家资源。因此,针对城市轨道交通的网状化发展,应急救援队伍和应急救援物资的设置应采取线路救援中区域救援点与流动抢险车相结合的方式。线路救援中心设立的目的是:解决城市轨道交通重大突发事件,在救援中心配置专业救援人员、大型救援机械等。区域救援点能够快速赶赴现场,迅速解决其负责范围内常见系统设备故障,并配合救援中心的大型救援活动。区域救援点配置熟悉常见城市轨道交通设备的救援人员以及小型救援设备。流动救援车负责某线路中的一个区域,配置中型救援设备和熟悉本线路设备的救援人员。上述设置能够形成“点-线-面”的应急资源配置,从而达到快速到场、专业救援的应急救援效果,提高应急救援效率。

5)突发事件应急管理

城市轨道交通突发事件处置层级应与城市轨道交通运营企业应急组织机构相互对应,分为3个级别:总公司应急指挥部、线网应急指挥中心(COCC)和运行控制中心(OCC)。3个层级分别代表总公司层级线网层级和线路层级行使应急指挥权。

6)突发事件应急管理信息化建设

应急系统的信息流和控制流是连接各项应急活动的纽带,对不同阶段的应急管理都能提供快速、高效和安全的保障。应急管理的各个阶段根据事件类型不同有不同的功能需求。

城市轨道交通突发事件应急系统是集通信、信息、网络、3S技术(遥感技术、地理信息系统、全球定位系统)、视频综合监控、数据集成、智能决策等多种技术为一体的软硬件集成的综合管理信息平台。从功能构成角度划分,系统包括以下组成部分:应急通信系统、计算机网络系统、视频会商系统、图像接入系统、综合应用软件系统、数据库系统、数据共享系统和便携式移动应急客户端系统。

## 1.3 城市轨道交通应急预案管理

### 1.3.1 应急预案概述

1)应急预案的含义与分类

应急预案是针对可能发生的突发事件,由政府或实体在事前制订的应对性行动方案,它规定了政府和实体在事件前期、中期、后期的工作内容。

根据我国政府的规定,按照不同责任主体,预案体系分为国家突发公共事件总体应急预案、突发公共事件专项应急预案、突发公共事件部门应急预案、突发公共事件地方应急预案和企事业单位根据有关法律法规制订的应急预案。城市轨道交通应急预案即为上述最后一种类型。

2)编制应急预案的目的

(1)贯彻城市轨道交通运营企业针对突发事件如何应对处置的指导方针和工作思路,即最大限度保护国家、集体和人民生命财产安全,减少事件损失,减少社会影响,尽快恢复各种秩序。

(2)建立健全城市轨道交通运营企业突发事件应急机制体制,确定突发事件

应急管理组织机构的职责和功能,明确运营生产各部门、各专业在应急处置过程中的职责分工、人力部署及协调联动的具体方式。

(3)整合城市轨道交通突发事件应急资源,形成资源配备合理、调配协调、责任到人、常备不懈的应急资源保障体系。随着突发事件紧急情况升级扩大,应急资源在更高层的协调及外部资源支持下能够强化自己的能力。

(4)划分突发事件的不同等级,确定不同等级突发事件的启动程序和应对措施,分清轻重缓急动用资源来进行突发事件管理;为突发事件反应保留一定的处理弹性,在突发事件扩大升级后,应急方案也随之升级。

(5)应急预案确定了具体的应急处理措施,对不同等级的突发事件处理进行目标细分和明确。根据这些目标,明确方案的执行规划,包括参与部门和专业人员的目标和职责、执行计划的具体方法和程序、应急资源如何保障等。

3)应急预案的制订原则

(1)以"安全第一"为指导思想,确保事件处理有序、可控、快速、及时,尽量缩小事件影响范围,减少事件带来的损失,尽快恢复城市轨道交通运营。

(2)总公司安全主管部门为预案编制一级责任部门,负责牵头编制各生产单位、部门的各预案编写计划,汇总审核分公司各相关预案;各生产单位、部门为预案编制的二级责任部门,负责相关专业的预案具体编写工作,并报安全主管部门审核。

(3)各单位、各部门各专业应根据总公司的要求编制相关事件应急处理预案,并不断完善,提高各单位、各部门、各专业的应急处置能力。

(4)各部门、各专业应急预案应具有针对性、有效性、可操作性。

4)城市轨道交通应急预案的依据和基本内容

城市轨道交通运营企业一般依据《中华人民共和国突发事件应对法》《中华人民共和国安全生产法》《生产安全事故报告和调查处理条例》《国家突发公共事件总体应急预案》《国家城市轨道交通运营突发事件应急预案》《城市轨道交通运营突发事件应急预案编制规范》及地方政府法规条例等相关法律法规,结合本单位的具体情况制订应急预案。其具体内容包括如下几个方面:

(1)运营单位抢险指挥领导人员的组成和职责,抢险指挥领导小组应负责抢险救援的组织、指挥、决策,并指挥各部门实施各自的应急预案,尽快恢复运营秩序。

(2)抢险信息的报告程序,应遵循迅速、准确、客观和逐级报告的原则。

(3)现场处置过程中各部门的组织原则及相关职责。

(4)不同事故情况下的抢险救援策略和人员疏散方案。

(5)提供救援人员、通信、物资、医疗救护和生活保障。

应急预案编制完成后,应尽快使工作人员熟悉和演练。通过演练验证事故应急预案的合理性,发现与实际不符合的情况,应及时修订和完善。

5)城市轨道交通应急预案的分类和结构

城市轨道交通运营企业应急预案体系具有共性与个性、通用性与专业性并存的特点。按照突发事件类型不同来分,应急预案可以分为自然灾害、安全事故、公共卫生、社会安全等类型;按照预案体系结构不同来分,可以分为总体应急预案(综合预案)、专项应急预案和现场应急预案,如图1-2所示。

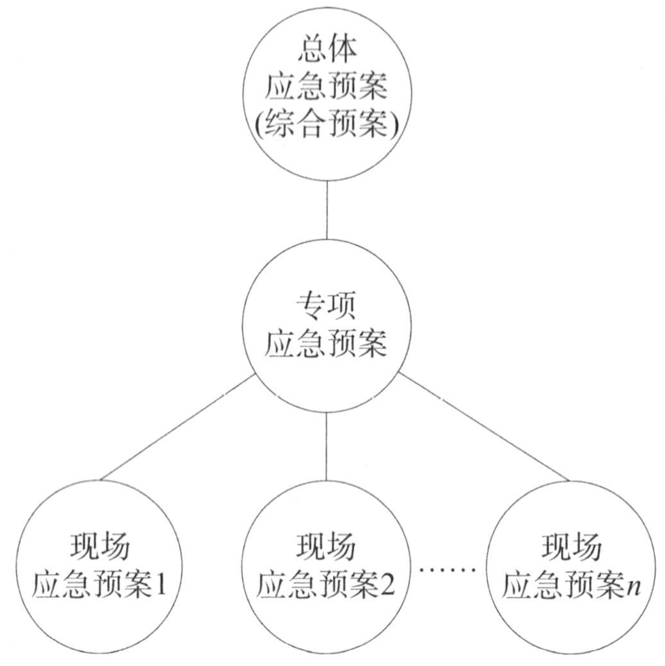


图1-2 城市轨道交通应急预案的分类和结构

(1)总体应急预案(综合预案):从总体上阐述处理事故的应急方针、政策,应急组织结构及相关应急职责,应急行动、措施和保障等基本要求和程序,是应对各类事故的综合性文件。

(2)专项应急预案:是针对具体的事故类别、危险源和应急保障而制订的计划或方案,是总体应急预案的组成部分,应按照总体应急预案的程序和要求组织制订,并作为总体应急预案的附件。专项应急预案应制定明确的救援程序和具体的应急救援措施。

(3)现场处置预案:是针对具体的装置、场所或设施、岗位所制订的应急处置

措施。现场处置预案应具体、简单且针对性强。现场处置预案应根据风险评估及危险性控制措施逐一编制，做到事故相关人员应知应会，熟练掌握并通过应急演练做到迅速反应、正确处置。

城市轨道交通专项应急预案和现场应急预案主要有以下几种：

①恶劣天气应急预案；

②发生群伤或群体性恐慌事件应急处理程序；

③城市轨道交通消防应急预案；

④机电设备应急处理措施及程序；

⑤供电抢修应急预案；

⑥大面积停电应急处理程序；

⑦接触网有异物处理程序；

⑧自动扶梯导致乘客受伤应急处理程序；

⑨发现可疑物品应急处理程序等。

6）城市轨道交通应急预案的结构

总体预案、专项预案和现场预案由于各自所处的层次和适用的范围不同，其内容在详略程度和侧重点上会有所不同，但都可以采用相似的基本结构，如采用基于应急任务或功能的“1＋4”预案编制基本结构。即：应急预案＝基本预案＋应急功能附件＋特殊风险预案＋标准操作程序＋支持附件。

（1）基本预案。基本预案是该项应急预案的总体描述，主要阐述应急预案所要解决的紧急情况，应急的组织体系、方针、应急资源、应急的总体思路，并明确各应急组织在应急准备和应急行动中的职责以及应急预案的演练和管理等规定。

（2）应急功能附件。应急功能附件是对在各类重大事故应急救援中通常都要采取的一系列基本应急行动和任务而编写的计划、如指挥、控制、警报、通信、人群疏散、人群安置、医疗等，并应明确每应急功能针对的形势、目标、负责机构、支持机构、任务要求、应急准备和操作程序等。

（3）特殊风险预案。特殊风险预案是在对城市轨道交通系统进行安全评价的基础上，针对每一种可能发生的重大风险事故，明确其相应的主要负责部门、有关支持部门及其相应的职责，并为该类专项预案的制订提出特殊的要求和指导意见。

（4）标准操作程序。标准操作程序用来规定在应急预案中没有给出的每一任务的实施细节，各个应急部门必须制订相应的标准操作程序，为组织或个人提供履行应急预案中规定的职责和任务时所需的详细指导。标准操作程序应保证与应急预案协调一致。

(5)支持附件。支持附件主要包括应急救援有关支持保障系统的描述及所附相关图表,如城市轨道交通系统主要危险有害因素登记表、重大事故影响范围预测分析、应急机构及人员通信联络方式、消防设施分布图、疏散线路图、媒体联络方式、相关医疗单位分布图、交通管制范围图等。

### 1.3.2 城市轨道交通应急预案演练

城市轨道交通应急预案演练是对应急工作中需要的某种特殊的或专门的行动或功能实施的练习。演练通常用来试验新装备,检验新政策或新程序,训练和保持现有的技能,找出应对中存在的问题并消除这些问题,以改进应对突发事件的准备工作。

1)城市轨道交通应急预案演练的检验功能

(1)突发事件应对动员的警报和通知;

(2)公众预警;

(3)通信联系;

(4)指挥、协调与控制;

(5)突发事件应对公共信息发布;

(6)损失评估;

(7)卫生与医疗行动;

(8)个人与家庭帮助;

(9)公共治安维持;

(10)公共事业与公共工程运转;

(11)交通畅通;

(12)资源管理;

(13)各级主管部门的正常运转。

2)常见的城市轨道交通应急预案演练的形式

(1)指导讨论会。

指导讨论会的目的是使所有演练参与者熟悉各种角色、方案、程序和装备,协调各岗位的职责和工作联系问题,是一种简单的演练方式,重点在于预案的概况介绍。指导讨论会集中主要人员进行非正式的讨论,不必去做仿真,一般通过讲授、讨论、幻灯片播放、录像、计算机演示、专家讲座等形式来完成,在一定程度

上实现演练的功能。指导讨论会适用的范围非常广，与应急处理有关的任何内容都可以讨论，包括新政策、新预案、新方法等，对新员工进行应急预案的讲解，介绍应急演练的基本知识和方法等。指导讨论会的时间不宜太长，2h左右即可。主持人和骨干人员应提前做好准备，考虑会议的议题和发言的要点，其余参与者做好笔记和记录。

(2)桌面演练。

城市轨道交通行业由于其特殊性，其演练尽可能不要干扰到正常的运营工作，因此，桌面演练非常适合城市轨道交通应急演练的需要。桌面演练方法成本较低，主要是为了功能演练和全面演练做准备，是演练的初级形式。其目的是培养参加者相互配合的协同性，检验应急预案的合理性、系统性和完整性。

桌面演练是一种简单的仿真形式，可以通过车站地图、图表、卡片等工具强化演练的真实效果。参与者在这种轻松的状态下联合演练，人员相互配合，依照预案程序逐步执行。参与的员工围坐在一个大桌子旁边，根据应急预案的内容，合练预案规定的步骤和过程。参与的员工通过桌面演练可以清楚自己在预案中扮演的角色，掌握自己的工作程序，明确自己的责任。

应急演练部门的负责人、预案的编制者及其他部门负责人可以参与演练现场但不干预演练过程，避免影响演练的进程。一般来说，桌面演练重点岗位都应配备观察员，观察和发现重点环节问题，记录并反馈给参与者，以保持持续改进的效果。

桌面演练一般应配备一个主持人引导整个桌面演练正常执行，时间控制在1～4h，但是为保证桌面演练顺利进行，需要提前让参与者做好准备，如预案的熟悉、政策的把握、关键点的控制等。

(3)功能演练。

功能演练比桌面演练规模要大，需要动员更多的应急响应人员和组织，其主要是针对某项应急响应功能或其中某些应急响应活动举行的演练活动。功能演练一般在应急指挥中心进行，可同时开展现场演练，调用有限的应急设备，其主要目的是针对应急响应功能，检验应急响应人员以及危机管理体系的策划和响应能力。

功能演练的参加者一般是应急预案的制订者和职责所在的管理者。功能演练常常采用突击形式，主要检验运营部门面对某项突发事件的应急反应能力，也可同时检验应急预案的程序、组织机构、任务分配和指挥者之间沟通联络的科学性和合理性，以及培养基层专业人员应对突发事件的应急能力。

(4)全面演练。

全面演练,是针对某项应急预案完整的应急响应功能,检验、评价应急组织机构应急运行能力的演练活动。要尽可能创建逼真的环境,动用真实的设备、工具和操作人员进行实际演练。全面演练的参与者主要为应急演练方案所包含的人员,也包括协调、考评、行动和组织人员。全面演练每次都检验一项预案的演练实践,地点基本都选择在设定的现场,时间多为0.5~2h。

进行全面演练之前应充分做好准备工作,特别是新员工,演练前对其应有一定的指导和要求说明。在全面演练实施前应起草一份演练方案或说明,说明演练的设定、内容、目标和考核指标。演练过程应全程、全范围监控,以便考核和评估。

应急演练是一个系统工程,涉及多个部门和个人。在制订好各项应急预案后,就应该根据预案的要求,制订完整的演练方案或规划。这个方案或规划应按照预案的要求,由浅入深、由简单到复杂,分步实施和推进,在演练前做好大量的有必要的培训和专项训练,为应急演练做好充分的准备。此外,应急演练不是一个孤立的行动,不但需要事前的准备,也需要事后的经验教训和总结,并且依据这些经验教训,对应急预案和其他相关工作予以改进,为以后的应急演练和实际事件应对积累经验。

3)城市轨道交通应急预案演练的方案

(1)应急预案演练方案的主要框架。

应急演练活动是应急预案从书面走向实战的桥梁,能够检验预案编制的科学性、实用性和有效性,也为城市轨道交通运营企业不断完善应急预案、提高应急预案的可靠性提供了最佳途径。模拟演练并不是简单地将预案中的程序或措施通过口头或行动表现出来,而是假设城市轨道交通某项事故或事件场景出现后,应急人员应当有效处置突发危害。因此,应急预案的演练方案应是以某项应急预案为基本框架,以演练人员动作节点和程序节奏为主要内容的动作脚本。

(2)应急预案演练方案的主要内容。

演练方案的内容正确是成功进行演练的关键,内容的缺陷或偏差会导致演练组织者的目的不能顺利实现,因此,演练方案的内容设置至关重要。演练方案中各部分应主要包括以下内容:

①演练的目的。

在应急管理体系中,应急预案的类别、级别是不同的。运营企业建立了综合

预案、专项预案以及现场预案，进行演练时，一并将所有预案一起实施是不可能的，只能选择其中一两项来进行，每次的演练都有不同的目的。因此，演练方案首先要规定某项演练的具体目的，为演练活动指明总体目标。

②演练类型、规模与响应级别。

明确演练类型。预案的演练类型分为桌面演练、功能演练和全面演练等多种类型。演练活动应遵循由简及繁、循序渐进的方式，从桌面演练开始，逐步推进为全面演练；由口述场景演练开始，逐步推进为动作行动演练。

明确演练规模与响应级别。无论是政府主管部门制订的预案，还是运营企业制订的预案，都规定了突发事件后应急响应的级别，级别越高影响范围越大，演练规模也就越大。在演练方案中，应当明确参与人员是单一部门参加还是多个部门参加，演练是否需要上级或外部给予响应或支持。例如：火灾事故应急救援实战过程中，是否需要单位外部的消防资源给予响应配合，应在方案中明确出来。

③假设演练背景和模拟突发事件及其演练时间。

为保障演练的真实性和实效性，演练方案都需要假设一个演练背景。背景中一般会介绍演练地点、时间，组织部门、参演设备、突发事件设置方法、启动何种应急程序等一系列演练概况。

确定演练的具体时间时，首先应充分考虑各类参演人员参加演练的时段不影响正常的城市轨道交通运营工作；其次应尽量避免过多干扰居民生活、社会道路交通。演练方案中的演练启动时间是必需的要素，但是在演练前应当对参与演练的行动人员保密，以利于真实地反映应急行动人员的应急处置能力。

④参演人员构成及其功能、职责。

为了达到演练的目的，在演练行动中，需要各类参演人员，即应急行动人员、进程控制人员、评价人员、模拟人员、观摩人员等的协调、配合，才能完成预案规定的程序或动作。参演人员需要对演练进程和关键动作进行记录，才能得出对预案文本和演练行动的评价结论。因此在演练方案中，应明确各参演人员的类别、数量及其职责。

应急行动人员：根据模拟场景和紧急情况作出反应。执行应急预案中预定程序或动作的人员，由预案中规定的现场指挥、现场救援、应急通信、物资支援等类人员构成。

演练进程控制人员：管理并设置场景，控制演练行动节奏，监护行动人员的安全，指挥解决现场出现问题的人员，承担现场导演的职责。在演练中，演练进程控制人员应确保应急预案规定的程序或动作得到充分演示,确保演练活动对于演练人员具有一定的挑战性,通过“演”的手段达到“练”的目的。由于演练进程控制人员是关系演练能否成功的关键人员,所以应当由熟悉应急预案、掌握演练方案的人员担任。

评价人员:在演练行动中观察行动人员和模拟人员的行动,并记录演练的详细经过的人员。其职责是评价时间、地点、人物、出现的事件、行动是否有效等。在演练过程中,评价人员不应干涉演练人员执行的具体任务,应根据观察到的现象做好记录,便于在演练效果评价时点评演练过程并出具演练报告。为了能够便捷地进行记录,评价人员应事先根据预案和演练方案设计制作评价记录表,以便记录各个事件或动作。进行规模较大的功能演练或全面演练前,评价人员还应当对不同的行动人员进行分工评价,以确保对演练效果进行客观、公正的评价。

模拟人员:在演练场景中,与应急行动人员相互作用,其主要职责是模拟事故场景中的人员(负伤者、干扰者等)、外部救援机构的人员、围观人员、自愿行动的志愿者等。模拟人员的设置应当与场景设置相统一,其现场动作越逼真,就越能够检验出应急行动人员现场处置能力的水平。

外部观摩人员:一般由政府应急管理机构的人员、企业上级主管部门的领导、应急管理专家、友邻单位或附近居民的代表组成。观摩人员到场实地观摩演练过程,是一个关键环节,因为作为外部人员的评价意见缺少感情色彩,更具有客观性,且外部专业管理人员和专家的指导对提升本单位应急管理水平的作用明显;同时运营企业还可以借此机会向政府、上级部门、友邻单位、附近居民展示本单位应对突发事故的能力。

⑤演练准备与演练过程。

演练准备与演练过程是方案中的重点章节,是演练方案的重心,各种类型、规模的演练都应事先做好详细的准备工作。由于在应急救援预案中,一般只对应急措施进行了规定,而没有对潜在事故的场景进行详细描述,因此演练设计人员在策划演练过程时,还应设想事发具体部位、破坏程度、伤亡情况、人员受困情况等场景,并设计编排何时推出场景以及场景出现的顺序,以便训练并检验应急行动人员的临场处置能力。最后,还可以通过应急人员对模拟场景的处置状况,检验应急救援预案是否存在缺陷。

由上可知,演练方案是演练策划人员依据预案和假设的事故场景编制的“演练剧本”,目的是检验和锻炼提高应急人员应对生产安全事故的现场处置能力,

并通过潜在的事故场景模拟事故在发生或发展阶段出现的景象，以贴近实战的方式对生产安全事故预案进行演练。因此，演练方案是预案由文本转为行动必不可少的过渡性文件，只有完善的演练方案，才能指导和掌控预案演练行动顺利并有效实施。

4）城市轨道交通应急预案演练评估与改进

应急演练评估是指观察和记录应急演练活动，比较应急演练参与人员的表现和演练目标的要求，并提出改进意见的过程。应急演练评估主要包括以下过程：

（1）评估组织与准备。

在演练前做好评估指标和组织工作是演练评估的最基础的工作，特别是评估指标体系的建立是检验评估效果的核心工作。应急演练评估的组织工作非常有必要，这样可以更有效地完成演练评估。这项工作主要有组织评估团队、确定评估计划、召开演练前会议等几个方面。城市轨道交通突发事件应急演练往往涉及的范围大、岗位众多、演练逻辑复杂，需要检验的目标较多，所以通常需要组织一个有针对性的评估团队。评估团队应该有一个熟悉演练目标、政策、计划、内容并具备管理和分析能力的资深技术人员担任评估负责人。评估团队其他队员的选拔应按演练所需检验的各项目标领域富有经验的人员担任并分配相关的职责和工作。

正式演练前都需要确定评估计划。评估计划应具备如下4个方面的内容：

①评估时间表。

②评估人员的组织安排、职责分配和具体位置。

③评估指标的解释。

④给评估人员下达的指示。

在演练开始之前，评估负责人召开有关控制人员和评估人员会议，核实各项准备工作，确保评估人员理解计划的各项事项，回答评估人员的疑问，从而保证评估工作顺利进行。

（2）评估指标的建立。

评估指标是进行突发事件应急演练评估的基础，一组既独立又相互关联并能够完整地表达评估要求的评估指标就组成了评估指标体系。评估指标体系的建立必须遵循以下原则：

①科学性原则。科学性原则主要体现在理论和实践相结合，以及所采用的科学方法等方面。在理论上要站得住脚，同时又能反映客观实际情况；抓住最重

要、最本质和最有代表性的内容,对客观实际描述得越清楚、越简练、越符合实际,科学性就越强。

②系统优化原则。评估对象必须采用系统化的指标进行衡量,这些指标必须相互联系和相互制约,能较客观、全面、系统地反映被评估对象的内容。

③目的性原则。任何指标体系的构建都是具有一定目的的。突发事件应急演练指标体系的建立,目标在于对演练过程各个环节运行情况作出合理、科学的评估,反映演练的真实程度,为决策者提供科学有效的方法来规范当前突发事件应急演练的实施。

④可操作性原则。可操作性是指标体系的生命。一方面,指标体系要为各部门制定各种具体的演习评估指标体系提供指导;另一方面,指标体系要立足运营公司现状,能切实可行,便于实际操作实施。

⑤指导性原则。评估的一个重要目的就是引导和鼓励被评估对象向正确的方向和目标发展。城市轨道交通突发事件应急演练评估指标的设计,可为加强和提高运营人员应对城市轨道交通突发事件的能力提供导向性作用。

表1-3为某市城市轨道交通应急预案演练方案中设备区气灭保护房火灾演练执行力评估表。

**某市城市轨道交通应急预案演练方案中设备区气灭保护房火灾演练执行力评估表** 表1-3

| 序号 | 评估人 | 评估地点 | 评估对象 | 评估内容 | 是否正确执行 |
|---|---|---|---|---|---|
| 1 | | OCC | 值班主任 | (1)向行车调度员、环控调度员了解具体情况,视情况报“120”“119”。<br>(2)向当值调度宣布:执行车站设备房火灾事故应急处置程序。<br>(3)制定应变措施,要求各调度组织各工种人员做好灭火救灾的支援工作。<br>(4)按有关程序进行通报。接到上级指示时,及时传达执行。 | |

续上表

| 序号 | 评估人 | 评估地点 | 评估对象 | 评估内容 | 是否正确执行 |
|---|---|---|---|---|---|
| 1 | | OCC | 值班主任 | (5)制订小交路运营方案,指挥行车调度员执行;视情况启动应急公交接驳预案。<br>(6)协调各调度工作并监督处理进度 | |
| 2 | | OCC | 行车调度员 | (1)确定火点、火情及伤亡情况并报告值班主任,处理过程中与环控调度员加强沟通。<br>(2)影响接触网供电时组织相应的列车运行方式。<br>(3)通报火情,要求各站按规定采取相应措施。<br>(4)若起火位置位于为通信、信号设备房,在接到维修调度员通知该设备准备停止使用时,通知相关车站影响情况,并通知相关车站将使用的通信方式或信号模式。<br>(5)火灾扑灭后,恢复正常运营 | |
| 3 | | OCC | 维修调度员 | (1)接收火灾事故情况报告,确定起火具体位置;报告设施部相关领导。<br>(2)通知设施部相关部门负责人,安排处理设备善后工作;需要时,通知设施部相关部门人员停用相关设备,必要时通知值班人员撤离火灾现场。<br>(3)使用PIS(Passenger Information System,乘客信息系统)向全线发布晚点或其他相关的信息。 | |

续上表

| 序号 | 评估人 | 评估地点 | 评估对象 | 评估内容 | 是否正确执行 |
|---|---|---|---|---|---|
| 3 | | OCC | 维修调度员 | (4)火灾扑灭后立即组织、协调设施部等相关部门对设施设备检查,恢复设施设备使用。<br>(5)需要抢修时,与值班主任制订抢修方案,跟踪抢修情况,并向值班主任通报。<br>(6)统计火灾对设施设备的影响情况,组织设施部抢修人员协助事后的公安和相关部门的调查 | |
| 4 | | OCC | 电力调度员 | (1)通知变电站值班员车站火灾情况。<br>(2)注意监视火灾车站变电站设备的运行情况。<br>(3)必要时通知变电站值班员切断相关的供电电流。<br>(4)确保紧急照明、排风系统的电源供应。<br>(5)事故处理完毕,通知相关人员检查设备运行情况;根据行车调度员通知,恢复相关的牵引供电 | |
| 5 | | OCC | 环控调度员 | (1)确定起火车站及起火具体位置,并立即通报值班主任及行车调度员。<br>(2)确认机电设备监控系统,能否自动启动相应火灾模式,如不能,则手动执行相应的小系统火灾模式并根据火灾影响的情况关闭排水及隧道通风系统,若环控调度 | |

续上表

| 序号 | 评估人 | 评估地点 | 评估对象 | 评 估 内 容 | 是否正确执行 |
|---|---|---|---|---|---|
| 5 | | OCC | 环控调度员 | 员不能远程控制,则通知车站值班员在 IBP(Integrated Backup Panel,综合后备盘)上操作相应模式。<br>(3)通知维修调度员安排维修人员配合救火,并指导车站组织自救和配合消防队灭火。<br>(4)若气体保护房起火,确认气体自动灭火系统启动灭火,喷气完毕指挥车站人员确认灭火情况,确定火焰被扑灭后,执行相应模式。<br>(5)随时与事故车站保持联系,及时掌握现场情况,并通报值班主任。<br>(6)火焰被扑灭后,恢复现场设备正常运行 | |
| 6 | | 站厅及站台 | 值班站长 | (1)接到行车值班员报告,立即通知厅巡岗(携带备品:防烟面具、灭火器)一起到现场确认。<br>(2)到达现场后通过房门玻璃、房门温度、是否有烟冒出等确认是否起火,如果无法判断,则在确认该气体保护房间门头放气指示灯灭的情况下,打开房门进行确认(必须保证房门的敞开)。如确实起火,火势较小时可用灭火器灭火,若火势较大则立即退出房间,关闭房门后按压保护区门外的紧急启动按钮进行喷气灭火,并汇报车站控制室。 | |

续上表

| 序号 | 评估人 | 评估地点 | 评估对象 | 评估内容 | 是否正确执行 |
|---|---|---|---|---|---|
| 6 | | 站厅及站台 | 值班站长 | (3)喷气后,根据环控调度员指示再次到现场确认,若明火已熄灭则报车站控制室,若没有熄灭按设备区无气体保护房间火灾应急处理程序执行 | |
| 7 | | 车站控制室 | 行车值班员 | (1)通过CCTV(Closed Circuit Television,闭路电视)或FAS监控发现火灾报警后,通知值班站长现场确认。<br>(2)向行车调度员报告车站火灾情况,并报告部门领导。<br>(3)与行车调度员、值班站长保持联系。<br>(4)若现场火势较大,则应根据值班站长的指示将FAS模式转为自动模式,并向行车调度员和环控调度员汇报。<br>(5)若喷气后无法扑灭,按设备区无气体保护房间火灾应急处理程序执行。<br>(6)向行车调度员报告现场清理和线路出清情况 | |
| 8 | | 站厅及站台 | 客运值班员 | (1)收好票款到车站控制室协助行车值班员工作,检查排烟模式是否开启。中央级控制不能实现时,按控制中心指令操作BAS。<br>(2)若无法扑灭,则按设备区无气体保护房间火灾应急处理程序执行。 | |

续上表

| 序号 | 评估人 | 评估地点 | 评估对象 | 评估内容 | 是否正确执行 |
|---|---|---|---|---|---|
| 8 | | 站厅及站台 | 客运值班员 | (3)火焰扑灭后,在值班站长指挥下清理现场 | |
| 9 | | 站厅及站台 | 厅巡岗 | (1)接报火警后,携带备品与值班站长一起到现场确认需要进房间确认时保持房门敞开。<br>(2)协助灭火。<br>(3)若无法扑灭火焰,按设备区无气体保护房间火灾应急处理程序执行。<br>(4)火焰扑灭后,在值班站长指挥下清理现场 | |
| 10 | | 站厅及站台 | 售票岗 | 火焰无法扑灭,影响正常运营时,按值班站长的指示启动设备区无气体保护房间火灾应急处理程序 | |
| 11 | | 站厅及站台 | 站台岗 | 火焰无法扑灭,影响正常运营时,按值班站长的指示启动设备区无气体保护房间火灾应急处理程序 | |
| 12 | | 站厅及站台 | 保洁、保安岗 | 火焰无法扑灭,影响正常运营时,按值班站长的指示启动设备区无气体保护房间火灾应急处理程序 | |
| 13 | | 车站控制室 | FAS | (1)FAS 正确报警。<br>(2)FAS 正确执行消防联动。<br>(3)FAS 发送火灾模式信号。<br>(4)气体灭火系统正确执行消防联动 | |

续上表

| 序号 | 评估人 | 评估地点 | 评估对象 | 评 估 内 容 | 是否正确执行 |
| --- | --- | --- | --- | --- | --- |
| 14 | | 车站控制室 | ISCS(Integrated Supervision and Control System,综合监控系统) | (1)ISCS正确显示系统信息(或正常操作,中心级信息由环控调度员评估员反馈给设备评估员)。<br>(2)ISCS正确执行消防联动 | |
| | | | BAS | (1)BAS启动正确的火灾模式。<br>(2)BAS正确执行消防联动 | |
| 15 | | 站厅及站台 | 通风空调 | 通风空调系统正常启动、及时排烟,无串烟 | |
| | | | 液压梯 | 液压升降梯正常平层、开门 | |
| | | | 低压配电 | 非消防电源正确切除 | |
| 16 | | 0.4kV开关柜室 | 供电设备 | 非消防电源正确切除 | |
| 17 | | 车站控制室及站厅 | AFC(Automatic Fare Collection,自动售检票)系统 | AFC闸机正常开放 | |
| 执行力总评分 | | | | | |
| 评估内容共计 $A$ 项 | | | | | |
| 正确执行共计 $B$ 项 | | | | | |
| 执行力总得分($B \div A \times 100$) | | | | | |

注:1. 个别评估内容如在演练中不需要发生或执行,可以不作评估,不计入评分中的评估项数;

2. "是否正确执行"一栏,正确打"√",错误打"×",不作评估打"—"。

(3)观察演练和收集资料。

应提前将评估人员安排在可以收集有用信息的位置,跟踪和记录演练参与者的关键行为。在演练以后,根据评估者记录的信息,分析活动和任务是否顺利执行、目标是否顺利实现。对关键行为一般都提前做好报表格式,引导评估人员记录。某市城市轨道交通车站站台火灾应急演练方案值班站长岗位观察清单见表1-4。

**某市地铁城市轨道交通站台火灾应急演练方案**

**值班站长岗位观察清单**　　表1-4

评估人员姓名:××

| 运营演练项目 | 车站站台火灾演练 |
| --- | --- |
| 日期 | 月　　日 |
| 地点 | |
| 负责视察岗位 | 值班站长 |
| 演练安全措施 | (1)演练的整个过程由现场总指挥控制;贯彻“统一指挥、逐级负责”的原则,参加演练的人员必须在现场总指挥的统一指挥下,按照演练方案进行,并须听从现场总指挥对演练进度的控制;<br>(2)演练过程中,现场人员如发现危及行车、人身安全的事件,应立即停止演练,并迅速汇报;发生其他问题应及时报告OCC和总指挥,按应急处理程序进行处理;<br>(3)由担任演练时正常的调度组织工作,负责监督演练,实施安全、有序的调度;<br>(4)演练中的通信联络及使用办法、命令下达、信息传递均应按《突发事件应急预案》《行车组织规则》《运营分公司信息通报流程》相关规定执行,各岗位在运行过程中应保持密切联系 |

续上表

| 观察项目 | 记录时间 | 观察员意见 |
|---|---|---|
| 接到行车值班员报告 | | |
| 宣布执行站台火灾二级处置,执行紧急疏散 | | |
| 组织受伤乘客救治 | | |
| 组织穿戴防护用品扑救火灾 | | |
| 与行车值班员确认排烟效果 | | |
| 安排人员准备湿毛巾放置在疏散路线 | | |
| 确认卷帘门下方无障碍物 | | |
| 确认垂直电梯无困人 | | |
| 站台乘客疏散完毕 | | |
| 站厅乘客疏散完毕 | | |
| 与机电人员确认设备区疏散完毕 | | |
| 火势无法控制,下达员工疏散命令 | | |
| 撤离到紧急出入口集中点名 | | |
| 演练结束 | | |

(4)分析资料。

分析资料是评估人员对演练期间收集的资料进行分析并将其转换成叙述演练过程、人员表现的优势和问题、怎样改善等的叙述摘要。叙述摘要包括以下几项要求:

①对如何展开实现目标进行详述;

②客观地陈述事实和观察结果;

③突出积极的方面,同时鉴别任何可能存在的问题;

④避免主观意见;

⑤记录存在的问题并提出解决问题的方法等。

(5)形成评估报告。

完成评估报告演练最终要形成评估报告。评估报告包括评估过程中所使用

的评估方法、具体的评估表格、最后的评估结论等。

知识链接

### 车站级别的演练项目

城市轨道交通线路、车站应定期组织开展运营演练,具体演练科目应根据运营部门规章和结合设备情况确定。车站级别一般有如下演练项目:

(1)车站站台火灾演练;

(2)车站站厅火灾演练;

(3)列车在站台发生火灾演练(车站处置部分);

(4)车站设备区火灾演练;

(5)列车区间疏散演练(车站处置部分);

(6)列车区间清客演练(车站处置部分);

(7)车站清客演练;

(8)电话行车法演练;

(9)自动扶梯夹人或有人从自动扶梯上跌倒处理演练;

(10)车站发现可疑物品演练;

(11)车站发现可疑人员演练;

(12)车站接到炸弹恐吓演练;

(13)车站发现有毒气体演练;

(14)车站站台爆炸演练;

(15)车站发现恶性传染病演练;

(16)车站发现有毒化学物质泄漏演练;

(17)票务运作设备(自动售票机、进出站闸机)故障演练;

(18)发生列车停运时公交接驳演练;

(19)电梯困人演练;

(20)车站大客流人流控制演练;

(21)车站出入口水淹演练;

(22)正线道岔故障处理演练;

(23)屏蔽门故障接/发车演练;

(24)屏蔽门夹人/夹物处理演练。

上述演练项目以模拟跑位演练为主,少数项目开展运营演练,分为每6个月每班次进行1次、每年每班次进行1次、每年1次等多种。

## 实训　编制城市轨道交通突发事件应急预案

1.1　任务描述

编制应急预案是一项比较复杂和综合性的工作,教师可以向学生提供一些城市轨道交通应急预案参考资料,根据难度给定题目,也可以让学生自己选择,同一小组必须选择相同题目。

(1)学员按8人一组成立小组,选择同一题目,教师提供参考资料。

(2)学员按照规范独立撰写预案。

(3)以小组为单位相互交流和充分讨论,给出最终完善的预案。

(4)各组将预案在课堂上汇报,教师给予点评。

(5)教师点评后将各小组的成果展示,互相学习。

1.2　任务目标

(1)使学员初步掌握应急预案的编制过程。

(2)使学员认识到应急预案在突发事件应急处理中的重要性。

(3)培养学员处理实际问题、解决实际问题的能力。

1.3　任务实施

1)组织形式

(1)要求学员所编制的预案尽量规范、内容完备、具有可操作性。

(2)小组进行讨论,使学员对各种想法和情况都能充分了解。

(3)提交预案,由小组推选学员进行汇报。

2)任务准备

(1)参考本单元表1-2～表1-4,编写任务实施方案和任务评价表。

(2)组员进行分工合作,各组设置观察员1名,用摄像机、手机等视录设备将实训过程拍摄下来,使用观察清单记录和分析该小组实训中的问题。

3)实施步骤

(1)学习小组学习、讨论应急预案编写方法。

(2)教师指导、组间互评。要求信息汇报流程合理,编写步骤符合实际,各岗位处置得当、用语标准、操作设备正确、规范。

(3)小组学员在课堂上进行分角色演练汇报,演练后组员和教师应对实训效果进行评价,并汇报说明实训中存在的问题,提出改进措施。教师点评后将各小

组的录像成果进行展示，供学员互相学习。

1.4　任务评价

单元1实训任务评价表见表1-5。

**单元1实训任务评价表**　　表1-5

<table>
<tr><td>单元1</td><td colspan="4">城市轨道交通突发事件应急处理概述</td></tr>
<tr><td>实训</td><td colspan="4">编制城市轨道交通突发事件应急预案</td></tr>
<tr><td colspan="3">考核内容</td><td>分值</td><td>考核得分</td></tr>
<tr><td colspan="3">1.应急预案编写思路清晰、程序正确、内容完备、可操作性强</td><td>40</td><td></td></tr>
<tr><td colspan="3">2.演练方案的完成情况(汇报效果)</td><td>20</td><td></td></tr>
<tr><td colspan="3">3.演练过程考核(团队分工、角色设置、处理程序)</td><td>30</td><td></td></tr>
<tr><td colspan="3">4.课堂表现及职业素养</td><td>10</td><td></td></tr>
<tr><td colspan="5">总体评价</td></tr>
<tr><td>教师评价<br>(40%)</td><td>小组自评<br>(30%)</td><td>小组互评<br>(30%)</td><td>姓名</td><td></td></tr>
<tr><td></td><td></td><td></td><td>分数</td><td></td></tr>
</table>

## 单元小结

城市轨道交通系统具有速度快、运量大、污染小、效率高的特点，已经成为越来越多城市公共交通的选择。由于城市轨道交通系统是一个复杂的系统，运营工作涉及调度指挥、列车运行、线路维护、信号通信、设备及供电等多个部门，运营安全又受到人、设备、环境和管理因素的影响，所以在这个系统中的任何环节发生事故或故障，都会给运营工作带来不利影响或损失。为此，所有的城市轨道交通运营企业都制订了发生设备故障时的应急处理程序、发生运营事故的事故处理规定和发生突发事件情况下的应急处理预案等。同时，运营企业非常重视员工的应急处理能力，并有计划地组织学习、演练，以提高其核心职业能力。

本单元主要学习了城市轨道交通突发事件的基本概念、特征与分类，学生应当能够理解并掌握城市轨道交通运营企业目前处理突发事件的应急管理模式及组织方式,能够讲解各环节的工作要点。本单元还讲解了城市轨道交通应急预案体系结构和主要内容,通过部分实际运营企业的应急处理预案展示了城市轨道交通应急演练执行方案和评价方法。学生通过学习,能在教师指导下编制城市轨道交通应急演练方案,逐步学会运用常用的应急预案演练方式,为后续项目的学习做好准备。

## 复习与思考

1. 什么是城市轨道交通突发事件?城市轨道交通突发事件是如何分级的?

2. 针对城市轨道交通突发事件的特点,应急处理应遵循哪些原则?

3. 简述城市轨道交通运营企业现阶段的应急管理模式。

4. 试说明城市轨道交通应急预案体系结构。

5. 简述应急预案在处置突发事件过程中起到的作用。

6. 城市轨道交通应急预案演练方案应具备哪几部分内容?在应急演练中的作用是什么?

7. 假如你是值班站长,试述如何有效地组织桌面演练。

# 单元2 车站突发事件的应急处理

教学目标

**知识目标**

1. 能说明城市轨道交通车站突发事件的信息汇报内容和流程；
2. 能描述城市轨道交通运营企业处理突发事件的应急管理模式及组织方式，讲解应急管理模式各环节的工作要点；
3. 能说明城市轨道交通应急预案体系，讲解城市轨道交通突发事件应急预案的结构和内容。

**能力目标**

1. 能在车站 AFC 设备突发故障时合理安排售检票，组织乘客进出站；
2. 能在车站突发停电的情况下组织乘客疏散，保证乘客安全；
3. 能进行车站屏蔽门非正常情况下的应急处理；
4. 能进行站台坠物及坠人的应急处理；
5. 能进行车站乘客受伤与急病的应急处理；
6. 能进行车站突发公共安全事件的应急处理；
7. 能进行车站发生火灾的应急处理；
8. 能进行车站大客流应急处理。

20 学时

**案例导入**

某日,某地铁站带班值班站长在站台巡视时发现站台3号电梯故障,有异响。他立即停梯,关闭电梯上下围栏,并挂故障牌;同时报机电人员维修,填写报修记录。电梯维修中心主任、维修员接到报修电话后到达该站。维修人员到达现场后,根据车站工作人员的描述,对地铁故障情况进行检查,发现在电梯头部梳齿板处有3个小螺钉。维修人员进行了清除处理,之后开启扶梯试运转,看到扶梯运转正常,便向车站工作人员报告修复完成。此时维修人员在未打开该电梯上方护栏门的情况下,打开了该电梯下方的护栏门,且该电梯处于运行状态。恰好有列车进站,乘客乘坐扶梯,由于该扶梯上方护栏门未完全打开,形成拥堵,导致多名乘客挤伤。事故现场混乱,哭叫声、吵闹声一片。

乘客A:受到轻伤,大吵大闹,要求车站给出合理解释,情绪激动。

乘客B:躺在地上,流血较多。据目击者称,当时B被压在最下面。

乘客C:四肢多处擦伤,坐在一边沉默不语,态度不明。

**思考**:作为车站工作人员,事故发生后,你该如何处理?

## 2.1 车站突发事件应急处理基本原则与措施

### 2.1.1 车站突发事件应急处理

1)车站突发事件应急处理原则

(1)突发事件发生时,应急处理的指导思想是先控制、后处置,救人第一。

(2)突发事件现场应急处理的重点是控制事故源头和危险区域,组织人员撤离和抢救受伤人员。

(3)各岗位员工应按规定程序及时间,及时向有关方面报告,迅速开展工作,尽一切可能控制事故的扩大,以减少伤害损失。

(4)各岗位员工应沉着冷静,严格执行规定的标准和程序,优先组织人员疏散、伤员抢救,做好乘客疏导和安抚工作,维持秩序,减少乘客恐慌。

(5)各岗位员工应坚守岗位,立即进入突发事件抢险救灾状态,兼顾重点设备和环境的防护,采取一切可能措施减小损失。

(6)兼顾现场的保护工作,以利于公安、消防和事件调查部门的现场取证。

(7)员工在处理应急事件时,坚持对外宣传归口管理的原则,不得擅自发布相关信息。

(8)坚持就近处理的原则,在上一级事故处理负责人到达现场前,由值班站长担任现场指挥,担负临时事故处理负责人职责。

2)应急响应

发生Ⅰ级、Ⅱ级突发事件时,城市轨道交通企业应及时向市应急指挥中心报告;市应急指挥中心启动相应的应急预案,各专业指挥组工作人员接到命令后,迅速赶赴现场进行处置。

发生Ⅲ级、Ⅳ级突发事件时,以城市轨道交通企业为主进行处置,应及时启动该单位制订的专业应急预案,视情况拨打110、119、120等报告突发事件信息,主动协同救援,同时向市应急指挥中心报告。

3)应急处理中的抢险组织

(1)组织原则。

①现场有乘客时,应采取措施稳定乘客情绪、维持秩序,首先保证乘客安全。

②判明现场情况,并及时报告。

③控制事态、减少影响,动员和组织一切力量进行抢险。

(2)领导指挥。

①在现场总指挥到达之前,若事故发生在区间,由列车司机负责;根据需要,行车调度员安排事故区间邻近车站值班站长(或站长)到达事故现场后,由该值班站长(或站长)负责。若事故发生在车站或车辆段,由值班站长(或站长)、车辆段调度员负责。

②现场总指挥到达现场后由现场总指挥接管,并组织开展工作。

(3)控制中心的责任。

①控制中心主任根据现场情况启动相应预案。

②加强与现场指挥的联系,负责信息的收集和传递。

③通知相关部门派出抢险队,同时通知地铁公安分局派出人员赶赴现场。

④协调相关部门按照需要增派抢险人员、调集抢险物资。

⑤掌握全公司生产动态,努力保证其他工作的正常进行。

4)现场处置工作组织

(1)现场指挥小组总指挥到达事故现场后应了解事件的现场情况,迅速查看事故现场并确定影响范围,根据预案的规定,开展抢险救援工作。在不能即时恢复正常运营时,由相关专业负责人立即对现场情况进行评估,迅速向控制中心提出行车限制要求(包括是否停止运营、限速、改变驾驶模式及安全注意事项等)。

(2)如发生的事件在预案外,由现场总指挥根据现场情况组织制订抢险方案并实施。

(3)救援抢险工作结束后及时汇报,并将指挥权上交控制中心。

(4)现场作业应遵守如下规定:

①抢险方案确定前,各部门抢险队到达现场后要在指定位置待命,抢险队负责人尽快掌握现场,并领受任务。

②公安人员、车站员工负责维护现场秩序,组织无关人员离开事故现场。

③抢险救援工作方案的实施由专业抢险队伍负责,救援组织由抢险队负责人负责,其他人不得向正在进行救援的人员下达命令。

④实施方案的变更,须经抢险领导小组批准。

5)运营组织

(1)控制中心。

控制中心值班主任应与现场指挥加强联系,随时了解现场情况,组织具备运行条件的区段维持运营。

(2)行车调度员。

行车调度员应尽快了解现场情况并迅速上报,现场情况一时无法判明时,也应将所能了解到的情况先行报告,详细了解后再续报;根据现场情况,正确、及时地发布抢险救援命令,协助现场处理有关事宜;其他区段具备开通条件时,应组织列车分段运行。

(3)电力调度员。

电力调度员应尽快了解现场情况并迅速上报,现场情况一时无法判明时,也应将了解的情况先行报告,详细了解后再续报;根据现场情况和行车调度员的要求,正确、及时地停送电;协助现场处理有关事宜;保证其他具备供电条件区段的正常供电。

(4)环控调度员。

环控调度员应尽快了解现场情况并迅速上报,现场情况一时无法判明时,也应将了解的情况先行报告,详细了解后再续报;根据现场情况,正确、及时发布通风系统运行方式等相关命令;协助现场处理相关事宜;监控综合监控、机电设备及环境监控系统运作情况。

(5)车站。

车站应与控制中心加强联系,及时执行行车调度员命令,组织本站人员做好

本站客运组织、票务组织和乘客服务，利用广播加强宣传，稳定乘客情绪。封闭的车站或事故现场，除有关事故救援人员外，其他人员一律不得进入。

(6)地铁公安人员。

地铁公安人员要维护车站秩序，保护事故现场，并对事故进行必要的调查取证；要密切注意一切可疑动态，严防不法分子趁机破坏和捣乱。

(7)现场的地铁员工。

现场的地铁员工要服从现场指挥人员的统一指挥，并积极协助，尽一切能力参与抢险救援工作。

(8)列车司机。

列车司机接到调度等部门发布的影响运行情况通知后，应在第一时间做好现场宣传解释和客运组织工作。

### 2.1.2　应急处理中的信息报告

1)信息报告应遵循的原则

(1)迅速准确、简单明了、逐级上报。

(2)公司、分公司内部及协作单位并举。

(3)控制中心负责信息的收集和传递。

(4)在区间发生时，由列车司机立即向行车调度员报告。

(5)在车站或车辆段发生时，由车站行车值班员或车辆段调度员立即向行车调度员报告。

(6)夜间施工或维护人员作业时，由发现者立即向车站值班员或控制中心调度报告。

(7)发生人员伤亡、火灾、爆炸、毒气袭击等事故，需要拨打 119、120 或报告公安分局时，由现场负责人或目击者在第一时间直接报告；如果无法直接报告，则应以尽快报告的原则，向就近的车站或控制中心(车辆段控制室)或上级报告，由抢险领导小组组长指定人员了解情况后报告。

2)突发事件报告流程

突发事件发生后，应按规定流程进行信息报告，如图 2-1 所示。

3)报告事项

(1)发生时间(月、日、时、分)。

(2)发生地点(区间、百米标和上、下行正线)。

(3)列车车次、车组号，关系人员姓名、职务。

(4)事故概况及原因。

(5)人员伤亡情况及车辆、线路等地铁设备损坏情况。

(6)是否需要救援。

(7)是否影响邻线运行。

(8)其他必须说明的内容及要求。

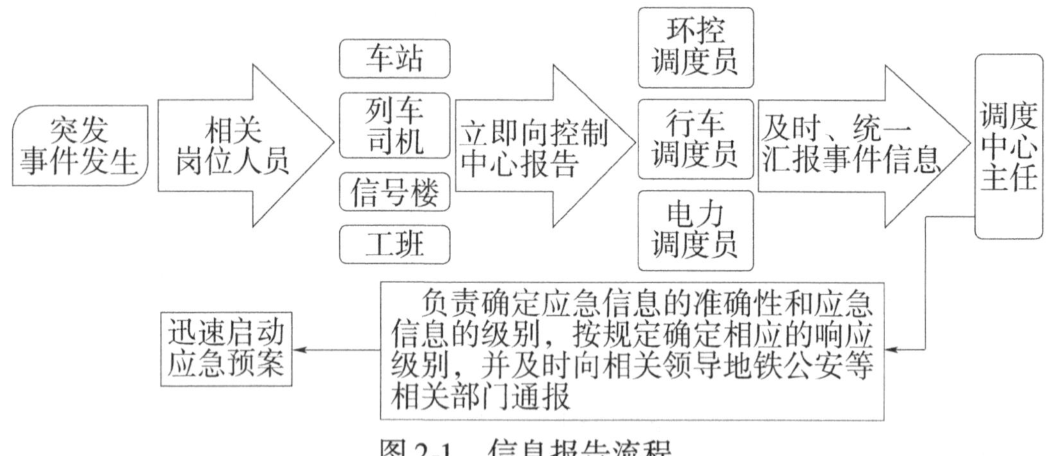


图 2-1　信息报告流程

4)应急信息通报原则

(1)迅速、准确、真实。

(2)逐级报告。

(3)内部、上级领导及协作单位并举。

(4)分类、分级报送。

(5)就地、就近报告。

(6)优先上报调度信息。事故处理主任及现场指挥到达现场后,必须将现场信息(现场状况、影响程度、已经或拟采取的措施等)在第一时间报告 OCC,OCC 应及时报告 COCC。

(7)结合事件进展、动态报告。突发事件从发生到严重影响(后果)是一个由轻微到严重递进的动态过程,应急信息的通报也是逐步升级的过程。事故处理主任及现场指挥应根据突发事件的进展和影响范围,及时将事件处理的关键信息(最新处置情况及进度、指挥人员变更信息等)报告 OCC,OCC 应及时报告 COCC。

## 2.2　车站 AFC 设备故障的应急处理

### 2.2.1　车站 AFC 设备故障处理职责分工与原则

1)车站 AFC 设备常见故障

(1)车站自动售票机全部停用,或在站厅层分离的一端内全部自动售票机停用。

(2)车站出站闸机全部发生故障,或在站厅层分离的一端内全部出站闸机发生故障。

(3)车站进站闸机全部发生故障,或在站厅层分离的一端内全部进站闸机发生故障。

(4)车站半自动售票机全部发生故障。

2)车站 AFC 设备故障应急处理职责分工

车站 AFC 设备发生故障进行应急处理时的职责分工见表 2-1。

**车站 AFC 设备发生故障进行应急处理时的职责分工**　　表 2-1

| 岗位名称 | 应急处理的职责分工 |
|---|---|
| 值班站长 | 担任前期现场处置负责人,负责现场指挥协调工作 |
| 行车值班员 | 负责车站信息的收集、传达和上报 |
| 客运值班员 | 根据值班站长安排做好客流引导及售检票工作,维持车站秩序 |
| 站务员 | 协助客运值班员做好客流引导及售检票工作,维持车站秩序 |

3)车站 AFC 设备故障处理原则

(1)按"先通后复"的原则,在接报故障的 25min 内修复 1～2 台简单故障设备,尽快降低故障对运营的影响程度。

(2)确保每个付费区均有运行良好的 AG(Auto Gate,进/出站闸机)。

(3)确保车站每端均有运行良好的 TVM(Ticket Vending Machine,自动售票机)。

(4)确保车站每端均有运行良好的 BOM(Booking Office Machine,半自动售票机)。

4)信息汇报内容及流程

(1)信息汇报内容。

①站务员向行车值班员、客运值班员汇报 AFC 设备故障具体情况;

②行车值班员接故障报告后报值班站长;

③行车值班员向 OCC 调度员汇报设备故障情况和现场前期处置情况,申请维修设备;根据现场情况,做好信息的续报工作;跟进预案执行情况,并及时申请恢复正常运营。

(2)信息汇报流程。

信息汇报流程如图 2-2 所示。

## 2.2.2　车站 AFC 设备故障应急处理

1)TVM 全部故障的应急处理流程

TVM 全部故障的应急处理流程见表 2-2。

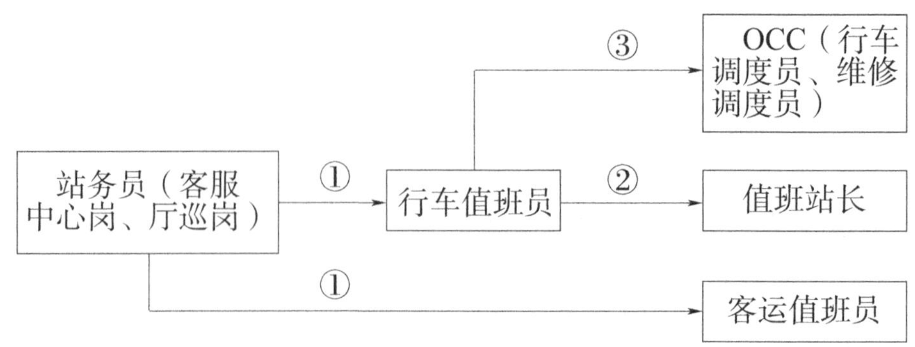


图 2-2　信息汇报流程

**TVM 全部故障的应急处理流程**　　　　表 2-2

| 岗　位 | 程　序 | | | |
|---|---|---|---|---|
| | 信息接报 | 前期处置 | 现场处置 | 应急终止 |
| 厅巡岗 | (1)发现TVM全部故障，立即报行车值班员 | (2)到TVM处了解情况，做好乘客引导工作 | (3)打开边门检票，引导纸质车票乘客进站。<br>(4)接到设备恢复通知后，停止边门检票 | (5)正常乘客服务工作 |
| 行车值班员 | (1)接故障报告后报值班站长，向OCC调度员报设备维修 | (2)播放引导广播，通过CCTV监控客流 | (3)报OCC预制单程票(或纸票)售卖时间及客流情况。<br>(4)接到值班站长设备恢复通知后，向OCC报告预制单程票(或纸票)停止售卖时间 | (5)向OCC报告设备恢复，根据OCC命令恢复正常服务 |
| 值班站长 | (1)接故障报告后至现场了解情况，安排做好信息上报工作 | (2)安排员工组织引导乘客进、出站，做好安全防护，通知客运值班员、客服中心售卖预赋值单程票 | (3)组织BOM出售单程票，组织售卖预制单程票(或纸票)，做好站厅客流引导；根据客流情况开设临时售票亭(图2-3)售卖预制单程票(或纸票)。<br>(4)接到客运值班员设备恢复汇报后，通知停止售卖预制单程票(或纸票) | (5)通知各岗位终止应急预案，监控各岗位到岗情况及设备运行情况 |

续上表

| 岗位 | 程序 | | | |
|---|---|---|---|---|
| | 信息接报 | 前期处置 | 现场处置 | 应急终止 |
| 客运值班员 | | (1)接值班站长指令到票务室配预制单程票、票款 | (2)做好乘客服务工作,配合值班站长,做好乘客引导及防护设置,配合维修。<br>(3)检查设备,确认设备恢复后报值班站长 | (4)撤销防护 |
| 客服中心岗 | | | (1)开启BOM出售单程票。<br>(2)接到值班站长通知售卖预制单程票(或纸票)。<br>(3)接到值班站长停止售卖预制单程票(或纸票)通知后,停止售卖预制单程票(或纸票) | (4)正常处理票务工作和乘客服务工作 |

图2-3 人工售票点

2)BOM 全部故障的应急处理流程

BOM 全部故障的应急处理流程见表 2-3。

**BOM 全部故障的应急处理流程** 表 2-3

| 岗位 | 程序 | | | |
|---|---|---|---|---|
| | 信息接报 | 前期处置 | 现场处置 | 应急终止 |
| 客服中心岗 | (1)发现 BOM 故障,立即报行车值班员、客运值班员 | | (2)引导乘客到自助设备上办理车票充值、查询,引导需要办理储值卡车票更新业务的乘客购买使用单程票或其他电子检票设备进站乘车。<br>(3)协助客运值班员组织乘客进、出站,做好解释工作,并配合进行设备维修 | (4)正常处理票务工作和乘客服务工作 |
| 行车值班员 | (1)接故障报告后报值班站长;向 OCC 调度员报修设备,必要时申请相应的降级运营模式 | (2)播放引导广播,通过 CCTV 监控客流 | (3)做好与 OCC、车站各岗位之间的信息传递 | (4)向 OCC 汇报设备恢复,根据 OCC 命令恢复正常服务 |
| 值班站长 | (1)接故障报告后至现场了解情况,安排行车值班员做好信息上报工作 | (2)安排员工组织引导乘客进、出站,做好安全防护 | (3)安排各岗位工作,做好站厅客流引导及乘客解释工作 | (4)通知各岗位终止应急预案,监控各岗位到岗情况及设备运行情况 |

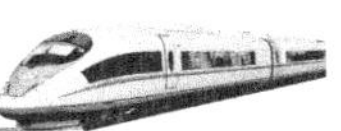

续上表

| 岗　位 | 程　序 | | | |
|---|---|---|---|---|
| | 信息接报 | 前期处置 | 现场处置 | 应急终止 |
| 客运值班员 | (1)接到客服中心岗BOM故障的报告 | | (2)打开边门(图2-4),在边门处引导非付费区无法正常进站的乘客从边门进站,对付费区无法出站的乘客回收单程票,从边门出站,告知持储值票的乘客到出闸车站办理储值票相关业务,或下次乘车时办理,对乘客做好解释工作 | (3)撤销防护 |

图2-4　边门

3)进站闸机全部故障的应急处理流程

进站闸机全部故障的应急处理流程见表2-4。

**进站闸机全部故障的应急处理流程**　　表2-4

| 岗　位 | 程　序 | | | |
|---|---|---|---|---|
| | 信息接报 | 前期处置 | 现场处置 | 应急终止 |
| 厅巡岗 | (1)发现进站闸机全部故障,立即报告行车 | | (2)打开边门,引导乘客从边门进站,做好服务解释工作,配合进行设备维修工作 | (3)报行车值班员、客运值班员进站闸机恢 |

续上表

| 岗　　位 | 程　　序 | | | |
|---|---|---|---|---|
| | 信息接报 | 前期处置 | 现场处置 | 应急终止 |
| 厅巡岗 | 值班员、客运值班员 | | | 复正常，正常处理票务工作和乘客服务工作 |
| 行车值班员 | (1)接故障报告后报值班站长，向OCC调度员报设备维修，必要时申请进出站次序免检降级运营模式 | (2)播放引导广播，通过CCTV监控客流 | (3)做好与OCC、车站各岗位之间的信息传递 | (4)向OCC、值班站长报告设备恢复情况，根据OCC命令恢复正常服务 |
| 值班站长 | (1)接故障报告后至现场了解情况，安排行车值班员做好信息上报 | (2)安排员工组织引导乘客进、出站，做好安全防护 | (3)安排各岗位工作，做好站厅客流引导及乘客解释工作 | (4)通知各岗位终止应急预案，监控各岗位到岗情况及乘客服务工作 |
| 客运值班员 | (1)接到厅巡岗进站闸机全部故障的报告 | | (2)在边门处做好乘客进站引导及防护设置，告知持储值票的乘客在出闸车站办理车票更新后出站，做好乘客解释服务工作 | (3)撤销防护 |

4)出站闸机全部故障的应急处理流程

出站闸机全部故障的应急处理流程见表2-5。

**出站闸机全部故障的应急处理流程**　　表 2-5

| 岗　位 | 程　序 | | | |
|---|---|---|---|---|
| | 信息接报 | 前期处置 | 现场处置 | 应急终止 |
| 厅巡岗 | (1)发现出站闸机全部故障，立即报告行车值班员、客运值班员 | | (2)打开边门，引导乘客从边门出站，回收单程票，对持储值票的乘客做好服务解释工作，配合进行设备维修工作 | (3)报告行车值班员、客运值班员进站闸机恢复正常，正常处理票务工作和乘客服务工作 |
| 行车值班员 | (1)接故障报告后报值班站长，向 OCC 调度员报设备维修 | (2)播放引导广播，通过 CCTV 监控客流 | (3)做好与 OCC、车站各岗位之间的信息传递 | (4)向 OCC、值班站长报告设备恢复情况，根据 OCC 命令恢复正常服务 |
| 值班站长 | (1)接故障报告后至现场了解情况，安排行车值班员做好信息上报 | (2)安排员工组织引导乘客进、出站，做好安全防护 | (3)安排各岗位工作，做好站厅客流引导及乘客解释工作 | (4)通知各岗位终止应急预案，监控各岗位到岗情况及乘客服务工作 |
| 客运值班员 | (1)接到厅巡岗出站闸机全部故障的报告 | | (2)在边门处做好乘客出站引导及防护设置，告知持储值票的乘客下次乘车前在客服中心办理储值卡更新，做好乘客解释服务工作 | (3)撤销防护 |

# 2.3 车站突发停电的应急处理

## 2.3.1 车站的供电系统概述

1) 车站的供电系统

城市轨道交通的供电系统是为城市轨道交通正常运营提供电能的系统,它不仅为城市轨道交通电动列车提供牵引用电,还为城市轨道交通运营服务的场所,如车站、车辆段、运营控制中心供应电能。

城市轨道交通供电系统,一般包括外部电源、主变电所(或电源开闭所)、牵引供电系统动力照明供电系统、电力监控系统。其中,牵引供电系统包括牵引变电所和牵引网;动力照明供电系统包括降压变电所和动力照明配电系统。

城市轨道交通系统是一个重要的用电负荷。按规定其应为一级负荷,即应由两路电源供电,当任何一路电源发生故障中断供电时,另一路应能保证城市轨道交通重要负荷的全部用电需要。在城市轨道交通供电系统中,牵引用电负荷为一级负荷,而动力照明等用电负荷根据它们的实际情况可分为一级负荷、二级负荷及三级负荷。

(1) 一级负荷。一级负荷包括通信系统、信号系统、牵引供电系统、电力监控系统、防灾报警系统、机电设备监控系统、屏蔽门、防淹门、消防泵、废水泵、雨水泵、事故风机及其风阀、排烟风机及其风阀站厅和站台照明、事故照明。

(2) 二级负荷。二级负荷包括非事故风机及其风阀、排污泵、自动扶梯、设备区照明和管理区照明、自动售检票、楼梯升降机、民用通信电源、冷冻机组控制器电源、维修电源。

(3) 三级负荷。三级负荷包括冷水机组、冷冻水泵、冷却水泵、冷却塔风机、广告照明、电开水器、清扫电源。

车站保证行车的信号、通信设备以及为旅客提供良好乘车环境的空调、通风、电扶梯等机电设备都需要进行供电。如果车站停电,势必会造成乘客惊慌而使事态扩大。所以供电系统发生故障时,必须采取相应的组织技术措施,尽可能地缩小故障时间和影响范围,确保乘客的人身和财产安全。

2) 车站安全疏散标识

每座城市轨道交通车站都有本车站的应急疏散线路图,当发生突发情况时,工作人员会引导乘客按照指示标志沿着疏散通道快速出站。但是当发生停电事故时,乘客不容易找到疏散通道,运营企业为应对这种情况在城市轨道交通车站

都配置了可自发光的向导标志牌,如图2-5所示。这些标志密集覆盖了城市轨道交通车站内所有障碍物、台阶及侧墙边沿,当城市轨道交通发生停电等事故时,乘客可以根据疏散标志的引导顺利出站。

图2-5 自发光向导标志牌

## 2.3.2 车站停电应急处理

1)车站站台停电

当车站站台停电时,应立即启动事故照明灯,并向乘客广播解释。如果照明不能立即恢复,应用正常驶入站台列车的灯光进行照明,引导乘客上下车。

2)车站站厅停电

车站站厅停电,由站务员报告行车值班员,行车值班员报告行车调度员、值班站长;值班站长下达启动应急预案的命令,各岗位各司其职保证乘客的安全。站厅停电时,各岗位处置流程如图2-6所示。如果站厅长时间无法恢复供电,值班站长须通知行车值班员向OCC申请关站;行车调度员同意后,播放关站广播,在引导站内乘客安全出站后,将车站关闭。

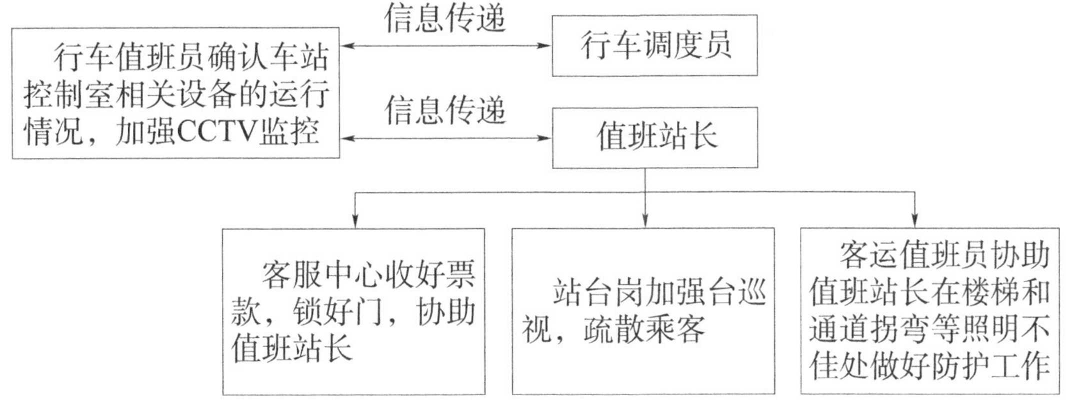


图2-6 站厅停电各岗位处置流程

3)车站大面积停电的应急处置

受城市轨道交通外部供电系统影响或城市轨道交通设备故障造成单个车站或车辆段及以上范围的交流电全部停电(不考虑直流逆变成的交流电)时,具体的处置方案如图 2-7 所示。

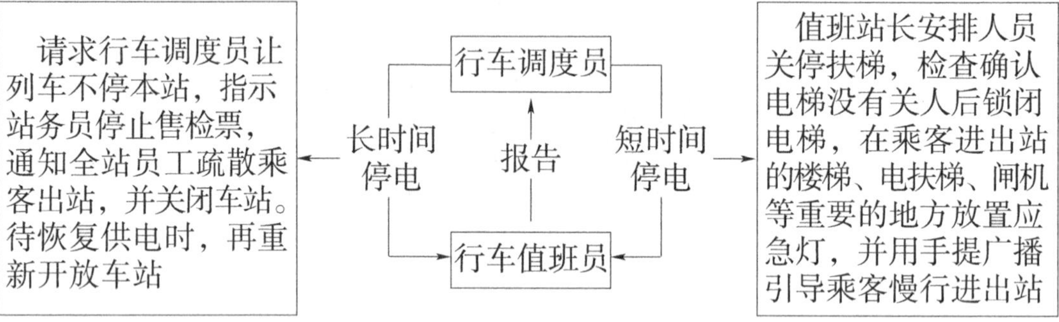


图 2-7　车站大面积停电应急处置方案

## 2.4　屏蔽门突发事件的应急处理

城市轨道交通屏蔽门系统是随着城市轨道交通不断地发展而产生的。屏蔽门系统除了保障列车、乘客进出站时的绝对安全之外,还可以大幅减少列车司机瞭望次数,减轻了列车司机的思想负担,并且能有效地减少空气对流造成的站台冷热气的流失,降低列车运行产生的噪声对车站的影响,从而为乘客提供舒适的候车环境,具有节能、安全环保、美观等功能。但是这仅限于屏蔽门系统正常运转时,一旦系统出了故障,仍然会出现多种安全隐患。

### 2.4.1　屏蔽门系统故障的安全隐患

(1)屏蔽门突然开关,导致乘客跌落站台。

(2)屏蔽门玻璃脱落,玻璃碎渣砸伤乘客或者掉入轨道影响行车安全。

(3)屏蔽门倒塌,导致乘客跌落站台。

(4)屏蔽门漏电,导致乘客触电。

(5)屏蔽门门槛突起,导致乘客上下车时被绊倒。

(6)应急门无法打开,紧急情况下导致疏散受阻。

(7)滑动门无法打开,影响乘客上下车,导致列车晚点。

(8)端头门被列车进入站台时产生的气压推倒,使得乘客和站务员坠入轨道,造成伤亡。

(9)屏蔽门震荡,导致列车与屏蔽门碰撞,造成乘客及员工受伤或死亡。

(10)屏蔽门燃烧冒烟,导致站台失火,引起人员伤亡。

(11)乘客被屏蔽门和车门夹住或撞击,正常情况下影响乘客上下车,延误列车运行,紧急情况下延误疏散,极端情况下可造成乘客伤亡。

(12)屏蔽门在无列车进入站台时开启,导致乘客或员工坠入轨道。

## 2.4.2 屏蔽门系统故障的处理原则和方法

1)屏蔽门系统故障的处理原则

(1)发生屏蔽门故障时,应坚持"在确保安全前提下,先发车后处理"的原则,当无法隔离(旁路)时,应先发车再处理。

(2)与信号系统联锁后,在RM(Restricted Manual Mode,受限制的人工驾驶模式)、SM(Supervised Manual Mode,受ATP掌控的人工驾驶模式)、ATO(Auto matic Train Operation,列车自动驾驶)模式下屏蔽门均可实现与车门同步开关;在反方向运行及URM(Unrestricted Manual Mode,不受限制的人工驾驶模式)模式下,必须使用PSL(Platform Screen Doors Local Control Panel,就地控制盘)开关屏蔽门。

(3)故障屏蔽门断电不能代替隔离(旁路)。

(4)因屏蔽门故障影响列车接发时,首列车接发不需使用互锁解除,后续列车(即自第二列起)使用互锁解除接发车。

(5)操作尾端PSL仅在钥匙断在头端墙PSL锁孔时使用。

(6)对不能关闭的单个或多个滑动门,必须设置安全防护栏或安排专人看护。专人看护时,原则上每个人可监护五挡相邻屏蔽门。

(7)整侧屏蔽门不能开关时,车站应安排不少于3人到现场支援。

(8)当一节车厢对应屏蔽门全部不能正常开启时,需至少手动打开一挡滑动门,并将其隔离(旁路)和断电,引导乘客上下车。

(9)故障屏蔽门修复后,由行车调度员负责组织,车站和司机配合,利用下一列车进行一次相应侧的屏蔽门开关门试验。

(10)在无列车停靠站台需要人工手动打开单个或多个屏蔽门时,车站必须征得行车调度员同意,先将门隔离(旁路),根据设备类型情况关闭电源,并密切注意PIS显示的列车到站时间,当显示"列车即将到达"信息时必须停止操作。

(11)车站屏蔽门备用钥匙要求统一放在监控亭,由站台岗站务员或站台保安(以下简称"站台岗")负责保管。

(12)对已开启的屏蔽门进行断电前,须征得行车调度员同意,并按压紧急停车按钮防护。

(13)就地操作 PSL 的技术要求。

①开门时,要在"门关闭"位停顿 1s,再打到"门打开"位,并在"门打开"位保持 5s,确保屏蔽门全部打开。

②关门时,要在"门关闭"位保持 5s,确保门全部关闭,屏蔽门 PSL"ASD/EED 门关闭"绿灯亮后,才可将钥匙回到禁止位,拔出钥匙。屏蔽门 PSL 如图 2-8 所示。

图 2-8　屏蔽门 PSL

2)屏蔽门的优先级控制

(1)系统级控制。系统级控制是指在正常运行模式下由信号系统直接对站台门进行开、关门控制的方式。

(2)站台级控制。站台级控制是指由列车司机或站务人员通过站台 PSL 对站台门进行控制的方式。

(3)手动操作(紧急操作)。手动操作是指由站台人员或乘客对站台门进行的操作。

屏蔽门开关门优先级控制由低到高依次为:车站级自动控制(信号系统发送开关门命令)、站台端头 PSL 控制、车站 IBP(Integrated Backup Panel,综合后备盘)控制、滑动门 LCB(Local Control Box,就地控制盒)控制、滑动门手动控制。

## 2.4.3　就地控制盘的操作

1)就地控制盘的使用方法

(1)每侧站台两端屏蔽门端门外各设置一套 PSL,PSL 的设置位置与正常停车时列车驾驶室门相对应,以便列车司机开关控制屏蔽门。

(2)PSL 具有对整侧屏蔽门进行开关控制的功能,当信号系统无法对屏蔽门进行开关控制时,站台工作人员可通过 PSL 对屏蔽门进行开关门的操作。

(3)当个别屏蔽门因故障不能关闭锁紧而无法发车时,在人为保障安全的前提下,站台人员或列车司机可通过 PSL 向信号系统发出"互锁解除"信号,允许列车离站。

(4)任何一道屏蔽门(含应急门)没有关闭锁紧,则 PSL 面板上的屏蔽门关闭锁紧状态指示灯熄灭。当车站控制室值班员将屏蔽门控制权限切换至车站控制室 IBP 控制时,则 PSC(Platform System Controller,站台门控制器)面板上的屏蔽门紧急控制状态灯指示灯亮。

(5)PSL 操作允许转换钥匙开关及 PSL 操作状态指示灯。

(6)PSL 开/关屏蔽门钥匙,可以控制屏蔽门的开/关动作。

(7)屏蔽门 ASD/ED 状态指示灯亮表示 ASD/EED 完全锁闭。

(8)非运营时间滑动门/应急门/端门应处于关闭状态,每天运营开始前,应操作 PSL 两次,以检查屏蔽门和 PSL 功能是否正常。

2)操作 PSL 打开与关闭滑动门

(1)适用范围。当联动功能发生故障或联动功能未实现时,由司机或授权人员操作。

(2)操作步骤。操作 PSL 打开与关闭滑动门的步骤分别见表 2-6、表 2-7。

**操作 PSL 打开滑动门的操作步骤** 表 2-6

| 步骤 | 1 | 2 | 3 | 4 |
|---|---|---|---|---|
| 操作 | 用专用操作钥匙插入“PSL 操作”钥匙开关,原始位置是“自动” | 将钥匙开关转到“允许”位置 | 此时 PSL 操作箱上的黄色“PSL 操作”指示灯常亮 | 按下绿色的“开门”按钮,滑动门开始打开,此时绿色的“门闭锁”指示灯熄灭。当全部滑动门开门到位后,黄色的“开门到位”指示灯亮,在打开过程中各滑动门状态指示灯闪烁,门完全打开后各滑动门状态指示灯常亮 |

**操作 PSL 关闭滑动门的操作步骤** 表 2-7

| 步骤 | 1 | 2 | 3 |
|---|---|---|---|
| 操作 | 前 3 个步骤与打开滑动门步骤相同 | 按下红色的“关门”按钮。滑动门开始关闭,此时黄色的“开门到位”指示灯熄灭,滑动门完全关闭锁紧后,绿色的“门闭锁”指示灯亮,在关闭过程中各滑动门状态指示灯闪烁。门完全关闭锁紧后各滑动门状态指示灯熄灭 | 操作完成后,将“PSL 操作”钥匙开关由“允许”打回到“自动”位置,取出操作钥匙 |

3)操作 PSL 上的“互锁解除”开关

(1)适用范围。在使用联动功能时,当有滑动门/应急门无法关闭,或屏蔽门安全回路出现故障,从而导致列车无法进站和出站时,由车站人员或授权人员操作。

(2)操作步骤。操作 PSL 上的“互锁解除”开关的步骤见表 2-8。应注意的是,“互锁解除”钥匙开关的“解除”位需要人为保持,否则此开关会立即自动回复到“互锁”位。

**操作 PSL 上的“互锁解除”开关的操作步骤** 表 2-8

| 步骤 | 1 | 2 | 3 |
|---|---|---|---|
| 操作 | 用专用操作钥匙插入“互锁解除”钥匙开关;原始位置是“互锁” | 把“互锁解除”钥匙顺时针拧到“解除”位,并保持,这时 PSL 上的红色的“互锁解除”指示灯常亮 | 待列车停稳在站台正确位置或离开站台行驶到安全区域时(列车尾部出清头端出站信号机),才可以松开“互锁解除”钥匙开关。松开“互锁解除”钥匙开关后,PSL 上的“互锁解除”指示灯熄灭 |

## 2.4.4 滑动门的操作

1)在站台侧手动打开滑动门

(1)适用范围。当屏蔽门电源不能供电,联动功能、PSL 功能、IBP 功能、LCB 功能发生故障,滑动门发生故障或出现其他紧急情况时,由车站人员操作。

(2)操作步骤。站台侧手动打开滑动门的操作步骤见表 2-9,操作示意图如图 2-9 所示。

**站台侧手动打开滑动门的操作步骤** 表 2-9

| 步骤 | 1 | 2 | 3 |
|---|---|---|---|
| 操作 | 在站台侧将专用钥匙插入左滑动门门框中部的锁孔,操作钥匙逆时针旋转 | 旋转到位后滑动门被手动解锁,滑动门会自动打开一定的距离,用力推开门扇,滑动门打开 | 此时滑动门有报警声,门头灯黄色常亮。30s 后,门头灯黄色闪亮 |

2)在轨道侧手动打开滑动门

(1)适用范围。当屏蔽门电源不能供电,联动功能、PSL 功能、IBP 功能、LCB 功能发生故障,滑动门发生故障或出现其他紧急情况时,由乘客操作或由车站人员、列车司机指导乘客操作。

(2)操作步骤。轨道侧手动打开滑动门的操作步骤见表 2-10,操作示意图如图 2-10 所示。

图 2-9 滑动门手动操作示意图

图 2-10 轨道侧手动打开滑动门

**轨道侧手动打开滑动门的操作步骤** 表 2-10

| 步骤 | 1 | 2 | 3 |
|---|---|---|---|
| 操作 | 在轨道侧面对滑动门拉动滑动门的紧急操作手柄 | 此时,滑动门会自动打开一定的距离,用力将滑动门推开 | 此时,滑动门有报警声,门头灯黄色常亮。30s 后,门头灯黄色闪亮 |

3)手动关闭滑动门

(1)适用范围。当滑动门发生故障,或滑动门由于障碍物的原因处于自由状态时,由车站人员操作。

(2)操作步骤。手动关闭滑动门的操作步骤见表 2-11。

## 2.4.5 应急门的操作

1)手动打开应急门

(1)适用范围。因列车发生故障或停电等原因,导致列车门不能对准滑动门或发生其他紧急情况时,乘客需要疏散使用。

**操作 PSL 打开滑动门的操作步骤** 表 2-11

| 步骤 | 1 | 2 | 3 | 4 |
|---|---|---|---|---|
| 操作 | 无须工具或钥匙就可人工关闭用专用钥匙打开的双向滑动门，手掌用力平按住门扇左右两部分，用力将两门扇推至中心，直至关闭并锁住 | 确认该滑动门状态指示灯熄灭 | 确认 PSL 上的“门闭锁”指示灯亮 | 如果步骤 2 或步骤 3 的条件不成立，则说明该滑动门没有手动关好。此时，应手动打开该滑动门，然后重复一次步骤 1～3，如果仍然不满足步骤 2 或步骤 3 的条件，将该滑动门隔离，做好防护措施后，再通知维修人员 |

(2)操作步骤。应急门内外的操作步骤见表 2-12。

**应急门内外的操作步骤** 表 2-12

| 站台侧操作步骤 | | 轨道侧操作步骤 | |
|---|---|---|---|
| 1 | 2 | 1 | 2 |
| 在站台侧将专用钥匙插入应急门门框中 | 旋转到位后，应急门被手动解锁，相邻滑动门指示灯亮，此时用力向站台侧拉开门扇，应急门打开 | 在轨道侧向外推应急门中部的横杆，此时应急门被手动解锁 | 向外推动应急门，应急门打开 |

2)手动关闭应急门

(1)适用范围。在非紧急情况下，严禁开关应急门。当道风机或推力风机运行,或者列车进出站时,设备区、公共区的风压差很大,如果应急门未被锁紧就离开现场,列车进出站时的巨大风压将有可能造成设备损坏和人身伤亡事故,也会影响列车进出站。

(2)操作步骤。用手将应急门关闭。关闭应急门后,确认相邻滑动门指示灯是否熄灭,PSL上的"门闭锁"指示灯是否点亮,以确定应急门是否锁紧。

## 2.4.6 就地控制盒的操作

1)适用范围

滑动门故障或维修人员检修时,使用就地控制盒进行操作。

2)操作步骤

将专用钥匙插入LCB钥匙开关,按照文字标志将钥匙转到需要的位置,有"自动""隔离""开""关"位置。屏蔽门的LCB钥匙开关位于滑动门右上方的门楣上,如图2-11所示。

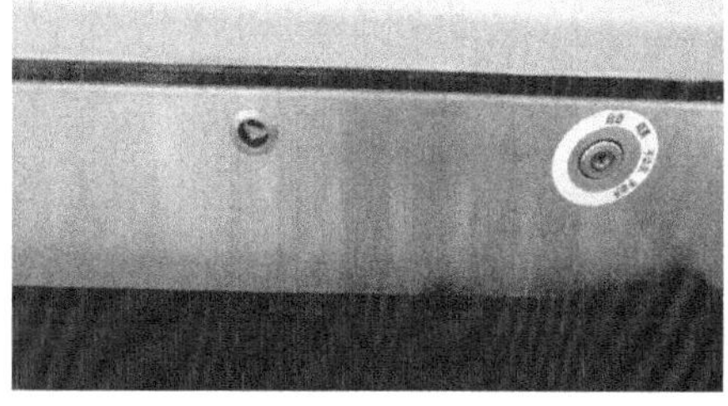

图2-11 屏蔽门LCB钥匙开关

3)状态说明

(1)隔离状态:当某个活动门有故障时,可以将它隔离,此门不会对开或关的命令有反应,此时门处于自由状态,开门到位被旁路。

(2)自动状态:DCU(Drive Control Unit,牵引控制单元)接受并处理来自PSC的开或关命令,此时安全回路没有被旁路。

(3)开门状态:可以手动开门,此时安全回路被旁路。

(4)关门状态:可以手动关门,此时安全回路被旁路。

## 2.4.7 紧急控制盘的操作

1)适用范围

滑动门通过PSL无法打开,或是紧急情况下,听从行车调度员命令进行紧急控制盘的操作。

2)操作步骤

(1)将插在IBP盘上的专用钥匙转到"有效"位置,此时"有效"位旁的指示灯绿色常亮。

(2)按压绿色的"开门"按钮,绿色的"关闭锁紧"指示灯熄灭。当所有的滑动门全部开门到位后,黄色的"开门到位"指示灯黄色常亮。

(3)按压红色的"关门"按钮,黄色的"开门到位"指示灯熄灭。当所有的滑动门全部关闭锁紧后，绿色的“关闭锁紧”指示灯绿色常亮。

(4)操作完成后及时将钥匙转到“无效”位置。

### 2.4.8 屏蔽门不能关闭故障应急处理

1)报告内容

(1)行车值班员报告内容。

①发生地点(车站、上下行站台、故障屏蔽门位置)；

②故障现象；

③现场先期处置情况。

(2)电动列车司机报告内容。

①故障现象、发生地点(车站、上下行线、故障屏蔽门位置)、车次；

②现场先期处置情况。

2)应急处理程序

(1)单个/多个屏蔽门不能关门故障的应急处理程序见表2-13。

**单个/多个屏蔽门不能关门故障的应急处理程序** 表2-13

| 岗位 | 程序 | | | |
|---|---|---|---|---|
| | 信息接报 | 前期处置 | 现场处置 | 应急终止 |
| 列车司机 | (1)发现屏蔽门故障，立即报告OCC行车调度员 | (2)接OCC命令执行 | (3)乘客上下车完毕后，关车门，确认空隙安全后，凭站台岗“好了”信号动车 | (4)动车后，将情况报告OCC |
| 站台岗 | (1)发现屏蔽门故障，立即报行车值班员 | (2)至故障屏蔽门处了解情况。<br>(3)做好乘客引导工作 | (4)立即至现场排除故障(查看故障门是否卡有异物，车门、屏蔽门是否夹人夹物)。故障无法立即排除时，立即将门打至“隔离”位。<br>(5)待车门关闭，确认该处车门与屏蔽门之间无异物后向司机显示“好了”信号。 | |

续上表

| 岗　　位 | 程　　序 | | | |
|---|---|---|---|---|
| | 信息接报 | 前期处置 | 现场处置 | 应急终止 |
| 站台岗 | | | (6)待列车司机发车后手动将屏蔽门关闭。<br>(7)如故障门无法手动关闭,在故障门处设置防护和张贴故障告示。<br>(8)加强故障门处乘客引导 | |
| 行车值班员 | (1)发现屏蔽门故障,立即通知站台岗处理,并报值班站长、OCC行车调度员、维修调度员 | (2)通过CCTV加强对站台情况的监视。<br>(3)加强车站站台乘客广播 | (4)指导站台岗排除故障,故障如无法排除,立即组织打“隔离”位 | (5)接维修人员故障修复通知后,报OCC、值班站长 |
| 值班站长 | (1)接行车值班员屏蔽门故障信息报告 | (2)到现场组织处理,做好乘客引导工作 | (3)多档滑动门故障时,组织站台岗粘贴故障告示及加设防护设施,加强站台巡视 | (4)故障修复后,通知各岗位终止应急预案 |

(2)整侧屏蔽门不能关闭故障的应急处理程序见表2-14。

**整侧屏蔽门不能关闭故障的应急处理程序**　　表2-14

| 岗　　位 | 程　　序 | | | |
|---|---|---|---|---|
| | 信息接报 | 前期处置 | 现场处置 | 应急终止 |
| 列车司机 | (1)发现所有屏蔽门不能关闭时, | (2)尝试操作端头PSL关门。 | (4)乘客上下车完毕,在收到速度码后,列车司机凭车站“好了”信号并获 | (5)动车后,将情况报告OCC |

续上表

| 岗　　位 | 程　　序 | | | |
|---|---|---|---|---|
| | 信息接报 | 前期处置 | 现场处置 | 应急终止 |
| 列车司机 | 立即通知车站派员前往协助处理,报告行车调度员 | (3)按OCC命令执行 | 行车调度员同意后,以正常模式驾驶列车出站。如未收到速度码,应及时与站务人员共同确认互锁解除已正确操作,以RM模式动车。动车前注意确认车门与屏蔽门之间的空隙安全 | |
| 行车调度员 | (1)接到屏蔽门故障通知后,通知列车司机注意掌握好关门动车时机。通知全线列车司机"××站××站台所有屏蔽门不能关闭,进入该车站加强瞭望,注意安全" | (2)故障未消除前,向后续列车通报故障情况 | | (3)故障修复后,通知车站终止应急预案 |
| 站台岗 | (1)发现屏蔽门故障,立即报告行车值班员 | (2)到故障屏蔽门处了解情况。<br>(3)做好乘客引导工作 | (4)加强站台巡视。对开启的屏蔽门设置安全防护。待车门关闭,确认站台安全(乘客在安全黄线外)后,向列车司机显示"好了"信号,并密切注意 | |

续上表

| 岗位 | 程序 | | | |
|---|---|---|---|---|
| | 信息接报 | 前期处置 | 现场处置 | 应急终止 |
| 站台岗 | | | 站台乘客的动态,确保乘客安全。<br>(5)客车离开站台后,加强对站台的监控和防护,防止在没有客车停站时乘客进入开启的屏蔽门而掉入轨行区 | |
| 行车值班员 | (1)发现屏蔽门故障,立即通知站台岗处理,并报告值班站长、OCC行车调度员、维修调度员 | (2)通过CCTV加强对站台情况的监视,加强车站站台乘客广播。<br>(3)通知列车运行方向的后方邻站后续列车到其站后向本站报点 | (4)与列车司机确认PSL手动关门失败后,经行车调度员允许,操作IBP盘关门,并报告OCC。<br>(5)列车客室门关闭时,广播通知站台乘客离开屏蔽门,防止乘客抢上抢下。<br>(6)接到后方站报点后,若关门失败,通知值班站长执行PSL互锁解除,并报告OCC,做好广播引导工作。<br>(7)通知维修调度员并由其通知检修人员处理,如不能处理好,通知维修调度员组织抢修 | (8)接维修人员故障修复通知后,报OCC、值班站长 |
| 值班站长 | (1)接行车值班员屏蔽门故障信息报告 | (2)到现场组织处理,做好乘客引导工作 | (3)接到屏蔽门故障通知后,尽快到达端门PSL操作盘处进行“互锁解除”操作,以便列车司机以正常模式出站。执行PSL互锁解除直至故障修复。 | (5)故障修复后,通知各岗位终止应急预案 |

续上表

| 岗位 | 程序 | | | |
|---|---|---|---|---|
| | 信息接报 | 前期处置 | 现场处置 | 应急终止 |
| 值班站长 | | | (4)维修人员到场后,做好维修配合 | |
| 后续列车司机 | | | (1)列车自动停车后,以RM模式驾驶列车进站,对标停车。<br>(2)乘客上下车完毕,在收到速度码后,凭站台岗"好了"信号并获得行车调度员同意后,以正常模式驾驶列车出站。如未收到速度码,应及时与车站人员共同确认互锁解除已正确操作,以RM模式动车离站 | |

3)注意事项

(1)若故障门未能及时恢复或旁路,将影响发车晚点,第一趟车发车时,如来不及操作互锁开关,待车站人员确认乘客上下车完毕、站台安全后,可直接向列车司机显示"好了"信号,以RM模式发车。

(2)执行互锁解除命令时,对于出站列车,车门关闭后执行PSL互锁解除,待列车出清出站信号机后方可结束;对于进站列车,看到列车头部灯光,立即执行PSL互锁解除,至列车站台开门后,方可结束。

(3)列车无法进站时,站台人员打互锁解除30s后发现站外所停列车未动车,应及时报告车站控制室,车站控制室报告行车调度员:"××站,上/下行互锁解除已打,列车未动车"。

## 2.4.9 屏蔽门不能打开故障的应急处理

1)单个/多个屏蔽门不能打开故障的应急处理

单个/多个屏蔽门不能打开故障的应急处理程序见表2-15。

**单个/多个屏蔽门不能打开故障的应急处理**　　表2-15

| 岗　　位 | 程　　序 | | | |
|---|---|---|---|---|
| | 信息接报 | 前期处置 | 现场处置 | 应急终止 |
| 列车司机 | (1)发现两对及以下屏蔽门不能正常开启时,马上进行客室广播"本站有屏蔽门故障,请乘客从其他开启的屏蔽门下车"。<br>(2)通知车站人员,报告行车调度员 | (3)发现三对及以上屏蔽门不能开启时,使用客室广播通知乘客手动操作打开发生故障的屏蔽门或利用正常开启的屏蔽门下车。<br>(4)视情况适当延长停站时间 | (5)乘客上下完毕后,关车门,确认空隙安全后,凭站台岗"好了"信号动车 | (6)动车后,将情况报告OCC |
| 行车调度员 | (1)通知全线列车司机"××站××站台××对屏蔽门不能开启",进入该车站加强瞭望,注意安全 | | | (2)故障修复后,通知车站终止应急预案 |
| 站台岗 | (1)发现屏蔽门故障,立即报行车值班员 | (2)到故障屏蔽门处了解情况。 | (4)发现两对及以下屏蔽门不能正常开启时,报告列车司机,并引导乘客从其他开启的屏蔽门下车, | (7)故障屏蔽门单元恢复正常后,撤除屏蔽门故障告示 |

续上表

| 岗位 | 程序 | | | |
|---|---|---|---|---|
| | 信息接报 | 前期处置 | 现场处置 | 应急终止 |
| 站台岗 | | (3)做好乘客引导工作 | 旁路该故障门单元。若发现三对及以上屏蔽门不能开启时，报告列车司机，根据值班站长指示，立即前往故障的屏蔽门单元处采用开门钥匙人工操作开启屏蔽门。如为相邻两对屏蔽门故障则不能连续关闭两对屏蔽门，须根据站台客流情况，保证每节车厢对应的屏蔽门必须有一对及以上屏蔽门在开启状态(开启的故障门通过断电操作可保持常开状态)。同时，通过PSL“互锁解除”开关旁路所有故障门单元。<br>(5)确认乘客上下车完毕及站台安全后，向列车司机显示“好了“信号。<br>(6)待列车离开站台后，在故障门单元(保持关闭状态)上张贴“此门故障，暂停使用”告示，加强监控 | |
| 行车值班员 | (1)发现屏蔽门故障，立即通知站台岗处理，并报值班站长、OCC | (2)通过CCTV加强对站台情况的监视。<br>(3)加强车站站台乘 | (4)安排站台岗将故障门切换至“手动”位，张贴故障告示。<br>(5)确认IBP相应侧是否有“关门锁紧”信号；若无，及时通知值班站长执 | (7)接维修人员故障修复通知后，报告OCC、值班站长 |

续上表

| 岗位 | 程序 | | | |
|---|---|---|---|---|
| | 信息接报 | 前期处置 | 现场处置 | 应急终止 |
| 行车值班员 | 行车调度员:“××站××站台××对屏蔽门不能开启”,并通知后方站转告列车司机;向维修调度员报告,以便安排检修人员进行故障处理 | 客广播 | 行PSL互锁解除,并报告OCC。<br>(6)维修人员到达现场后,根据车站的客流情况,安排维修人员进行抢修。抢修时负责安全监控,在下趟列车到达前1min,通知维修人员停止抢修 | |
| 值班站长 | (1)接行车值班员屏蔽门故障信息报告 | (2)到现场组织处理,做好乘客引导工作 | (3)必要时,根据行车值班员通知至相应PSL处协助站台岗执行互锁解除 | (4)故障修复后,通知各岗位终止应急预案 |

2)整侧屏蔽门不能打开故障的应急处理

整侧屏蔽门不能打开故障的应急处理程序见表2-16。

**整侧屏蔽门不能打开故障的应急处理** 表2-16

| 岗位 | 程序 | | | |
|---|---|---|---|---|
| | 信息接报 | 前期处置 | 现场处置 | 应急终止 |
| 列车司机 | (1)发现整侧屏蔽门不能正常开启,立即通知车站人员, | (2)接OCC命令执行,视情况适当延长停站时间 | (3)操作端头PSL开门,若仍不能开门则立即通知车站派员前往协助处理。 | (6)动车后,将情况报告OCC |

续上表

| 岗位 | 程序 | | | |
|---|---|---|---|---|
| | 信息接报 | 前期处置 | 现场处置 | 应急终止 |
| 列车司机 | 报告OCC行车调度员 | | (4)通过广播通知乘客:"因屏蔽门故障,请乘客按屏蔽门上的指示操作开门把手,自行推开屏蔽门下车"。<br>(5)乘客上下车完毕,在收到速度码后,列车司机凭车站"好了"信号并获行车调度员同意后,以正常模式驾驶列车出站。如未收到速度码,应及时与站务人员共同确认互锁解除已正确操作,以RM模式动车。动车前注意确认车门与屏蔽门之间的空隙安全 | |
| 行车调度员 | (1)通知全线列车司机"××站××站台所有屏蔽门不能开启",进入该车站加强瞭望,注意安全 | | | (2)故障修复后,通知车站终止应急预案 |
| 站台岗 | (1)发现屏蔽门故障,立即报告行车值班员 | (2)到故障屏蔽门处了解情况。 | (4)用四角钥匙手动打开每节车厢第2扇车门对应的滑动门,并将LCB切换至隔离位(每节车厢打 | (7)故障屏蔽门单元恢复正常后,撤除屏 |

续上表

| 岗位 | 程序 | | | |
|---|---|---|---|---|
| | 信息接报 | 前期处置 | 现场处置 | 应急终止 |
| 站台岗 | | (3)做好乘客从开启门上下车的引导工作 | 开一个门即可,具体可灵活处理)。<br>(5)待车门关闭,确认站台安全(乘客在安全黄线外)后,向列车司机显示"好了"信号。<br>(6)待列车出清后,采取人工方式关闭故障门单元并在关闭的屏蔽门上张贴"此门故障,暂停使用"告示,加强站台监控 | 蔽门故障告示 |
| 行车值班员 | (1)发现屏蔽门故障,立即通知站台岗处理,并报告值班站长、OCC行车调度员:"××站××站台所有屏蔽门不能开启",并通知后方站转告列车司机;向维修调度员报告,以便安排检修人员进行故障处理 | (2)通过CCTV加强对站台情况的监视;<br>(3)加强车站站台乘客广播 | (4)经行车调度员同意,在IBP上操作尝试开启屏蔽门。若屏蔽门仍不能开启,则立即派站台岗前往站台处理故障屏蔽门和操作PSL上"互锁解除开关"打到旁路位接发列车。<br>(5)通知维修调度员并由其通知检修人员处理,如不能处理好,通知维修调度员组织抢修 | (6)接维修人员故障修复通知后,报告OCC、值班站长 |

续上表

| 岗　　位 | 程　　序 | | | |
|---|---|---|---|---|
| | 信息接报 | 前期处置 | 现场处置 | 应急终止 |
| 值班站长 | (1)接行车值班员屏蔽门故障信息报告 | (2)到现场组织处理,引导乘客从手动开启的屏蔽门下车 | (3)协助站台岗对屏蔽门断电,手动打开屏蔽门,执行 PSL 互锁解除,直至故障修复 | (4)故障修复后,通知各岗位终止应急预案 |

3)注意事项

(1)若故障门未能及时恢复或旁路,将影响发车晚点。第一趟车发车时,如来不及操作互锁开关,待车站人员确认乘客上下车完毕、站台安全后,可直接向列车司机显示“好了”信号,以 RM 模式发车。

(2)执行互锁解除命令时,对于出站列车,车门关闭后执行 PSL 互锁解除,待列出清出站信号机后,方可结束;对于进站列车,看到列车头部灯光,立即执行 PSL 互锁解除,至列车站台开门后,方可结束。

## 2.4.10　屏蔽门玻璃破碎的应急处理

1)站台岗

(1)发现玻璃破碎应立即报告车站控制室,如果是滑动门/应急门玻璃破碎,应将该门隔离(旁路)、断电。

(2)如玻璃未掉下来,将其左右相邻两挡滑动门隔离(旁路)、断电后处于常开状态,端门破碎时将临近的滑动门隔离(旁路)后处于常开状态。

(3)使用封箱胶纸将破碎的玻璃粘贴住,并设置隔离带和张贴告示牌。

(4)加强对相关屏蔽门的监督防护,提醒乘客注意安全。

2)行车值班员

(1)接报后,通知值班站长到现场处理。

(2)做好乘客安全广播。

(3)通报行车调度员、维修调度员。

3)值班站长

(1)接报后组织员工处理,并赶赴现场。

(2)如玻璃掉下来则组织将其清扫。如掉到轨道内影响列车安全,应向行车

调度员报告，请示进入轨行区清理。

## 2.4.11　屏蔽门/列车车门夹人夹物的应急处理

1）屏蔽门/列车车门夹人夹物的处理原则

（1）站台岗站在站台两端的楼扶梯口值岗，在车门和屏蔽门关闭之际，应尽可能确认是否有夹人夹物。如发现，应及时向列车司机显示停车信号，并按压紧急停车按钮（图2-12）。

图2-12　站台紧急停车按钮

（2）行车值班员在列车到站期间应加强监控，观察站台岗是否有异常，需要时，可按压紧停按钮。

（3）列车司机在关门期间应重点监控是否有抢上乘客，如有，不要急于动车，应重点观察站台岗是否显示紧急停车手信号。

（4）列车车门夹物动车后应及时报告清楚，并由列车司机统一处理，车站不得开启屏蔽门或应急门来处理车门夹人夹物。列车司机动车后接到夹人夹物处理命令时，应先进行客室广播再迅速前往现场处理。

（5）车站站台工作人员应熟记车站楼扶梯口对应的列车车厢号码和车门编号，便于及时、准确地汇报。

（6）车站人员及时通知相关专业人员恢复站台紧急停车按钮盖板。

2）屏蔽门/列车车门夹人夹物的处理程序

（1）列车未动车时的处理程序。

列车未动车时屏蔽门/列车车门夹人夹物的处理程序见表2-17。

**列车未动车时屏蔽门/列车车门夹人夹物的处理程序**　表2-17

| 岗　位 | 程　序 | | | |
|---|---|---|---|---|
| | 信息接报 | 前期处置 | 现场处置 | 应急终止 |
| 列车司机 | （1）如列车司机发现而站台岗未发现夹人夹 | （2）如接到报告或观察到夹人夹物后，应重 | （3）凭站台岗“好了”信号，关闭车门和屏蔽门，确认车门、屏蔽门无夹人夹物及屏蔽门和车门之间空 | （4）凭行车调度员指令动车 |

续上表

| 岗　　位 | 程　　序 | | | |
|---|---|---|---|---|
| | 信息接报 | 前期处置 | 现场处置 | 应急终止 |
| 列车司机 | 物处所时，应立即通知车站控制室 | 新打开车门和屏蔽门，待人和物撤离后，再关闭车门和屏蔽门 | 隙无滞留人或物 | |
| 行车调度员 | （1）接到报告后，了解现场情况 | （2）指示有关人员按章处理 | （3）监控事件处理经过和结果，提醒相关人员防止夹人夹物开车 | （4）接到事件处理完毕报告后，指示列车司机动车 |
| 站台岗 | （1）发现屏蔽门夹人夹物，立即报行车值班员 | （2）立即达到现场查看情况。<br>（3）发现列车车门屏蔽门夹人夹物且没有自动弹开释放，立即就近按动紧急停车按钮 | （4）向列车司机显示停车手信号，示意列车司机重新打开车门和屏蔽门。将人或物撤出后，向车站控制室报告。<br>（5）向列车司机显示“好了”信号。<br>（6）在值班站长到场后，协助调查处理 | |
| 行车值班员 | （1）发现异常或接到报告后，通知值班站长前往处理，并向行车调度员汇报 | （2）利用CCTV观察现场情况，加强广播引导 | （3）需要时，通知公安或地铁执法人员到场协调处理 | （4）接到人或物撤出通知后，取消紧急停车，并报告行车调度员 |

续上表

| 岗位 | 程序 | | | |
|---|---|---|---|---|
| | 信息接报 | 前期处置 | 现场处置 | 应急终止 |
| 值班站长 | (1)接行车值班员屏蔽门夹人夹物报告 | (2)赶赴现场处理,调查事件原因 | (3)如发生客伤事故,按《客伤处理程序》办理。<br>(4)若事件由乘客抢上抢下造成,寻找目击证人,并记录详细资料。事件处理完毕后,将有关情况报告行车调度员。<br>(5)对乘客进行教育,对蛮不讲理的乘客,通知公安或地铁执法人员到场协调处理 | (6)通知各岗位终止应急预案 |

(2)列车已动车时的处理程序。

列车已动车时屏蔽门/列车车门夹人夹物的处理程序见表2-18。

**列车已动车时屏蔽门/列车车门夹人夹物的处理程序** 表2-18

| 岗位 | 程序 | | | |
|---|---|---|---|---|
| | 信息接报 | 前期处置 | 现场处置 | 应急终止 |
| 列车司机 | (1)列车产生不明原因紧急制动后报告行车调度员(如运行中获知夹人或夹物信息应立即停车) | (2)接到行车调度员(乘客报警)有关夹人夹物处理指示后确认具体位置,通过广播安抚乘客 | (3)携带手持电台前往现场,采用单个车门紧急解锁方式处理(解锁前要确保附近乘客的安全),严禁按压司机室门控按钮开门。<br>(4)处理完毕,恢复车门,报告行车调度员 | (5)凭行车调度员指令动车 |
| 行车调度员 | (1)接到报告后,了解现场情况 | (2)通知列车司机前往现场处理; | (3)接列车司机夹人夹物事件处理完毕报告后,通知车站取消紧急停车, | |

续上表

| 岗　位 | 程　序 | | | |
|---|---|---|---|---|
| | 信息接报 | 前期处置 | 现场处置 | 应急终止 |
| 行车调度员 | | 通知前方站安排人员到指定车厢了解情况和采取相应的处理措施 | 指示列车司机动车。<br>(4)如对设备造成影响,还应通知相关部门前往处理和指示后续列车的运行 | |
| 站台岗 | (1)立即将情况报告车站控制室 | (2)立即达到现场查看情况。如列车尚未出站,且所在位置在站台有效范围内,应前往夹人夹物现场了解情况和处理 | (3)发现列车车门或屏蔽门夹人夹物,列车已起动,立即就近按动紧急停车按钮。<br>(4)如列车未停车,应立即报车站控制室。<br>(5)在值班站长到场后,协助调查处理 | |
| 行车值班员 | (1)发现异常或接到报告后,立即向行车调度员报告,并通知值班站长到现场处理 | (2)如列车未停止运行,应立即向行车调度员报告;不能立即与行车调度员通话时,应通知前方站扣停列车进行处理 | (3)利用CCTV观察现场情况。需要时,通知公安或地铁执法人员到场协调处理 | (4)接到行车调度员通知后,取消紧急停车,恢复正常运作 |

续上表

| 岗　　位 | 程　　序 | | | |
|---|---|---|---|---|
| | 信息接报 | 前期处置 | 现场处置 | 应急终止 |
| 值班站长 | （1）接行车值班员屏蔽门夹人夹物报告 | （2）赶赴现场，协助列车司机进行处理 | （3）调查事件原因，并检查是否对车站设备造成影响，将有关情况通报行车调度员 | （4）现场处理结束后，通知各岗位终止应急预案 |

## 2.5　站台人员落轨及落物的应急处理

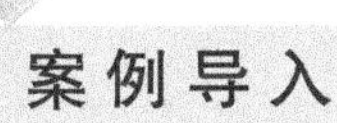

**案例导入**

### 乘客擅自进入区间（3级B类事故）

某年6月17日9时47—55分，一男性乘客由某地铁T站站厅专用通道进入付费区，乘下行电梯到达下行站台，由下行站台东端下到下行区间，翻越三轨到达上行区间，爬上隔音屏，在隔音屏上向Q方向行走。9时57分，维修部工作人员在上行站台看到T—Q区间约150m隔音屏转弯处有个人在向Q站方向行走，且上行列车正驶到此处并减速。他将此情况告诉下行站务员，站务员朝此方向看了一下，无法肯定是否有人，于是到紧急停车按钮旁呼叫车站控制室，告知值班员，值班员通过CCTV观察未发现异常后通知值班站长上站台查看。9时58分，值班站长上到下行站台，此时上行站台列车正在站内关门，下行列车已停于区间约150m转弯处。9时58分41秒，AO5车司机从T站下行出站后，发现区间有人正从上行区间翻越接触轨到下行区间，立即鸣笛并采取紧急制动，停车后开门查看，发现该男子在列车头部右侧倒地受伤，立即报告控制中心。9时59分，行车调度员通知T站和Q站准备担架下区间救援。10时03分，接触轨停电，T站值班员和站务员、Q站值班站长和保安四人于10时07分到达事发地点，10时25分将此人抬到Q站交于“120”送往军工医院救治。10时28分，列车恢复运营。

## 2.5.1 乘客物品掉落轨道的应急处理

1)落轨异物不影响行车时的应急处理

站线范围内,发现区间有异物,形态较小,不影响列车运行时,原则上运营时间车站不进行处理,待运营结束后,值班站长指定人员下区间拾取。站务员应立即安抚乘客,报告车站控制室物品不影响行车,告知乘客将在运营结束后下轨道拾回物品,请乘客于第二日到车站领回。落轨异物不影响行车时的应急处理程序见表2-19。

**落轨异物不影响行车时的应急处理程序** 表2-19

| 岗位人员 | 客车未驶来 | 客车已驶来 |
| --- | --- | --- |
| 车站工作人员 | 车站工作人员接到有物品掉落轨道的通知时第一时间明确告诉乘客:“请勿擅自跳下轨道,车站工作人员会尽快帮您把失物捡回来” | 车站工作人员接到有物品掉落轨道时,应第一时间明确告诉乘客:“客车马上进站了,请勿擅自跳下轨道,车站工作人员会在客车开出后尽快帮您把失物捡回来” |
| 行车值班员 | 行车值班员向行车调度员报告,得到允许处理时:<br>(1)行车值班员设置好防护(在LCP上按下紧急停车按钮)。<br>(2)站台岗用专用工具(夹物钩)夹起。<br>(3)对夹不起的物品(URM驾驶模式,要放置红闪灯防护),用下轨梯进入轨道拾回物品。<br>(4)出清线路后在LCP上取消紧急停车,及时报告行车调度员消点 | 等该列车开走后,行车值班员向行车调度员报告,得到允许处理后:<br>(1)设置好防护(按压LCP盘紧急停车按钮),派站务员落轨道、拾回物品。<br>(2)确认线路出清,按压取消紧急停车按钮,及时报告行车调度员。<br>(3)如果列车已在站外停车,立即用对讲机呼叫列车司机进站,待列车出清后再处理。<br>(4)处理完毕后,报告行车调度员,恢复正常运行 |

2)落轨异物影响行车时的应急处理

若落轨异物影响行车,站务员须马上按压紧急停车按钮或显示紧急停车信号暂停列车服务。因特殊原因乘客强烈要求立即拾回时,站务员要报车站控制室

值班员，由值班员向行车调度员报告，经行车调度员批准后方可下轨道拾回物品。

(1)站台岗员工接到报告后，立即赶往现场查看情况，若该物品影响行车，则立即按压站台侧紧急停车按钮。

(2)站台岗员工向行车值班员、值班站长报告该物品影响行车，必须立刻处理。

(3)行车值班员上报行车调度员，经批准后，按动车站控制室内紧急停车按钮，做好防护，通知站务人员可以拾物。

(4)站务人员立即携带拾物钳(图2-13)、隔离带到现场，隔离该处屏蔽门，用拾物针进行拾取。对于不能立即拾取的异物，应利用拾物钳先拨至线路旁边不影响行车处，以不耽误列车运行为原则，待列车通过后利用行车间隔下区间拾取。

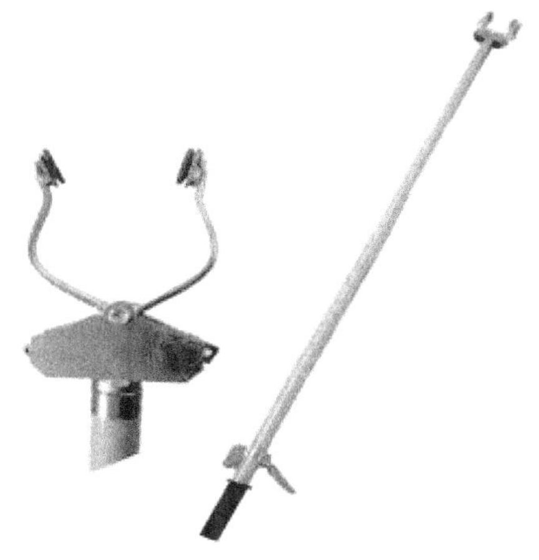

图2-13　拾物钳

3)派站务人员下区间进行处理的程序

(1)值班员接站台岗报告后第一时间按下异物侧或上下行(异物有移动的可能时)紧急停车按钮，向行车调度员申请下区间拾物，视情况要求站线接触轨停电。

(2)得到行车调度员同意，并确认需要停电的接触轨已断电后，由值班站长派人下到区间将异物拾起。视情况对异物的形态及位置进行拍照留证。站台岗做好站台防护。

(3)处理完毕，线路出清后，向行车调度员报告，恢复紧急停车按钮。

(4)值班员要通过CCTV全程监控，密切关注处理过程，并随时向上级报告。

(5)站务人员将物品取回后，确认线路出清，恢复屏蔽门的使用，向行车值班员报告。

(6)行车值班员及时取消紧急停车，并向行车调度员报告。

(7)做好相关记录，将物品归还乘客。

4)乘客贵重物品掉落区间时的应急处理

对于乘客掉落在站线区间内的贵重物品，如手机、相机、钱包等，为避免乘客财产受损失及防止其他乘客跳下站台拾取影响运营，应及时用拾物钳拾取。对于拾物钳不能拾取的，应利用行车间隔拾取。

城市轨道交通车站站台发生乘客携带的物品坠落轨道事件的应急处理程序如图2-14所示。

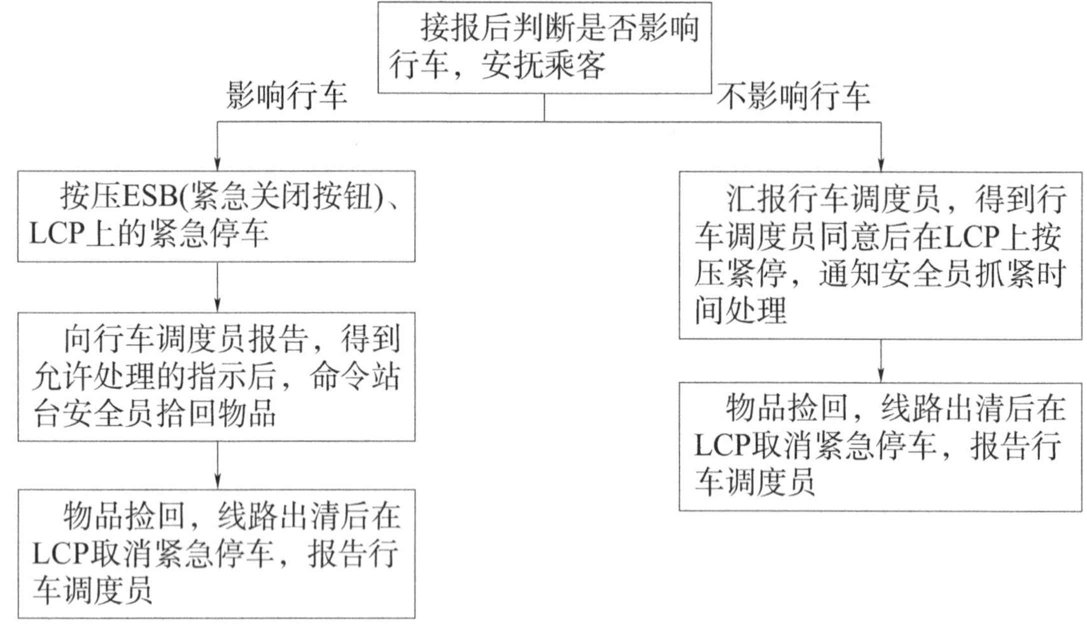


图 2-14　乘客物品掉落轨道的应急处理程序

## 2.5.2　人员落轨事件应急处理

城市轨道交通在站台设立屏蔽门和安全门的条件下，大多数乘客通过翻越屏蔽门进入轨道是为了捡拾掉落的物品以及在乘车时进入相反站台欲通过轨道到达对面站台，还有就是个别想轻生的乘客一时想不开而进入地铁轨道自杀。此外，还有乘客掉入轨道是由于在车门关闭，而屏蔽门未关闭情况下，乘客夹在其中，此时列车司机开动列车将其卷入轨道。轨行区掉落人员的应急处理程序见表 2-20。

**轨行区掉落人员的应急处理程序**　　表 2-20

| 岗位人员 | 行动内容 |
|---|---|
| 站务员 | (1)站务员发现事故发生时，须立即启动事故发生一侧线路的紧急停车按钮。<br>(2)向值班站长报告站台发生轧人事件，并通知追拍车站控制室内的紧急停车按钮 |
| 行车值班员 | (1)行车值班员启动车站控制室内相应的紧急停车按钮。<br>(2)向行车调度员报告事项，申请分断牵引电流，并请求紧急支援(公安、消防、急救) |

续上表

| 岗位人员 | 行动内容 |
| --- | --- |
| 值班站长 | (1)值班站长通过手持台通知车站员工有关事故,将手持台调至频道。<br>(2)接到OCC的指示,由值班站长担任现场指挥人指挥事故处理,启动应急预案,设置事故控制点,直到事故处理主任到达为止。<br>(3)密切监视现场情况,做好与行车调度员的联系工作和与上级的联系汇报工作。<br>(4)确认现场情况,通知站务人员启动客流控制方案 |
| 行车值班员 | 值班员通过广播、乘客信息系统向乘客发布服务延误信息,建议换乘其他交通工具 |
| 客服中心站务员、安保 | 客服中心站务员和安保人员到站台进行支援,维持站台秩序 |
| 站务员 | (1)站务员以调度命令进行事发列车的清客工作。<br>(2)清客完毕后,向列车司机显示“一切妥当”手信号。<br>(3)设置防护带、稳定乘客情绪、引导乘客出站、查找目击证人 |
| 行车值班员 | 接到行车调度员通知接触网已经停电命令,立即通知值班站 |
| 值班站长、值班员 | (1)从事故列车司机处收取列车钥匙。<br>(2)获得行车调度员授权后,立即前往事发地点并穿戴好安全防护。<br>(3)接管现场,向列车司机和站台人员(如有必要)询问事故详情 |
| 站务员、值班员 | (1)搜索到被撞到的人之后,应观察伤员是否被压在车轮下,是否可以移动。<br>(2)发现伤员后,用粉笔做好人员在落轨位置的标记 |
| 行车值班员 | 按照行车调度员的指令,在需要的时候启动降级模式 |

续上表

| 岗位人员 | 行动内容 |
|---|---|
| 值班站长、值班员、站务员 | (1)将伤者移离轨道。<br>(2)有急救证的员工可为伤者进行初期的伤势处理,并通知其家属 |
| 站务员 | (1)通知紧急出口人员准备迎接救护人员及告知其伤员安置的位置。<br>(2)当急救人员抵达时,应向急救人员的主管讲述当时的情况,立即将伤员交给救护人员处理。<br>(3)引领救护人员将该人从紧急出口抬离车站 |
| 值班员 | (1)与行车调度员联系,通知各岗恢复正常运营。<br>(2)如列车司机不能继续驾驶列车,通知行车调度员尽快安排替代司机 |
| 值班站长 | (1)在不影响运营的时段,安排工作人员用粉笔画出乘客倒在轨道上的位置,并用沙遮盖血渍。<br>(2)通过手持台命令车站员工将手持台频道调回车站频道,并恢复车站正常运营。<br>(3)将手持台频道调回车站频道,取消管制 |
| 车站人员 | 配合公安人员调查 |

## 2.6 乘客受伤与突发疾病的应急处理

### 2.6.1 乘客受伤事故(件)的定义及类别

1)乘客受伤事故(件)的定义

乘客受伤是指在列车运输过程中或在站厅、站台、地铁拥有产权的通道、出入口等范围内出现的乘客(包括非在岗作业的地铁员工)感到不适、发病、昏迷或者意外事故受伤等事件,简称客伤。

2)常见乘客受伤事故(件)的类别

常见乘客受伤事故(件)的类别见表2-21。

常见乘客受伤事故(件)的类别　　表2-21

| 范　　围 | 类　　别 |
|---|---|
| 上列车到下列车之间的列车运输过程中 | 脚踏进列车与站台空隙 |
| | 因车门/屏蔽门开关而受伤 |
| | 落轨/进入线路 |
| | 列车内受伤 |
| 在站厅、站台、地铁拥有产权的通道、出入口内 | 扶梯摔伤/站内摔伤 |
| | 闸机夹伤/刮伤 |
| | 第三方责任/治安事件/其他 |

### 2.6.2　乘客受伤事故(件)的处理原则

(1)车站在处理乘客受伤事故(件)时,要以维护公司形象、保护人民利益为原则,以人为本,给予乘客必要的帮助。

(2)车站在处理乘客受伤事故(件)时,要在第一时间内进行取证,尽可能得到旁证及当事人签字确认,以事实为依据,客观记录,充分留下原始资料。

(3)及时将事故(件)的处理结果报告给相关部门,以备后续处理。

### 2.6.3　乘客受伤事故(件)处理各岗位处理程序

(1)车站现场工作人员发现或接到受伤乘客求救时,应立即报告当值值班站长并赶赴现场,了解伤(病)者情况及初步原因。

(2)如因设备原因造成事故,应立即停止该设备的运作(影响列车运行的设备除外),并报告车站控制室。

(3)疏散围观群众,寻找目击证人,收集、记录有关证人资料。有需要时,对乘客外伤进行简单的包扎处理。

乘客受伤事故(件)处理各岗位处理程序见表2-22。

乘客受伤事故(件)处理各岗位处理程序　　表2-22

| 岗　　位 | 职　　责 |
|---|---|
| 值班站长 | (1)马上赶赴现场,疏散围观乘客。<br>(2)安抚乘客并与乘客进行沟通了解情况。 |

续上表

| 岗　　位 | 职　　责 |
| --- | --- |
| 值班站长 | (3)对伤势轻微的伤者或需要急救者进行简单救助,如伤者要求或伤势严重,应及时拨打“120”。<br>(4)寻找目击证人,按照运营企业《实施细则》要求做好取证记录。<br>(5)安排人员保护现场(如需恢复现场,应在恢复现场前进行拍照取证)并做好记录,收集有关资料,并协助保险公司或公安进行处理。<br>(6)如因设备原因造成事故,应停止该设备的运作(影响列车运行的设备除外),通知维修责任部门到现场检查处理,并出具相关运行记录。<br>(7)汇总资料,上报车务部综合技术室和安全监察部 |
| 行车值班员 | (1)立即报告行车调度员和保险公司,视情况请求急救中心和地铁公安支援,再按照运营企业《实施细则》要求进行报告。<br>(2)派人到指定出入口引导急救中心人员进站。<br>(3)将情况报告站长、车务部有关人员。<br>(4)通过 CCTV 观察现场,加强与值班班长、行车调度员的联系。<br>(5)尽可能联系伤者家属 |
| 行车调度员 | (1)接到报告后,报告主任调度员。<br>(2)如事件影响列车运行,则应扣停列车、调整列车运行。<br>(3)按照运营企业《实施细则》要求进行报告 |
| 车站其他员工 | (1)有需要时,对乘客外伤进行简单的救护。<br>(2)疏散围观乘客,协助寻找目击证人记录证人有关资料,以便协助调查。<br>(3)设置隔离带,保护好现场。<br>(4)协助事故调查 |

乘客受伤事故(件)处理程序如图 2-15 所示。

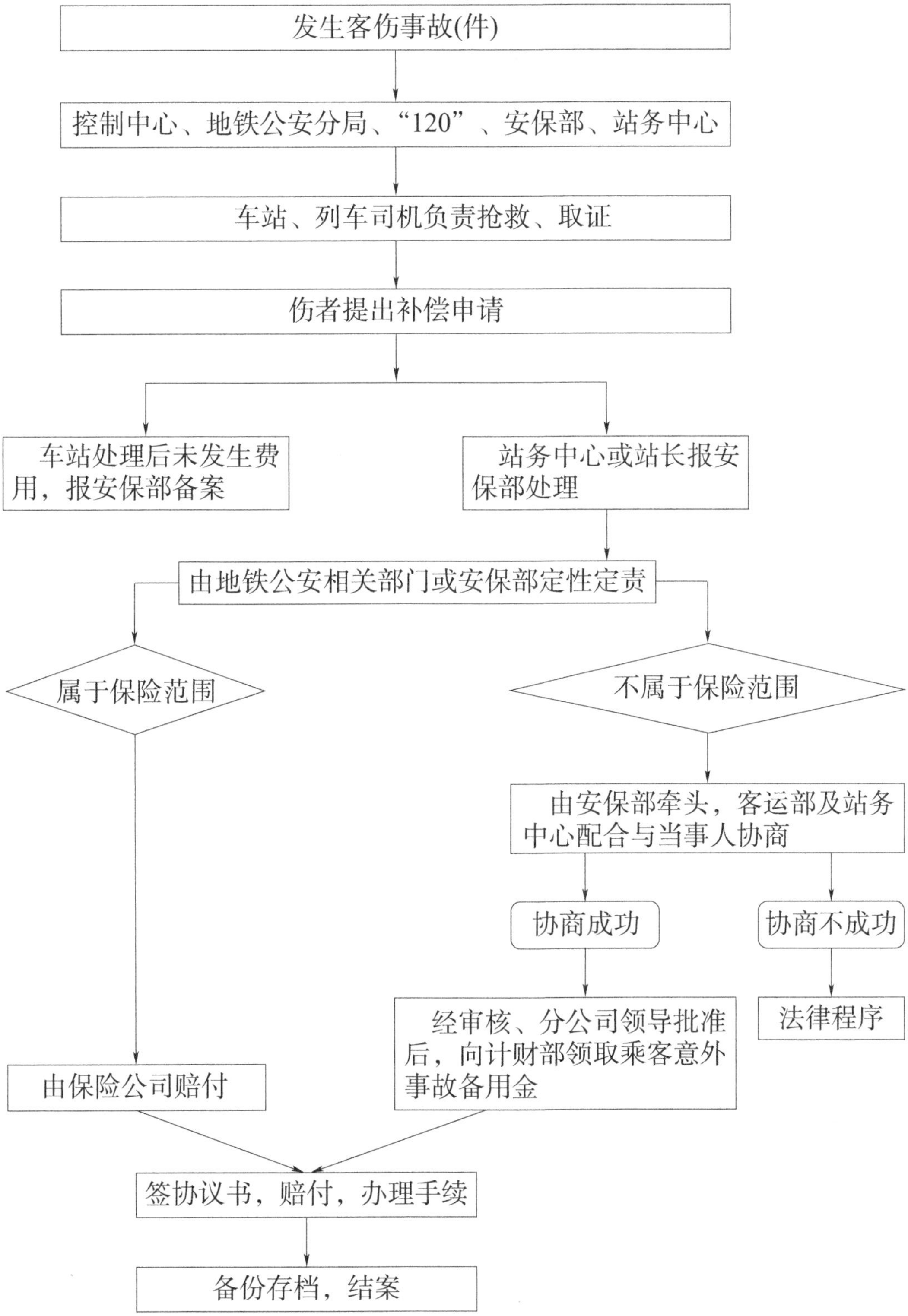

发生客伤事故(件)

控制中心、地铁公安分局、“120”、安保部、站务中心

车站、列车司机负责抢救、取证

伤者提出补偿申请

车站处理后未发生费用，报安保部备案

站务中心或站长报安保部处理

由地铁公安相关部门或安保部定性定责

属于保险范围

不属于保险范围

由安保部牵头，客运部及站务中心配合与当事人协商

协商成功

协商不成功

经审核、分公司领导批准后，向计财部领取乘客意外事故备用金

法律程序

由保险公司赔付

签协议书，赔付，办理手续

备份存档，结案

图 2-15 乘客受伤事故(件)处理程序

# 2.7 车站突发公共安全事件的应急处理

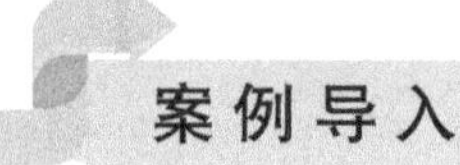

案例导入

**早高峰时段乘客大闹地铁**

某年12月4日上午8时30分左右,广州地铁3号线列车在珠江新城站上下客后准备关门之际,一名约40岁男子急忙从车厢里冲下车,并情绪激动、突然挥拳打向一名女站务员。而事发前,女站务员和该男子无任何语言交流和肢体接触,包括被打者在内的所有在场人员均搞不清楚情况。

经地铁公司增援工作人员到场了解,该男子可能因车厢比较拥挤,差点下不了车而情绪激动,故指责工作人员、继而动粗。事发后,该男子被地铁公安人员带至警务室接受调查处理,打人男子向女站务员书面道歉,并赔偿1500元。

“这不是个案!”地铁公司相关负责人表示,在广州地铁运营过程中,诸如乘客醉酒闹事、违规携带物品、违法摆卖和闲散人员乞讨等情况时有发生。据统计,某年1—10月,共发生员工被殴打、被恐吓事件147宗,其中被殴打102宗。地铁员工在查处票务违规、处理车站出入口违法摆卖、疏导乘车秩序及检查违规物品进站中发生被打、被恐吓的情况尤为突出,共108宗,占总数的73%。

## 2.7.1 车站公共安全事件的类型

公共安全事件是指突然发生,造成或者可能造成重大人员伤亡、财产损失、生态环境破坏和严重社会危害,危及公共安全的紧急事件。

常见的车站公共安全事件类型有车站发现可疑物品,车站列车发生抢劫斗殴等严重治安或刑事案件,车站发生炸弹、不明气体、物品恐吓(袭击)事件。

## 2.7.2 车站公共安全事件的特点

1)发生的突然性

导致公共安全危机出现的突发事件,涉及自然、社会、经济、环境等诸多因素,而且形成复杂,演变迅速。在事前有效的时限内,人们仅可以感知或预测到部分非对称信息,不可能完整了解到全部因素及其内在关联和相互作用。

2）现实的危害性

公共安全危机一旦形成，实际上已经构成了对社会的现实危害。如2014年5月21日台北地铁板南线江子翠站发生持刀行凶事件，共造成4人死亡、20余人轻重伤，行凶者——21岁的东海大学大二男生郑捷于事发第二天被收押。这些案例都给所在地区人民群众的生命财产安全造成重大危害。

3）危害的扩散性

在经济社会高度发达的信息化环境中，车站公共安全危机发生后，会随着突发事件在社会上的连锁反应以及信息传播，从两个方面扩散其现实危害：一是区域扩散，由危机发生地向其他地区辐射蔓延；二是形式扩散，由最初的单一灾害、事故或破坏事件衍生新的危害形式，如车站危险物危机可能衍生出对城市轨道交通系统的信任危机，高度密集人群可能演变成大规模的群死群伤事件等，这被称之为复杂系统的“涟漪效应”。

## 2.7.3 车站发现可疑物品应急处理

1）可疑物品的种类

一般将下列物品视为可疑物品：

（1）无人认领的且无法从表面确认具体品名的物品。

（2）呈块状、粉末状、膏状的不明性质物品。

（3）有刺激性气味、特殊异味、会泄漏出气体的物品。

（4）与钟表、定时器、手机等电子设备有导线连接的不明物品。

（5）其他不确定的物品。

2）可疑物品简要辨别方法

（1）观察有危险标识或通过常识判断有危险（如：有三品标识的）。

（2）通过听觉，发现有异常响声（如：计时器响声）。

（3）通过嗅觉，发现有异常气味（如：刺激性气味）。

3）发现乘客携带危险品的处理方法

（1）在车站上发现可疑物品的处理方法。

①报告。现场人员立即报告车站控制室，行车值班员、车站值班站长、地铁公安人员、OCC。

②隔离。现场人员隔离相关区域，疏散围观乘客，车站值班站长组织人员寻找其他可疑物品。

③疏散准备。做好乘客疏散和员工撤离车站的准备，派人引导警察到现场处理，视情况执行车站疏散程序。

④移交警察处理。车站值班站长向现场警察报告有关情况，协助其工作。

⑤清理现场。警察处理完毕后协助调查和清理现场，尽快恢复正常运营。

(2)在列车上发现可疑物品的处理方法。

①疏散。值班站长接报后组织人员疏散列车和该站台的乘客，封锁列车停靠的站台。

②客流控制。采取车站客流控制措施，用广播做好乘客安抚工作。

③疏散准备。做好乘客疏散和员工撤离车站的准备，引导警察到现场处理，视情况执行车站疏散程序。

④移交警察处理。值班站长向现场警察报告有关情况，协助其工作。

⑤清理现场。警察处理完毕后协助调查和清理现场，尽快恢复正常运营。

4)车站发现可疑物品的应急处理程序

车站发现可疑物品的应急处理程序见表2-23。

**车站发现可疑物品的应急处理程序** 表2-23

| 程　序 | 人　员 | | | |
|---|---|---|---|---|
| | 行车值班员 | 值班站长 | 客运值班员 | 站务员（票务、站台） |
| 信息接报 | (1)接发现人员报告后，报告值班站长 | | | |
| 前期处理 | (3)做好失物广播 | (2)启动本方案，立即到现场了解情况 | (3)到现场协助值班站长处理 | |
| 现场处理 | (5)根据值班站长命令报告OCC、驻站民警，并通过CCTV监视现场情况 | (4)当判断为可疑物品时，安排行车值班员做好信息汇报，隔离可疑物品，做好安全防护，疏散围观乘客。视情况封闭局部车站，做好乘客引导 | (5)协助值班站长，使用警戒绳设置隔离区，疏散围观乘客 | |

续上表

| 程　　序 | 人　　员 | | | |
|---|---|---|---|---|
| | 行车值班员 | 值班站长 | 客运值班员 | 站务员<br>(票务、站台) |
| 现场处理 | (7)做好与OCC、车站各岗位、民警之间的信息传递,及时将民警处理情况向OCC报告 | (6)驻站民警到达后,与驻站民警做好交接,配合做好车站安全防护 | (7)配合做好车站安全防护 | |
| | (9)根据值班站长命令向OCC申请关站;接到OCC同意关站命令后报告值班站长 | (8)根据民警关站要求,通知行车值班员向OCC申请关站 | (9)做好关站准备 | |
| | (11)播放关站广播 | (10)根据OCC关站命令,通知各岗位关站 | (11)执行关站准备 | |
| 应急终止 | (13)向OCC报告应急解除 | (12)接民警应急解除后,通知各岗位终止本方案,做好开站准备 | (13)清理现场,撤除防护 | |

续上表

<table>
<tr><th rowspan="2">程　　序</th><th colspan="4">人　　员</th></tr>
<tr><th>行车值班员</th><th>值班站长</th><th>客运值班员</th><th>站务员<br>(票务、站台)</th></tr>
<tr><td rowspan="2">应急终止</td><td>(15)向OCC申请开站</td><td>(14)开站准备工作完成后,通知行车值班员值班</td><td colspan="2"></td></tr>
<tr><td></td><td>(16)根据OCC开站命令,开放出入口,恢复运营</td><td colspan="2">(17)开启车站各出入口</td></tr>
</table>

## 2.7.4　发生炸弹袭击、出现不明气体和物体恐吓(袭击)事件的应急处理

城市轨道交通车站内时常会遇到无主物品,一般为乘客大意遗留或有意丢弃,但也有可能是犯罪分子有意放置的危险物品。对车站、列车范围内的不明物品,城市轨道交通工作人员应保持持续的敏感性,严格按照可疑物品处理预案执行,不可麻痹大意;如果延误处理时机,就会对乘客造成人身、财产伤害。以下简要介绍某市城市轨道交通运营公司对发生炸弹袭击、出现不明气体和物体恐吓(袭击)事件的应急处理办法。

当城市轨道交通工作人员接到电话、书面或电子邮件等各种形式的恐吓信息时,应按下列应急预案开展工作:

(1)接获恐吓信息后,城市轨道交通员工应立即向其上级领导报告。控制中心应立即向公安部门报告该恐吓事件,并通知受影响车站的值班站长、行车线上的列车司机及各级紧急救援抢险部门。

(2)由公安部门确定恐吓信息的真实性,在车站进行不公开或公开的搜索行动。

①不公开搜索,无须疏散乘客,由城市轨道交通工作人员与公安人员联合进行。

②若公安部门已掌握相关信息,或确实已发现可疑物品时,需在车站进行公开搜索。搜索前需局部或完全疏散乘客,并由公安人员单独进行搜索行动。车站工作人员停留在安全的范围内,为搜索人员提供协助。

(3)车站接到恐吓信息后,不公开搜索程序。

①值班站长安排停止所有清洁工作,依次搜索所有公众范围及所有非公众范围,及时将最新进展报告值班主任。

②公安人员前往有关车站,参与搜救行动,与值班站长保持密切联系,了解搜索工作的最新进展。

③若发现可疑物品或有毒气体,值班站长应立即封锁现场,决定局部或完全疏散乘客,并立即通知值班主任。进行疏散前,必须先搜索所有疏散线路,确保疏散乘客的安全。员工发现可疑物品后,应立即向上级报告该物品的形态及准确位置,切勿触摸该物品,并留意周围形迹可疑的乘客,且不得在可疑物品50m范围内使用手机、无线电对讲机等通信设备,设置警戒区域封锁物品的四周范围,疏散周围乘客。

④若未发现可疑物品或有毒气体,值班站长应报告公安人员负责人,请示是否进行二次搜索。公安人员负责人向所有搜索人员查询搜索情况,将搜索结果上报上级公安部门。

### 2.7.5　车站、列车发生抢劫、斗殴等严重治安或刑事案件时的应急处理

城市轨道交通客流较大,乘客间容易产生碰撞和摩擦,继而引发斗殴事件,严重时甚至演变为刑事案件;部分犯罪嫌疑分子更是企图在城市轨道交通中抢劫乘客财物,这都严重破坏了公共交通的良好秩序。作为站务员,应当及时发现问题,及时制止,避免事件扩大。

1)应急处理原则

(1)立即拨打“110”,通知驻站警察。

(2)警察需调用车站录像资料时,积极配合,立即协助其按分公司有关规定办理手续。

(3)如有人员受伤,应立即拨打“120”:如乘客受伤,可自行组织送往医院,但原则上不付医疗费用。

(4)车站票、款被劫时,需通知票务室。

(5)隔离现场物证区域。

(6)事件发生在车站时:

①发生抢劫事件时,在保证自身安全的前提下,组织堵截作案人员,疏散围观群众。若作案人员已逃逸,则积极寻找证人,协助当事人报案。

②发生斗殴事件时,如事件涉及人数较多或持有刀具、枪械、爆炸物等,立即执行车站疏散程序,列车不停站通过。

(7)事件发生在列车上时:

①列车司机得知事件信息后,立即通知乘客远离事发车厢。

②车站得知事件信息后,立即通知驻站警察,组织保安人员到站台值守。

③列车到站后,如发现人群异动、情况异常,应立即查明原因。

2)应急处理程序

(1)发生在车站(含列车站停)的治安事件的应急处理程序。

①行车值班员。

a.事件报告。

(a)接报/发现抢劫、斗殴事件时,立即拨打"110",安排人员通知驻站警察。如有人员受伤,立即拨打"120"。

(b)报告值班站长,视情况通知车站各岗位人员。

(c)发生群体或持械斗殴及有人员受伤的其他治安、刑事案件时,立即报告行车调度员。

(d)车站票、款被劫时,报告行车调度员、票务室。

(e)接到本站已动车的列车内发生斗殴事件报告时,立即向行车调度员报告,并通知前方站。

b.车站广播。

执行车站疏散程序时,立即使用车站广播通知乘客疏散,远离事发区域。

c.获取现场录像资料。

调整CCTV、安防系统设备,尽可能获取现场录像资料。

②值班站长。

a.现场应急处理。

(a)发生抢劫事件时,在保证自身安全的前提下,应组织堵截作案人员,疏散围观群众。如作案人员已逃逸,积极寻找证人、协助当事人报案。

(b)发生斗殴事件时,如事件涉及人数较多或持有刀具、枪械、爆炸物等,立即执行车站疏散程序。

(c)通知车站各岗位注意自身安全。

(d)通知票务员注意保管票、款。

(e)确认是否有乘客受伤,如有应转移至安全地点,等待“120”急救人员或组织自行送往医院。

b. 后续工作。

(a)警察到场后,根据其要求,配合相关工作,遇超越本职权限事宜时,立即报告。

(b)警察需调用车站录像资料时,积极配合,立即协助其按分公司有关规定办理手续。

(c)组织隔离物证区域。

(d)配合“120”急救人员工作,为其提供方便。

(e)车站票、款被劫时,组织客运值班员与票务室清点损失并做好记录。

③行车调度员。

a. 事件报告。

接到报告后,立即向值班主任报告。

b. 列车调整。

确认车站现场混乱时,立即组织后续列车不停站通过,并通知前方车站做好解释工作。如发生在站停列车上,立即扣停后续列车。

④值班主任。

a. 启动预案。

宣布启动应急处理预案。

b. 信息通报。

发生斗殴或有人员受伤时,立即向分公司领导进行电话口头汇报,发布事件信息,同时检查行车调度员应急处理措施执行情况。

c. 获取现场信息。

立即使用 CCTV、安防系统获取现场图像

⑤列车司机。

a. 接行车调度员“不停站通过”命令时,做好乘客广播通知工作。

b. 进站时,如发现站台秩序混乱,立即转换驾驶不停站通过,并向行车调度员报告,做好乘客广播通知工作。

c. 停站列车发生斗殴事件时,凭车站显示的“好了”信号动车。

⑥票务管理部门。

接到车站票、款被劫时,立即安排人员与车站清查。

(2)发生在区间列车上的治安事件的应急处理程序。

①列车司机。

a. 事件报告。

接到乘客报告后,立即向行车调度员报告。

b. 应急处理。

(a)发生斗殴事件时,通过广播通知乘客远离事发车厢。

(b)维持列车到站。

②行车调度员。

a. 事件报告。

接到报告后,立即向值班主任报告。

b. 应急处理。

立即通知前方车站组织人员视情况处理,并要求通知驻站警察,组织增援保安人员到站台值守。

c. 列车调整。

根据车站处理情况,调整后续列车运行。

③值班主任。

a. 报警。

立即拨打“110”。

b. 启动预案。

宣布启动应急处理预案。

c. 信息通报。

发生斗殴或有人员受伤时,立即向分公司领导进行电话口头报告,发布事件信息;同时检查行车调度员应急处理措施执行情况。

d. 获取现场信息。

立即使用 CCTV 监控、安防系统获取现场图像。

④行车值班员。

a. 事件报告。

(a)接到行车调度员通知后,立即向值班站长报告。

(b)接到行车调度员通知后,立即安排人员通知驻站警察,电台通知站台岗人员。

(c)如有人员受伤,立即拨打“120”。

(d)车站票、款被劫时,报告行车调度员、票务室。

b. 车站广播。

执行车站疏散程序时，立即使用车站广播通知乘客疏散，远离事发区域。

c. 获取现场录像资料。

调整 CCTV 和安防系统监控头位置，尽可能获取现场录像资料。

⑤值班站长。

a. 现场应急处理。

(a)接到行车调度员通知时，立即组织增援保安人员到站台处理，如确认发生涉及人数较多或持有刀具、枪械、爆炸物等事件时，须提前执行车站疏散程序。

(b)发生抢劫事件时，在保证自身安全的前提下，应组织堵截作案人员，疏散围观人员。如作案人员已逃逸，就应积极寻找证人，协助当事人报案。

(c)发生斗殴事件时，若事件涉及人数较多或持有刀具、枪械、爆炸物等，则应立即执行车站疏散程序。

(d)通知车站各岗位注意自身安全。

(e)通知票务员注意保管票、款。

(f)视处理情况，向列车司机发“好了”信号。

(g)确认是否有乘客受伤，若有则应转移至安全地点，等待“120”急救人员或自行组织送往医院。

b. 后续工作。

(a)警察到场后，根据其要求，配合相关工作；遇超越本职权限事宜时，立即报告。

(b)警察需调用车站录像资料时，应积极配合，并立即向部门请示。

(c)组织隔离物证区域。

(d)配合“120”急救人员工作，为其提供方便。

(e)车站票、款被劫时，组织客运值班员与票务室清点损失并做好记录。

## 2.8　车站突发火灾的应急处理

**案例导入**

美国纽约地铁于 2006 年 8 月 16 日傍晚突然着火，数千名乘客紧急疏散。事故造成 10 余人轻伤，无人员死亡。

据纽约消防部门报道，火情发生在纽约交通晚高峰时段。当地时间 16

日傍晚6时左右,德卡布大街地铁站站台里开始冒出浓烟。两辆列车内约4000名乘客立即被紧急疏散。疏散过程中,地铁轨道断电,以确保乘客能沿轨道安全走回站台。

据纽约城市运输局报道,起火点是站台旁边轨道内的一根枕木。事故致使纽约市5条地铁线路部分受到影响。截至当地时间16日晚9时左右,地铁运营基本恢复。

一些乘客抱怨说,消防员没有及时赶到,在起火1h后才来到现场,把他们从车窗里救出来。乘客达尼洛·伊格纳西奥说,发生火情后,列车空调关闭,加上烟熏火烤,车厢内温度高得让人难以忍受,就像"身处一个放在火上煮的沙丁鱼罐头里"。

## 2.8.1 城市轨道交通火灾特征和危害性

1)不确定性强

城市轨道交通点多、线长、面广、客流量大,发生火灾的时间和地点不确定,火灾隐患点多且多处于线死角,发生初期极具隐蔽性,不易发觉,一旦发现,就已达到一定的危害范围和程度,造成疏散和救援困难。

2)火灾扩散蔓延快

受城市轨道交通隧道空间限制,火焰向水平方向延伸,如果发生火灾时未及时控制通风设备,热气流就会传播很远,遇到易燃物品迅速燃烧,试验测得最远引燃距离为50倍洞径。在隧道里,热量不易散出,在火势猛烈阶段,温度可达1000℃以上,甚至改变气流方向的变化,对人员逃生影响极大。

3)逃生条件差

城市轨道交通运营环境的特定性,决定了供乘客安全逃生途径的单一性。除安全疏散通道外,既没有供乘客使用的垂直电梯(设计上仅考虑残疾人专用电梯),也没有紧急避难场所。若突发火灾事故,大量乘客会同时涌向狭窄的通道及楼梯,另有检票机等障碍物挡道,严重影响乘客快速逃生,并且火灾发生时允许逃生的时间短。

城市轨道交通火灾是发生在封闭受限制空间的火灾,一般属于不完全燃烧。目前,已知的火灾中有毒烟气的种类(或成分)有数十种,包括无机类有毒有害气体($CO$、$CO_2$、$NO_X$、$HCl$、$HBr$、$H_2S$、$NH_3$、$HCN$、$P_2O_5$、$HF$、$SO_2$ 等)和有机类有毒有害气体(光气、醛类气体等)。我国有关统计结果表明,吸入烟气致死人数占火灾死

亡人数的70%～75%,其中大部分是吸入了烟尘及有毒气体昏迷后致死的。美国有关统计数据显示,大约有2/3的烟气中毒遇害者是在离起火点很远处的走廊或者房间死亡的。

针对城市轨道交通火灾事故,日本消防部门曾做过试验。日本地铁的车厢虽被确认具有不易燃烧性,但起火后,快则1.5min慢则8min之后就会产生对人体有害的气体。在2～5min内,车厢内烟雾弥漫就无法看清楚逃生出口,相邻的车厢在5～10min内也会出现相同情形。试验证明,允许乘客逃生只有5min左右的时间。另外城市轨道交通突发火灾时,险恶的灾害环境会使乘客容易产生恐慌及焦虑心理。对自救意识较差的乘客而言,从众是多数人的选择,争先恐后地拥向出口处时,被踩、挤、压而倒地后,易导致群死群伤。我国研究机构联合地铁公司做过测试,人们在地铁火灾事故中如果不能在6min内迅速有效地逃生,就很难有生还的可能。

4)灭火救援疏散困难

城市轨道交通出入口少,通道狭窄,疏散距离长,空间密闭,发生火灾后,隧道内烟雾大且扩散速度大于逃生速度,人员密集,能见度低,易造成混乱,发生挤伤和踩踏现象。而且火灾造成的浓烟、毒气、高温、缺氧、停电、视线不清、通信中断造成指挥和疏散非常困难,大型的消防及救援设备无法进入现场,灭火和救援难以进行。

### 2.8.2 城市轨道交通车站发生火灾的应急处置原则和响应级别

1)车站火灾应急处置原则

城市轨道交通车站火灾有着致灾因素多、损失大、处置难、影响大等显著特点,为提高城市轨道交通火灾应急处理能力,各城市轨道交通运营企业形成了以“集中领导、统一指挥,救人第一、协同作战”为火灾突发事件应急的基本方针。在具体应对中,应遵循以下原则:

(1)处理车站火灾事件的重要原则首先是保障乘客和员工的人身安全,其次是在保证员工自身安全的情况下尝试扑灭火情。

(2)车站发生火灾,应遵循通报迅速的原则,并及时向“119”“110”“120”、OCC、地铁公安人员报告。

(3)开启站厅火灾排烟模式,并根据火势情况,采取灭火措施。

(4)疏散乘客应尽量绕开火灾区域,及时将乘客疏散到站外安全地点;车站保洁、银行、商铺等工作人员应到紧急出入口或后备紧急出入口集中;设备区工作人员由车站通过人工广播通知撤离。如果火灾发生在站厅，火势较大，影响到整个站厅公共区，站台乘客无法从站厅向站外疏散时，应立即请求行车调度员安排空车疏散站台乘客，站台保安到站台和站厅之间的通道处阻拦乘客进入站厅。

(5)执行紧急疏散时，尽可能稳定乘客情绪，要特别关注老、幼、残等人士，防止踩踏等次生灾害事件发生。

(6)如火势很大，在乘客疏散完毕后，应组织车站员工疏散，并做好引导消防人员的导向指引。

(7)值班站长在上级领导到来之前担任事故处理临时负责人。

(8)行车调度员应及时扣停有关列车；来不及扣停的应退回后方站，避免产生更大的影响。若接到车站请求派空车疏散，应安排邻站列车清客，到事发站接载站台滞留的乘客。

2)车站火灾应急处置响应级别

根据城市轨道交通火灾的特点，各城市轨道交通企业建立健全了火灾事故应急处置组织机构和分级响应机制，明确了各成员单位的分工和职责，确定了不同等级火灾事故应急救援的启动程序和响应措施。

(1)一级处置。

一级处置仅局限于火情能直观确认在小范围内，周边无可燃物品，可判定火势无法蔓延，现场烟雾较小，能立即扑灭。一级处置应立即疏散事发区域周边乘客，直接对火势进行扑救，向车站控制室或 OCC 报告；根据情况启动站台火灾排烟模式，无须启动车站紧急疏散程序，不影响行车组织，无须向外单位执行信息通报程序。

(2)二级处置。

二级处置适用于现场火势猛烈或燃烧产生的烟雾较大(含燃烧部位不明确，无法现场判断)，对乘客造成影响；或火情事件导致乘客恐慌，并自行疏散。应立即疏散事发区域周边乘客，组织人员对火势实施扑救，开启站台火灾排烟模式，并启动车站紧急疏散程序，车站临时关闭；乘客疏散完毕后，根据现场情况(火情是否能控制)执行员工疏散程序，列车不停站通过事发车站，执行相应信息通报程序。应急救援结束后，根据公安部门或抢险救援领导小组指令恢复运营。

(3)三级处置。

三级处置适用于发生纵火或爆炸等袭击事件、火灾已蔓延至轨行区或相邻防火分区的情况。应立即启动车站紧急疏散程序，启动站台火灾排烟模式，并对事故现场实施控制(阻止火势蔓延)，避免事态恶化，事发车站临时关闭；乘客疏

散完毕后，立即执行员工疏散程序，事发车站所在区间停运，组织小交路运行，执行相应信息通报程序。应急救援结束后，根据公安部门或抢险救援领导小组指令恢复运营。

执行二级、三级处置级别时，车站应立即执行车站紧急疏散程序，启动站台火灾排烟模式；车站和OCC均应立即向“110”“120”报告，通知驻站公安；其他驻站人员应协助车站对设备区人员展开疏散工作，以及设备保障工作；各生产调度通知维修人员和救援队出动，相邻车站听从调度安排进行增援。

执行二级处置时，乘客疏散完毕后，如确认火情已扑灭，可不执行员工疏散程序；如火势无法控制，就应立即下达员工疏散命令。

## 2.8.3　车站失火应急处理办法

(1)火警警报响起时，值班站长通过FAS、BAS确认报警位置，派1名车站员工前往该范围进行查看。

(2)车站员工携带无线电对讲机前往事发地点，找出报警原因；实时通知值班站长是否发生火情，以及火情是否已触动了防火系统。

(3)如警报为误报，值班站长要及时通知行车调度员及站内所有员工。

(4)若发生火情，现场员工应视情况手动操作防火系统；或在安全的情况下，使用灭火器灭火；与现场保持安全距离，并警告其他人远离该处，直至消防人员到场。

(5)值班站长确定火警警报属实后，若火势较大，应立即通知行车调度员召集消防人员到场，并遵照车站疏散程序组织乘客撤离。

(6)启动车站排烟模式。

(7)乘客疏散完毕后，关闭车站出入口(紧急出入口除外)。

(8)如火势很大，值班站长应组织员工撤离车站到紧急集合地点集中，并安排人员在指定出入口引导消防人员到现场灭火。

(9)消防人员到场后，由值班站长报告有关情况，将灭火工作交给消防人员，并加入应急处理救援工作中去。

(10)协助事故调查工作。

(11)值班站长接到可以恢复运营的指令后，清理现场，恢复运营。

## 2.8.4　站厅发生火灾时的应急处理措施

1)值班站长的处理措施

(1)报告行车调度员和环控调度员站厅发生火灾，要求停止本站的客车服务,并请求支援。

(2)担任“事故处理主任”,到现场组织灭火工作。

(3)火势不大时,组织站台安全员穿荧光背心,到现场灭火。

(4)根据火势,决定是否向“119”报告。

2)行车值班员的处理措施

(1)利用广播通知车站所有员工发生火灾,并宣布执行紧急疏散计划,按压AFC紧急按钮;根据值班站长的指示,报告“119”。

(2)向乘客广播车站发生火灾情况,暂停客车服务,请乘客尽快疏散出站。

(3)列车进站时,在站台进行广播:“请站台乘客抓紧上车,在本站下车的乘客,请到下一站下车”。

(4)与环控调度员联络,并在BAS上设置执行相应的排烟模式。

(5)如火势封住某端出入口,则通过广播通知站台安全员组织乘客从另一端出入口疏散出站。

(6)确认车站残疾人电梯内无人后,通知客运值班员锁闭残疾人电梯。

(7)及时向调度中心行车调度员报告火情进一步的发展情况。

3)客运值班员的处理措施

(1)了解现场,评估火灾情况,通过对讲机立即向值班站长报告。

(2)如火势封住某端出入口,则组织乘客从另一端出入口疏散出站。

(3)听从值班站长指挥参加协助工作。

(4)关闭车站电扶梯。

4)票务员的处理措施

(1)停止售票,并收购好票款和车票。

(2)根据需要到出入口张贴告示,拦截乘客进站。

5)站台安全员的处理措施

(1)拦截进站乘客,指引乘客疏散出站。

(2)组织乘客从站厅未失火的一端疏散。

(3)列车在该站通过时做好站台乘客安全防护。

### 2.8.5 站台发生火灾的应急处理措施

1)值班站长的处理措施

(1)广播通知车站所有员工站台发生火灾,宣布执行紧急疏散计划。

(2)担任“事故处理主任”,到现场组织灭火工作。

(3)火势不大时,组织员工穿好荧光背心再进行救火。

2)行车值班员的处理措施

(1)报告行车调度员车站站台发生火情,要求停止本站客车服务,并请求支援。

(2)向乘客广播车站发生火灾情况,按压AFC紧急按钮,暂停客车服务,请尽快疏散出站。

(3)接环控调度员命令执行相应的排烟模式。

(4)确认车站残疾人电梯内无人后,通知客运值班员锁闭残疾人电梯。

(5)及时向调度中心行车调度员报告火情进一步的发展情况。

(6)及时向调度中心环控调度员报告火灾模式运行情况及现场排烟效果。

3)客运值班员的处理措施

(1)通知停止售票。

(2)做好临时告示,引导乘客疏散。

(3)关闭所有TVM。

(4)关闭车站电扶梯。

4)票务员的处理措施

(1)停止售票并收好票款和车票。

(2)到出入口张贴告示,拦截乘客进站。

5)站台安全员的处理措施

(1)拦截进站乘客,指引乘客疏散出站。

(2)组织乘客从站台未失火的一端疏散到站厅。

(3)列车在该站通过时做好站台乘客安全防护。

### 2.8.6　站外失火的应急处理办法

一旦发现烟气经由通风井进入站内,必须执行相关程序,阻截烟气继续进入。

(1)值班站长的处理措施。

由行车调度员处取得该车站环控设备的控制权;将车站公共范围的通风设备关掉;通知行车调度员将有关通风设备关掉,关闭相应的风闸。

(2)行车调度员的处理措施。

指示环控调度员操作有关环境控制系统设备。

一旦发现有烟经由车站入口扩散到公众范围，应执行下列程序：

(1)值班站长的处理措施。

通知行车调度员，说明烟的浓度；关闭有关的入口；取得该车站环控设备的控制权，操作环控设备。

(2)行车调度员的处理措施。

指示各邻站的值班站长取得所管辖车站的环控设备的控制权；将车站公众范围的通风设备关掉；操作环境控制系统设备，帮助驱散受影响车站的浓烟。各邻站值班站长应取得所管辖车站环控设备的控制权。

### 2.8.7 在车站火灾中调度中心的应急处理程序

1)站厅发生火灾时

(1)调度长的处理程序。

①向当值调度员宣布执行车站火灾事故应急处理程序。

②制定应变措施，要求各调度员组织各工种人员做好灭火救灾的支援工作。

③视情况报告“119”“120”，并通知有关人员在紧急出入口处等候消防或救护队。

④指示事发现场的值班站长执行火灾模式。

⑤协调各调度员工作并监督处理进度。

(2)行车调度员的处理程序。

①确定火点、火情及伤亡情况。

②指令失火车站紧急疏散乘客，通报各站。

③视情况组织列车在火灾车站只上客不下客或不停站通过火灾车站。

④必要时为救援人员从邻站进入火灾站台提供运输帮助。

⑤通报火情，要求各站按规定执行相应票务模式。

⑥火灾扑灭后，恢复正常运营。

(3)设备维修调度员的处理程序。

①接收火灾故障情况报告。

②通知相关维修轮值工程师，安排处理设备善后工作。

(4)电力调度员的处理程序。

①通知变电所值班人员注意设备运行。

②必要时切断相关的电流。

③保证排风系统的电源供应。

(5)环控调度员的处理程序。

①确定起火车站及起火具体位置。

②确定该车站已自动终止大小系统及水系统正常运营模式的命令。如果火灾发生在站厅公共区,确定站台火灾模式自动执行情况。

③随时与事故车站保持联系,及时掌握现场情况。

2)当站台发生火灾时

(1)调度长的处理程序。

与站厅火灾调度长处理程序相同。

(2)行车调度员的处理程序。

①确定火点、火情及伤亡情况并报告调度长。

②指令失火车站紧急疏散乘客,通报各站,并扣停接近列车,组织退回发车站。

③如来不及扣停列车,则组织列车不停站通过火灾车站。

④必要时通知电力调度员停止该区域的供电。

⑤通报火情,要求各站按规定执行相关票务模式。

⑥火灾扑灭后,恢复正常运营。

(3)设备维修调度员的处理程序。

与站台火灾设备维修调度员处理程序相同。

(4)电力调度员的处理程序。

①通知变电所值班员注意设备的运行情况。

②在需要的情况下,可切断相关的牵引电流。

③通知接触网人员配合救火工作。

④保证排风系统的电源供应。

(5)环控调度员的处理程序。

①确定起火车站及起火具体位置。

②确定该车站已自动终止大小系统及水系统正常运营模式,启动相邻最近端隧道通风部分进行排烟。如果火灾发生在站台公共区,确定站台火灾模式自动执行(包括车站大小系统和隧道通风部分)。

③随时与事故车站保持联系,及时掌握现场情况。

知识链接

## 常用乘客创伤急救措施认知

1)乘客创伤急救措施

(1)创伤急救的基本原则。

创伤急救在原则上先抢救、后固定、再送医院,并注意采取措施,防止伤情加重。需要送医院救治的,应立即做好保护伤员措施,而后送医院救治。

抢救前先使伤员安静躺平,判断伤员全身情况和受伤程度,如有无出血、骨折和休克等。若有外部出血,则立刻采取止血措施,防止伤员失血过多而休克。若外观无伤,但呈休克状态,神志不清或昏迷者,要考虑其胸腹部内脏或脑部受伤的可能性。

为防止伤口感染,应用清洁布片覆盖。救护人员不得用手直接接触伤口,更不得在伤口内填塞任何东西或随便用药。

搬运时使伤员平躺在担架上,腰部束在担架上,防止伤员跌下。平地搬运时,伤员头部在后;上楼、下楼、下坡时,伤员头部在上;搬运中应严密观察伤员,防止伤情突变。

(2)止血。

对于伤口渗血,应用较伤口稍大的消毒纱布数层覆盖伤口,然后进行包扎。若包扎后仍有较多渗血,可再加绷带适当加压止血。

当伤口出血呈喷射状或鲜血涌出时,应立即用清洁手指压迫出血点上方(近心端),使血流中断,将出血肢体抬高或举高,以减少出血量。

用止血带或弹性较好的布带进行止血时,应先用柔软布片或伤员的衣袖等数层垫在止血带下面,再扎紧止血带,以刚使肢端动脉搏动消失为度。上肢每60min、下肢每80min放松一次,每次放松1~2min。开始扎紧与放松的时间均应书面标明在止血带旁,扎紧时间不宜超过4h。不要在上臂中1/3处和腋窝下使用止血带,以免损伤神经。若放松时观察已无大出血,可暂停使用止血带。

对于高处坠落、遭受撞击、挤压者,可能有胸腹内脏破裂出血。若伤者外观无出血但常表现面色苍白,脉搏细微,气促,冷汗淋漓,四肢厥冷,烦躁不安,甚至神志不清等休克状态,应使伤者迅速躺平,抬高下肢,保持温暖,速送医院救治。若送院途中时间较长,可给伤员饮用少量糖盐水。

2）中暑的现场急救措施

（1）搬移。

迅速将患者抬到通风、阴凉、甘爽的地方，使其平卧并解开衣扣，松开或脱去衣服，如衣服被汗水湿透应更换。

（2）降温。

可在患者头部捂上冷毛巾，可用50%酒精、白酒、冰水或冷水进行全身擦浴，然后用扇子或电风扇吹风，加速散热。有条件的也可用降温毯给予降温。但不要快速降低患者体温，当体温降至38℃以下时，要停止一切冷敷等强降温措施。

（3）补水。

患者仍有意识时，可给一些清凉饮料；在补充水分时，可加入少量盐或小苏打水。但千万不可急于补充大量水分，否则会引起呕吐、腹痛、恶心等症状。

（4）促醒。

病人若已失去知觉，可指掐人中、合谷等穴，使其苏醒。若呼吸停止，应立即实施人工呼吸。

（5）转送。

对于重症中暑病人，必须立即送医院诊治。搬运病人时，应用担架运送，不能要求患者步行；同时运送途中要注意，尽可能地用冰袋敷于病人额头、枕后、胸口、肘窝及大腿根部，积极进行物理降温，以保护大脑、心肺等重要脏器。

3）心肺复苏法

醉酒、溺水、触电、中毒、失血过多时，常会造成心脏停搏。如果抢救不及时或抢救方法不当，极易产生不良后果。此时，运用心肺复苏法（包括人工呼吸法和胸外心脏按压法）抢救病人至关重要。

（1）应急要点。

①在急救开始的同时，应及时拨打急救电话。

②抢救前，施救者首先要确保现场安全，确定病人呼吸、脉搏是否停止，然后再施行救助。

③施救者先使病人仰面平卧于坚实的平面上，然后将自己的两腿自然分开，与肩同宽，跪于病人肩与腰之间的一侧。

④人工呼吸法主要包括口对口人工呼吸、口对鼻人工呼吸、口对口鼻人

工呼吸等。采取口对口人工呼吸施救时，如病人口中有异物，要先清除，开放气道，再用一只手按住病人前额，以另一只手的食指、中指将其下颏托起，使其头部后仰；压额头的拇指、食指捏紧病人鼻孔，吸足一口气后，用口唇严密地包住病人的口唇，以中等力量将气吹入病人口内，不要漏气；当看到病人的胸廓扩张时停止吹气，离开病人的口唇，松开捏紧病人鼻翼的拇指和食指，同时侧转头吸入新鲜空气，再施二次吹气。每次吹气时间，成人为2s，儿童为1～1.5s。

⑤胸外心脏按压法：施救者用一只手(定位手)的中指沿病人的肋缘自下而上移动至肋缘交会处(剑突)，伸出食指与中指并排，另一手掌根置于此两指旁，再以定位手叠放于这只手的手背上，手指相扣，贴腕跷指，手指翘起勿压胸肋，以髋关节为轴用力，肘关节伸直向下压(垂直用力)，手掌下压深度为3.5～4.5cm，频率为每分钟100次。

⑥胸外心脏按压法与人工呼吸法应交替进行，比例为单人进行复苏30∶2(心脏按压30次，吹气2次)，反复做；双人进行复苏30∶2(一人做30次心脏按压，另一人吹气2次)，反复做。

(2)注意事项。

①心搏骤停时间不长时(3～4min内)，可使用心肺复苏法。

②实施心肺复苏法时，应使病人仰卧在平地或硬板上。

③进行胸外心脏按压时，只用掌根部，手指不要压伤者胸肋，以免造成肋骨骨折。

④有条件时，最好请专业人员操作。

## 地铁防爆事故防措施

1)车站的防爆措施

(1)值班站长和售检票员要认真履行岗位职责，注意观察进站乘客的动态，并巡视站厅及各出入口，发现可疑的物品或在车站逗留、形迹可疑的人要对其进行盘问，并及时报告车站行车值班员。

(2)站台安全员在严格执行岗位职责的同时，要密切留意乘客携带物品的情况；发现乘客带有可疑物品要立即询问制止其上车，并及时通知车站值班人员。

(3)车站所有工作人员要提高警惕，加强对墙角、垃圾桶等隐蔽部位的检查；发现可疑物品要及时通知车站值班人员，并引导乘客远离可疑物品。

(4)车站行车值班员接到可疑物品报告后，立即通知车站公安人员到现

场检查确认。乘客携带物品经检查为非危险物品的，可允许其上车；如检查确认为危险物品的，或不能完全确认但怀疑为危险物品的，则应立即封锁现场，并设置隔离带，配合公安人员按专业程序处理，并做好车站人员疏散工作。

(5)车站工作人员应每天对车站进行全面检查，防止不法人员投放爆炸物品。对于可能造成危害的物品，要加强重视，责成责任人看管。

(6)车站对进站施工人员携带物品应检查有无易燃、易爆、有毒物品；施工许可使用的氧气、乙炔及其他易燃易爆品应在施工完毕后及时带走，不得允许在车站滞留。

(7)车站应在进出口或票亭显著位置悬挂“严禁携带三品进站乘车”标语或标识，并定时向乘客派发相关宣传材料。

2)列车的防爆措施

(1)运营列车在每天运营结束后，由列车司机负责检查确认车上无乘客遗留物品。若发现可疑物品则应立即与信号楼调度员联系，进行安全处理。

(2)列车在每天日常清洁时，要防止无关人员上车。

(3)列车在每天参与运营上线前，由列车司机负责检查确认车辆安全。

3)控制中心的防爆措施

(1)严禁携带任何易燃易爆物品进入控制中心。

(2)因检修、安装设备需要，携带危险物品进入控制中心大楼施工的单位或个人，应按有关规定办理动火手续，采取措施，严格操作，确保安全。

(3)控制中心内的设备房，无人值班时必须把门锁死，严防无关人员进入。

4)地铁所属变电站及车辆基地所属范围的防爆措施

(1)值班护卫队员每天定时进行内部巡查，发现可疑物品应及时向安保部保卫干事报告。

(2)护卫队员严格进出人员、物品的检查、验证和登记，每小时巡视1～2次。

(3)施工人员应按规定办理动火审批手续，若携带危险物品进场施工，则应采取安全防范措施，并在当天施工完毕后及时带走，不得滞留过夜。

### 站厅、站台和隧道发生火灾时疏散应注意的问题

1)发生在站厅部位的火灾

站厅部位主要设有供电、机电、通信等设备用房，位于站台、客车轨道与

直通室外安全出口的中间部位。当该处发生火灾时，火势烟雾会沿着通道向地上蔓延，这时，乘客要确定自己所处的位置，保持清醒的头脑，如果乘客在起火部位的周围，要以最快的速度，选用距地面距离最近的安全出口逃生；如果乘客所处的位置在起火点的相反方向，不要向起火点方向靠近，应在车站工作人员的指挥下，向火灾蔓延的相反方向，沿着疏散指示标志撤离。

2)起火列车迫停在站台时

当列车发生火灾迫停在站台两侧时，起火部位与列车大致有三种位置关系，即起火部位位于车头、车中或车尾。当起火部位位于车头时，乘客要向车尾疏散；当起火部位位于车尾时，乘客要向车头方向疏散；若火灾发生在列车的中部，起火处前部车厢的乘客将向前方车站疏散，起火处后部车厢乘客将向后方车站疏散。此时火灾会产生大量的烟雾、毒气，从车顶部位向下压下来，遮挡照明灯，影响乘客的视线，造成能见度很低；还会使乘客吸入大量的毒气，发生中毒昏迷现象；同时还会造成停电。这时，被困人员要采用以下方法自救：

(1)服从站台指挥人员的指挥，确认起火的部位。

(2)确定自己所处的位置、距起火点的距离及火势大小，选择正确的逃生路线。

(3)身体成为匍匐状态或弯腰，避开烟雾和毒气的攻击。

(4)用水将衣服、手绢等物品弄湿，捂住口鼻，严防烟雾毒气吸入体内，防止中毒。

(5)要使用打火机、手机、手电筒等一切可以利用的发光体，寻找疏散标志。

(6)车门打不开时，在未起火的部位将面向站台方向的玻璃窗砸开，从车内到达站台上。

(7)乘客身上起火时，不要乱跑，应就地打滚，将身上的火扑灭。

(8)保持冷静，不能慌张，以免发生混乱，造成乘客间相互拥挤、踩踏，造成伤亡事故。

3)起火列车迫停在区间道的任何位置时

乘客自然分成两部分分别向隧道两端进行疏散，疏散过程中注意事项如下：

(1)服从站台指挥人员的指挥，确认起火的部位。

(2)确定自己所处的位置、距起火点的距离及火势大小,选择正确的逃生路线。

(3)千万不能击碎玻璃从车窗下到轨道内部,以防轨道带电伤人。

(4)当车头发生火灾时,乘客从车头向车尾部疏散,经过司机室门向前一个站台的上下行道联络通道疏散,然后通向前一个站台沿着疏散指示标志指示的方向撤出。

(5)当车尾发生火灾时,乘客从车尾向车头部疏散,经过司机室门向下一个站台的上下行道联络通道疏散,然后通向下一个站台沿着疏散指示标志指示的方向撤出。

(6)当车中部发生火灾时,乘客从中部向车头、车尾部疏散,经过司机室门向前一个站台和下一个站台的上下行道联络通道疏散,然后通向前一个站台和下一个站台沿着疏散指示标志指示的方向撤出。

4)站台工作人员应注意的问题

准确地确定起火位置、火势大小、被困人员数量;启动所有的应急设备;镇定自若,利用广播系统,正确引导被困人员(乘客、职工)按照疏散指示标志疏散,不能使站台、站厅内的乘客慌乱,避免造成现场混乱,发生拥挤、踩踏等现象;积极采取措施,控制火灾蔓延。

## 2.9 车站大客流的应急处理

大客流是指在某一时段集中到达的、客流量超过车站正常客运设施或客运组织措施所能承担流量的客流。城市轨道交通线路一般沿客流集中的交通走廊走向规划,并连接重要的客流集散点,如客运站、航空港、商业中心、体育场、会展中心等。在节假日或者体育、文艺等重大活动时可能导致突发性大客流,如果无良好的应对和处置办法,大量客流涌入站台,会给售检票系统、进出站通道、列车运输带来较大的压力,使得非付费区、车站付费区、站台公共区的人员密度大大增加,在极限情况下会导致公共区超过最大人员荷载密度。此时如果发生突发事件,往往就会导致客流骚乱和乘客踩踏事件,造成大量人员伤亡。目前各运营企业都有应对大客流的应急处理预案和各种措施及工作程序,涉及车站服务、行车组织、线网控制、票务组织、设备维保等多方面的协作和管理。

## 2.9.1 大客流的安全风险

1)易发生乘客踩踏事件造成群死群伤

2008年3月4日上午8时30分左右,北京地铁东单站5号线换乘1号线的南侧通道内,水平电动扶梯突然传出异响,乘客们惊慌失措,发生踩踏事故,至少造成11人受伤。2015年4月20日,深圳地铁5号线黄贝岭站一名女乘客在站台上晕倒,引起乘客恐慌,部分乘客奔逃踩踏,引发现场混乱,12名乘客受伤被送往医院。

2)易发生因站台拥挤乘客被挤落轨道风险

2001年12月4日晚,北京地铁1号线1名在站台候车的女乘客,当列车驶入站台时,被拥挤的人流挤下站台被列车当场压死。2005年7月6日早高峰,北京地铁1号线四惠东站,一名怀孕5个月左右的孕妇被挤落1m深的地铁轨道,当场昏迷。约10min后,孕妇被送往医院救治,地铁得以恢复运行。

3)易发生乘客在扶梯摔倒导致伤亡事件

2011年7月5日,北京地铁4号线动物园站A出口上行自动扶梯发生故障导致1人死亡、30人受伤。2015年7月,沈阳地铁2号线陵西站,1名乘客没有站稳一脚踩空,导致后面的3名乘客跌倒,危急关头,梯下乘客按下紧急停止按钮救命,事故最终导致5名乘客受伤。

## 2.9.2 大客流的组织原则

1)统一指挥

由控制中心成立应急指挥小组统一指挥,一般由各部门指定人员形成。大客流一旦产生,应急指挥小组则自动成立。

2)逐级负责

控制中心值班调度员、站长、值班站长、行车值班员、客运值班员、站务员各负其责。OCC负责地铁线路的客流组织工作;车站站长和值班站长负责客流组织;值班员和站务员各自负责责任范围内的工作。

3)分级控制

客流控制应遵循"由内至外、由下至上"的原则,按照站台、付费区、非付费区进行分级控制。

如果站台乘客数量大于站台容积能力,控制点就应选择在下站台的楼梯(或自动扶梯)口,控制前往站台的乘客数量;如果站台乘客数量大于站台容积能力,

付费区内的乘客也超出付费区的容纳力，控制点就应选择在进站闸机处，控制进入付费区的乘客数量；如果大客流趋势继续蔓延，站台乘客数量大于站台容积能力，付费区内的乘客也超出付费区的容纳力，且站厅非付费区也出现拥挤，就必须对出入口控制点进行控制，临时限制或者不允许乘客进站，直到站内大客流逐渐缓解，即可恢复正常。

## 2.9.3 大客流组织模式

1）突发性大客流组织模式

突发性大客流组织办法按照运营企业制订的《突发性大客流应急预案》处理，运营企业定期必须开展应急演练，确保人员熟练掌握突发性大客流应急处理程序。

（1）成立组织机构。

成立组织机构是开展大客流应急处理的第一步。

（2）突发性大客流监测预警。

由城市轨道交通各车站对现场进行实时监测，发现有大客流发生的趋势就要积极采取预防措施，并向控制中心汇报；控制中心也可根据中央监控系统时刻关注现场客流动向，接到或是通过监控系统发现有大客流发生趋势时，要及时上报公司领导。

根据城市轨道交通大客流发展趋势，将大客流预警级别分为一般预警、一级预警、二级预警和三级预警共4级。

①一般预警：主要体现为车站售票能力不足，每台自动售票机前排队购票人数较多，同时还不断有乘客涌入，准备进行购票；站台候车乘客可以保持顺畅流动，站台压力较小，有大客流发展趋势。

②一级预警：主要体现为地铁站台候车乘客拥挤，人员流动缓慢；同时同方向连续两列列车进站时仅有少量乘客能够上车，站台乘客仍有增加的趋势，站台压力较大。

③二级预警：主要体现为站台乘客拥挤，同方向连续两列列车进站后，仅有少量乘客能够上车；同时站厅乘客不断聚集，全部自动售票机前排队购票人数较多，人员流动缓慢，站台、站厅压力都很大。

④三级预警：主要体现为站台、站厅人员爆满，同方向连续两列列车通过都无法缓解站台压力，出入口处乘客越来越多，人员流动性较差。

（3）突发大客流应急处置级别。

突发大客流应急处置根据预警级别不同分别采取和实施先期处置、一级客流控制、二级客流控制和三级客流控制。

①先期处置:当出现大客流迹象时,车站要及时掌握产生的原因、规模,预计可能持续的时间;值班站长向站长、部门领导、控制中心进行信息报告;站台岗时刻关注进入站台乘客动态,做好站台客流疏导,避免人流在楼扶梯口处过多聚集。

②一级客流控制:当车站站台乘客较拥挤,同方向连续两列列车经过后站台还有大量乘客滞留上不了车,并且还有持续不断的乘客进入站台时,须进行一级客流控制。应撤除临时兑零点,减少售票点,减缓售票速度;在站厅与站台的楼梯(或自动扶梯)口做好限流措施,将站厅与站台之间的扶梯改为向上方向,维护好上下站台乘客秩序,避免上下站台客流产生交叉、堵塞通道及发生踩踏事件;若还不能控制,则应现场采用设置隔离围栏、警戒绳等措施在站厅通向站台楼梯口进行拦截乘客,分批向站台放行乘客。加强站台巡视,做好宣传疏导工作,维护站台乘客的安全。加强广播宣传解释,稳定乘客情绪,必要时在站台摆放或张贴宣传告示。

③二级客流控制:当车站站台及站厅付费区都较为拥挤,在采取一级客流控制措施后,还有持续不断的乘客通过闸机进入付费区,站厅付费区乘客滞留时间超过一次列车间隔时间不能下到站台,站厅付费区乘客严重影响站台向上的出站乘客时,须进行二级客流控制。应组织车站人员维持秩序,撤除兑零点,关闭部分或全部TVM,减缓售票速度;值班站长及时按照现场处置工作负责人的命令组织当班员工疏导站台、站厅付费区客流,增派人员到站台、站厅维持候车秩序,利用广播宣传引导,注意站台乘客的候车动态;向行车调度员请求加开客车运送站台的乘客;在进站闸机处,关闭部分或全部进站闸机,将双向闸机设置为“只出不进”模式,通过现场情况可采用在闸机通道外设置栏杆的形式拦截乘客进入付费区,维护好上下站台及进出付费区乘客秩序,避免上下站台客流及进出付费区客流产生交叉、堵塞通道及发生踩踏事件;根据付费区内客流减缓情况分批放行非付费区客流进入付费区,并适时调整售票速度;根据站台客流减缓情况分批放行站厅付费区客流进入站台;站厅、站台客流控制时要注意留有足够的缓冲区;加强站台、站厅巡视,做好宣传引导,维护车站乘客的安全;加强广播宣传工作,稳定乘客情绪,在站台、站厅摆放或张贴宣传告示。

④三级客流控制:当车站站台及站厅都较为拥挤,采取二级客流控制措施后,还有持续不断的乘客通过出入口进入站厅;站厅非付费区乘客滞留时间超过

10min 不能购票进闸，站厅非付费区、付费区乘客严重影响出站客流时，须进行三级客流控制。应维护好上下站台、进出付费区及进出出入口的乘客秩序，避免进站客流与出站客流产生严重交叉、堵塞通道及发生踩踏事件；加强站台、站厅及出入口巡视，做好宣传工作，维护车站乘客的安全；加强广播宣传引导，稳定乘客情绪，在站台、站厅及出入口摆放或张贴宣传告示；控制进入车站乘客人数，在站外设置迂回的限流隔离栏杆，延长进站时间，或组织乘客排队分批进站；采取出入口分流，一部分只出不进，一部分只进不出，有必要时可选择关闭部分出入口，最大程度缓解站厅及站台客流压力；出入口根据站厅客流减缓情况分批放行出入口外客流进入站厅非付费区，适时开关 TVM、闸机，施行或取消票务中心售卖预制票，调整售票速度；根据站台客流减缓情况分批放行站厅付费区客流进入站台。

大客流组织管理模式如图 2-16 所示。

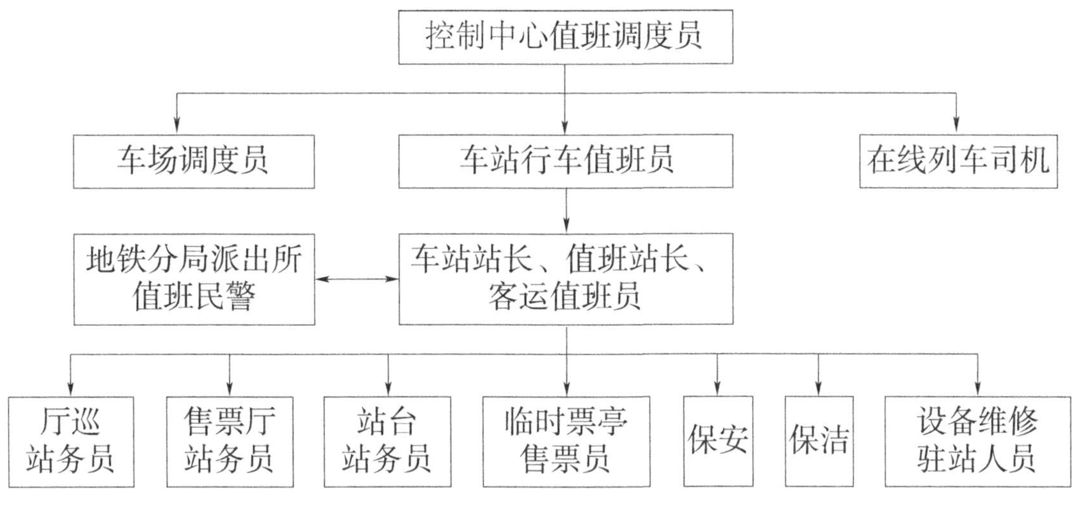


图 2-16　大客流组织管理模式

2）可预见性大客流组织模式

（1）形成指挥机构，集中领导，发挥客流组织整体指挥作用。

大客流的组织关系城市轨道运营企业的各个部门，客运部门负责各个车站的现场客流组织和客运服务，设施维修部门负责提供设施设备运转保障，其他部门提供后勤、物资等相关保障。所以，在指挥机构统一协调组织下，各部门密切配合，大客流组织工作将会更加高效、全面地开展。一般视大客流预测规模，成立城市轨道交通运营企业相关领导牵头组成的领导小组，并设置由客运部门牵头的现场指挥小组。

（2）周密部署，充分做好大客流组织的准备工作。

充分的准备工作是应对节假日、大型活动大客流的必要前提。在可预见性大客流来临前期,应做好的准备工作具体包括:编制大客流组织方案、开展专项安全检查、客流组织备品的补充与调配、开展大客流组织方案培训和演练。其中,编制大客流组织方案最为重要。客流组织方案主要内容包括客流预测及客流特征分析、车站设施设备运输能力分析、人员安排(包括具体地点、职责、上班时间、携带备品等)、备品准备及需求、各级客流控制具体措施、票务组织措施等。

### 2.9.4 大客流应对组织与保障措施

为确保大客流情况下城市轨道交通运营组织的安全、有序、可控,有效减少因大客流冲击导致乘客伤亡事故发生,运营企业应从行车组织、客运组织、票务组织、设备维修及技术人员保障、外单位协调保障等方面,提出城市轨道交通大客流应对措施。

1)行车组织应对措施

按照“以车(设备)定运”原则,最大限度挖掘运输潜力,增加上线运能;同时,由各线路控制中心采取固定与灵活相结合的方式,充分利用列车资源,灵活科学调度,缓解大客流车站的客运压力。行车组织措施主要有以下几项:

(1)及时使用备用车。控制中心根据现场客流情况,灵活安排备用车在高峰时段上线运输;备用车投入服务站点须结合车站客流、站台大小、是否是换乘站等因素综合考虑。

(2)合理组织空客车。受备用车数量限制,对高峰时段客流与运能矛盾异常突出的大客流车站,尤其是换乘站,控制中心可结合抽取终点站部分列车不载客直接运行到大客流车站投入服务的方式进行缓解。

(3)灵活调整行车交路。对于各区段客流不均衡的线路,可采用灵活调整部分列车行车交路方式,将部分列车经中间折返站折返至小交路运行,加大高峰区段行车密度方式,疏导高峰区段客流。

(4)组织列车越站运行。对于换乘车站,在站台出现危及乘客人身安全的不可控局面时,控制中心可及时组织列车越站运行,避免因乘客下车对车站站台造成进一步冲击。由于列车越站对乘客服务影响较大,并且列车越站不能实际输运站台乘客,故非紧急情况下不建议采取此项措施。

2)车站的客流组织措施

(1)车站应及时了解产生大客流的原因、规模、可能持续的时间,以及车站现有可支配人员情况。如车站现有人员无法应对大客流的组织要求,值班站长应

组织驻站人员参与客流控制,同时通知公安,报告行车调度员并提出支援请求。

(2)利用广播系统做好乘客宣传引导,及时组织人员维持秩序,避免拥挤,防止发生踩踏事故;理顺购票队伍,增设兑零点,对乘客做好疏导和服务工作。

(3)站台拥挤时,立即安排人员到站台维持候车秩序,利用广播提醒乘客注意安全。列车进站时,应加强对站台乘客候车动态及站台屏蔽门工作状态的监控,防止上下车乘客互相拥挤,延误列车停站时间。开车前,确认乘客上下车完毕后方可关闭车门。

(4)按照由下至上、由内至外的原则,在车站出入口、入闸机组、站厅与站台的楼梯扶梯处进行三级客流控制,防止站厅、站台拥挤。

(5)由于客车运行故障导致客车晚点而引起车站乘客拥挤时,车站应及时通知公安协助,并通过广播做好乘客解释和引导工作。站务人员应在出入口、票亭及进闸机前摆放立柱告示,告知购票乘客列车延误信息,同时做好退票和公交接驳的工作准备。

(6)对于特殊气象(如暴雨)导致的大客流,车站应及时组织滞留在车站及出入口乘客的有序疏散,及时启动预案和应急处理程序,必要时请求公安配合,并调集站务、机电、保洁等所有驻站的工作人员做好抗灾准备。

3)票务组织应对措施

(1)预制票的制作。车站提前申报应对大客流的预制票,中央 AFC 系统提前根据车站需要在单程票内写入设定的金额和起始站名,由车站票务中心或临时增加的票亭售出,以满足大客流的需要。

(2)售票亭的准备。车站根据大客流的进出方向,选择在进站客流集中的位置设置临时售票亭。站厅面积较小的车站,可将临时售票亭设置在进站客流较多的通道内,但临时售票亭的位置不能影响客流的组织流线。

(3)增加备用金。大客流来临之前,车站应根据客流预测和以往大客流所消耗的备用金,在大客流发生前,申领和储备充足的备用金。

(4)调整售检票的速度。大客流发生初期,站台客流压力不大时,除 TVM 正常发售单程票外,可在票务中心及临时售票亭增加发售预制票或应急纸票。当站台客流压力较大时,车站可以通过取消售卖预制票、纸票,以及关闭部分 TVM 等措施减缓售检票的速度。

(5)票务应急处理。大客流持续时间较长,TVM 发售单程票及预制票无法满足需求时,可使用应急纸票应对大客流。另外,在安排好 AFC 日常检修的基础上,部分大客流车站要安排 AFC 人员驻站,以确保 AFC 设备的正常工作。特殊情况下，可采取 AFC 的非正常运营模式，即进出站免检模式、列车故障模式、时间免检模式、紧急放行模式等。

4）设备维修及技术人员保障措施

确保设备运行状况良好、稳定，才能为大客流运输提供有力的保障。在客运量激增情况下，各类设备面临长时间超负荷运转，而车站进行大客流运输时一旦发生车辆、信号等设备故障，运能必将急剧下降，造成大量乘客滞留车站，进一步增加发生乘客伤亡的事故风险。因此，设备部门需建立科学、合理的设备检修规程，狠抓设备检修质量，加密检修频率，确保在最大限度提供列车上线数量的基础上有力保障各设备运行质量。此外，随着地铁线网的不断扩大，线路、站点不断延伸，为加强对现场作业指导，加快突发事件的应急响应，有必要在关键部位加强各设备，以及站务、乘务技术骨干保障力量。技术支援保障点设置可从以下几方面考虑：

（1）在线路两端终点站设置支援保障点，遇临时任务、终点站折返道岔故障或其他突发情况时，及时应对，满足运营需求。

（2）在各大换乘站点或特殊服务保障点（如举办临时活动的站点）设置值班点，密切关注客流变化情况，遇客流骤增或其他突发情况，采取果断措施处置，确保行车和客流有序、可控。

（3）在各区域控制中心设置值班点，执行上级下达的各项临时指令，处理应急突发事件，及时调整运力和运能。

## 2.9.5　大客流控制应急处理程序

1）突发性大客流

（1）车站发现大量乘客涌入车站。

①厅巡站务员。发现某出入口不断有大量乘客涌入车站时，立即报告车站控制室。

②行车值班员。接报告后立即通过 CCTV 观察站外情况，若发现出入口附近有大量人员聚集，立即将情况向值班站长和行车调度员报告。

③值班站长。接报告后立即通知厅巡到外面了解情况，并要求客运值班员准备 2 份预制票配给 2 个厅巡，要求保安把临时票亭推至相应位置。

④客运值班员。接报告后立即准备好预制票。

⑤票务站务员。加快兑零和充值速度。

（2）启动应急预案并安排人员到岗。

①值班主任。与行车调度员确认大客流概况,并向各调度通报,启动相对应的大客流应急预案,并向主管领导报告。

②行车调度员。根据大客流概况和应急预案判断是否对全线列车进行调整,如果需调整,将调整情况通知到各车站和司机。

③值班站长。如发现客流持续增大,要立即要求临站派人支援,并报告站长和站务室领导。

④行车值班员。通过 CCTV 不断监控车站客流情况,播放相应的安全广播,要求环控调度员加强送风和排风,通知地铁公安人员到场维持秩序。

⑤客运值班员。安排站务员在临时票亭出售预制票,给售票员配备足够的零钞;到站厅检查 AFC 设备的状态,维持车站客流秩序。

⑥站务员。除正常票务岗站务员继续通过 BOM 处理乘客事务和充值,临时票亭的站务员在票亭出售预制票外,其余站务员在关键位置引导乘客。

⑦保安。拿手提广播在站厅或站台引导和组织乘客。

(3)站台乘客已开始出现拥挤。

①站台岗站务员、站台保安。发现站台乘客拥挤,立即报告车站控制室。

②行车值班员。接到站台报告后立即通过 CCTV 观察站台情况,若发现站台人员拥挤,立即报告行车调度员、值班站长。

③行车调度员。将大客流概况向调度主任报告,根据预案和指示确定是否进行列车调整,如果需调整,将调整情况通知到各车站和司机。

④值班站长。接到行车值班员汇报后果断下令实施第一级客流控制,停止出售预制票,派人到站楼梯处阻止乘客去站台,关闭部分进站闸机和 TVM,指示站务人员并播放广播做好解释工作。

⑤客运值班员。指示售票员停止出售预制票,组织站务员到站厅楼梯处阻止乘客去站台,维持好站厅秩序。

⑥站务员。出售预制票的售票员停止出售预制票,收拾好钱票后到站厅楼梯处阻止乘客去站台。

⑦支援人员。在站台维持秩序。

(4)站厅付费区开始出现拥挤。

①值班站长。发现站厅付费区拥挤,立即下令实施第二级客流控制,关闭全部进站闸机和 TVM。

②行车值班员。按值班站长的指令在 SC(车站计算机系统)上关闭全部进站闸机和 TVM,播放相应的广播,建议乘客改乘其他交通工具,并向行车调度员

报告车站已实施第二级客流控制。

③客运值班员。组织站务员使用手提广播建议乘客使用其他交通工具,维持好车站乘客秩序。

④站务员。使用手提广播建议乘客使用其他交通工具,维持好站厅乘客秩序。

⑤支援人员。在站台维持秩序。

(5)站厅付费区开始出现拥挤。

①值班站长。发现站厅非付费区也拥挤后立即实施第三级客流控制,请求地铁公安人员配合,派厅巡和站厅保安到出入口阻止乘客进站,人员只出不进。

②行车值班员。通知地铁公安人员进行配合,通过 CCTV 监控站口及站厅客流情况,播放相应的广播,向行车调度员报告车站已实施第三级客流控制。

③客运值班员。组织站务员使用手提广播劝导乘客使用其他交通工具,维持好车站乘客秩序。

④站务员。使用手提广播建议乘客使用其他交通工具,维持好站厅乘客秩序。

⑤支援人员。在站台维持秩序。

(6)客流开始缓解。

①站台岗站务员、站台保安。发现站台乘客已不拥挤,立即报告车站控制室。

②行车值班员。通过 CCTV 发现站台乘客和站厅乘客已不拥挤,或接到站台站务人员报告后立即报告值班站长。

③值班站长。接报后通知行车值班员开启全站的进站闸机和 TVM,通知出入口工作人员可以让乘客进站,恢复正常运营。

④行车值班员。按值班站长的要求开启关闭的 AFC 设备,报告行车调度员和站长。

⑤行车调度员。向值班主任报告车站大客流已缓解,车站恢复正常运营。

⑥值班主任。向主管领导报告大客流已经缓解,车站恢复正常运营。

⑦客运值班员。带领站务员回票务室结算预制票。

⑧站务员。继续做好日常站务工作。

⑨支援人员。回到原车站。

2)可预见性大客流

可预见性大客流在车站的处理方式和程序与突发性大客流基本相同。它与突发性大客流的不同之处主要体现在控制中心的一些应对措施上。

(1)上下班高峰期,OCC应对处理程序。

①值班主任。

a. 加强对列车运行情况和大站客流情况的监控;

b. 加强AFC系统数据收集,视情况组织加开列车。

c. 通知地铁公安协助。

②行车调度员。

a. 按列车运行图执行。

b. 发现乘客较多时:

(a)通知车站注意客流控制。

(b)通知列车司机进站加强瞭望,如列车未上满客,可适当延长停车时间(人潮站)。

(c)根据值班主任指示,组织加开客车疏导乘客。

③电力调度员。

a. 防止人员误入变电所。

b. 加强对各变电所运行情况的检查。

④环控调度员。

a. 加强设备监控。

b. 保持车站温、湿度处于良好的状态。

⑤设备调度员。

通知各专业的维修人员加强设备巡检。

(2)节假日及重大活动,OCC应对处理程序。

①值班主任。

a. 根据节日性质及节日、活动的具体地点、时间,决定在折返线或存车线预放备用车。

b. 加强AFC系统数据收集,根据现场情况决定加开备用车的行车组织方案。

c. 根据需要调配突击队、机动队员支援突发大客流的车站。

d. 通知地铁公安人员协助。

e. 值班主任报告公司值班领导、运营部值班领导。

②行车调度员。

a. 按要求把备用车安排到预定的存放地点。

b. 通知各站,密切监视客流动态,当接到车站司机报"乘客上不了车"时,报告值班主任。

c. 执行值班主任“加开列车”命令,通知司机入站时加强瞭望,注意行车安全。如列车未上满客,可适当延长停站时间。

d. 通报 AFC 系统各类应急模式,要求全线配合。

③电力调度员。

加强对各变电所运行情况的检查。

④环控调度员。

a. 注意观察客流情况。

b. 根据温、湿度情况增开冷水机组,或改为全新通风空调模式运行。

⑤设备调度员。

设备调度员通知各专业的维修人员加强设备巡检。

单元实训

## 实训1　车站 AFC 设备故障的应急处理

1.1　任务描述

任务1:车站自动售票机全部停用,或在站厅层分离的一端内全部自动售票机停用。

任务2:车站出站闸机全部发生故障,或在站厅层分离的一端内全部出站闸机发生故障。

任务3:车站进站闸机全部发生故障,或在站厅层分离的一端内全部进站闸机发生故障。

任务4:车站半自动售票机全部发生故障。

1.2　任务目标

(1)初步掌握车站 AFC 设备故障应急处理程序。

(2)培养同学掌握各岗位应对车站 AFC 设备故障时相互协作的应急处理能力。

(3)培养同学在真实情境下处理实际问题、解决实际问题的能力。

(4)培养同学安全防护意识和能力。

1.3　任务实施

1)组织形式

学员按6人一组成立小组,选择4个任务中的任一任务,按照教师给出的参考资料完成任务。

2）任务准备

（1）认真学习、讨论2.2节知识点。

（2）做好自动售票机、半自动售票机、自动检票机的设备故障设置准备。

3）实施步骤

（1）实训实施方案制订完毕后，按照车站AFC设备故障应急处理流程扮演方案中的各个角色完成岗位工作。

（2）各组设置观察员1名，用摄像机、手机等视录设备将演练过程拍摄下来，使用观察清单记录和分析该小组演练问题及演练程序中关键点的时间把握程度。

（3）演练完毕后，做好自我评估总结和汇报工作。教师点评后展示各小组的录像成果，供同学互相学习。

1.4　任务评价

单元2实训1任务评价表见表2-24。

**单元2实训1任务评价表**　　表2-24

<table>
<tr><td>单元2</td><td colspan="4">车站突发事件的应急处理</td></tr>
<tr><td>实训1</td><td colspan="4">车站AFC设备故障的应急处理</td></tr>
<tr><td colspan="3">考核内容</td><td>分值</td><td>考核得分</td></tr>
<tr><td colspan="3">1. 自动售票机、半自动售票机、自动检票机的设备故障的判断及应急处理流程等知识掌握情况，车站AFC设备故障应急处理中各岗位相互协作处理能力</td><td>40</td><td></td></tr>
<tr><td colspan="3">2. 演练方案的完成情况（汇报效果）</td><td>20</td><td></td></tr>
<tr><td colspan="3">3. 演练过程考核（团队分工、角色设置、处理程序）</td><td>30</td><td></td></tr>
<tr><td colspan="3">4. 课堂表现及职业素养</td><td>10</td><td></td></tr>
<tr><td colspan="5">总体评价</td></tr>
<tr><td>教师评价<br>（40%）</td><td>小组自评<br>（30%）</td><td>小组互评<br>（30%）</td><td>姓名</td><td></td></tr>
<tr><td></td><td></td><td></td><td>分数</td><td></td></tr>
</table>

## 实训2　车站突发停电的应急处理

2.1　任务描述

车站突发大面积停电，分别设置长时间停电与短时间停电2个子任务进行应急处理演练。

2.2　任务目标

(1)初步掌握车站突发大面积停电应急处理的过程。

(2)培养同学掌握各岗位应对车站大面积停电时相互协作的应急处理能力。

(3)培养同学在真实情境下处理实际问题、解决实际问题的能力。

(4)培养学生安全防护意识和能力。

2.3　任务实施

1)组织形式

学员按6人一组成立小组，选择2个任务中的任一个，按照教师给出的参考资料完成任务。

2)任务准备

(1)以小组为单位相互交流和充分讨论，充分了解小组内成员的各种想法和演练情况，制订出最终完善的演练方案。

(2)同学按照规范独立撰写演练方案，扮演应急处理方案中的各个角色。学员所编制的演练流程尽量规范、内容完备、具有可操作性。

3)实施步骤

(1)小组同学在课堂上进行分角色演练汇报。演练后，组员和教师应对演练效果进行评价，并汇报说明演练中存在的问题，提出改进措施。

(2)各组设置观察员1名，用摄像机、手机等视录设备将演练过程拍摄下来，使用观察清单记录和分析该小组演练问题及演练程序中关键点的时间把握程度。

(3)演练完毕后，做好自我评估总结和汇报工作。教师点评后展示各小组的录像成果，供同学互相学习。

2.4　任务评价

单元2实训2任务评价表见表2-25。

**单元2实训2任务评价表**　　表2-25

<table>
<tr><td>单元2</td><td colspan="4">车站突发事件的应急处理</td></tr>
<tr><td>实训2</td><td colspan="4">车站突发停电的应急处理</td></tr>
<tr><td colspan="3">考核内容</td><td>分值</td><td>考核得分</td></tr>
<tr><td colspan="3">1. 车站突发长时间停电与短时间停电的处理方法知识点掌握情况，车站突发停电应急处理中各岗位相互协作处理能力</td><td>40</td><td></td></tr>
<tr><td colspan="3">2. 演练方案的完成情况(汇报效果)</td><td>20</td><td></td></tr>
<tr><td colspan="3">3. 演练过程考核(团队分工、角色设置、处理程序)</td><td>30</td><td></td></tr>
<tr><td colspan="3">4. 课堂表现及职业素养</td><td>10</td><td></td></tr>
<tr><td colspan="5">总体评价</td></tr>
<tr><td>教师评价<br>(40%)</td><td>小组自评<br>(30%)</td><td>小组互评<br>(30%)</td><td>姓名</td><td></td></tr>
<tr><td></td><td></td><td></td><td>分数</td><td></td></tr>
</table>

## 实训3　屏蔽门故障的应急处理

3.1　任务描述

任务1：单挡屏蔽门无法关闭演练。

某日某列车在某站上行线出发，某一挡屏蔽门无法关闭。同学根据以下预设条件分组进行演练：

(1)列车关闭车门、屏蔽门后，站台岗发现某一挡屏蔽门无法关闭，立即采取措施隔离该门，并报告车站控制室。

(2)车站手动关闭故障滑动门，设置安全防护栏，张贴故障告示。

(3)抢修人员到达现场，故障排除，应急处置结束。

任务2：单挡屏蔽门无法开启演练。

某日某列车到达某站上行线，单挡屏蔽门无法开启。同学根据以下预设条件分组进行演练：

(1)列车进站停稳,开启车门、屏蔽门后,其中第8挡屏蔽门无法打开。行车值班员通过BAS获悉后,立即报告值班站长。

(2)车站立即采取措施做好安全防护,引导乘客上下车,指示列车司机发车。

(3)抢修人员到达现场,故障排除,应急处置结束。

任务3:整侧屏蔽门无法开启演练。

某日某列车到达某站上行线,整侧屏蔽门无法打开,BAS、MCP(Main Control Panel,主控盘)中显示故障信息,学生根据以下预设条件分组进行演练:

(1)列车进站停稳,开启车门、屏蔽门后,但整侧屏蔽门没有开启,司机手动操作仍无法开启,立即报告车站控制室。

(2)车站立即采取就地开启屏蔽门应对,引导乘客上下车。

(3)车站做好安全防护,使用互锁解除接发列车。

(4)抢修人员到达现场,故障排除,应急处置结束。

3.2　任务目标

(1)初步掌握屏蔽门故障应急处理的过程。

(2)培养同学掌握各岗位应对屏蔽门故障时相互协作的应急处理能力。

(3)培养同学在真实情境下处理实际问题、解决实际问题的能力。

(4)培养学生安全防护意识和能力。

3.3　任务实施

1)组织形式

同学按6人一组成立小组,选择3个任务中的任一任务,按照教师给出的参考资料完成任务。

2)任务准备

(1)以小组为单位相互交流和充分讨论,充分了解小组内成员的各种想法和演练情况,制订出最终完善的演练方案。

(2)同学按照规范独立撰写演练方案,扮演预案中的各个角色。同学所编制的演练流程尽量规范、内容完备、具有可操作性。

3)实施步骤

(1)小组同学在课堂上进行分角色演练汇报。演练后,组员和教师应对演练效果进行评价,并汇报说明演练中存在的问题,提出改进措施。

(2)各组设置观察员1名,用摄像机、手机等视录设备将演练过程拍摄下来,使用观察清单记录和分析该小组演练问题及演练程序中关键点的时间把握程度。

(3)演练完毕后,做好自我评估总结和汇报工作。教师点评后展示各小组的录像成果,供学员互相学习。

3.4　任务评价

单元2实训3任务评价表见表2-26。

**单元2实训3任务评价表**　　表2-26

| 单元2 | 车站突发事件的应急处理 | | | |
|---|---|---|---|---|
| 实训3 | 屏蔽门故障的应急处理 | | | |
| 考核内容 | | | 分值 | 考核得分 |
| 1.单挡屏蔽门无法关闭、单挡屏蔽门无法开启、整侧屏蔽门无法开启故障的判断及应急处理流程等知识掌握情况,屏蔽门故障应急处理中各岗位相互协作处理能力 | | | 40 | |
| 2.演练方案的完成情况(汇报效果) | | | 20 | |
| 3.演练过程考核(团队分工、角色设置、处理程序) | | | 30 | |
| 4.课堂表现及职业素养 | | | 10 | |
| 总体评价 | | | | |
| 教师评价(40%) | 小组自评(30%) | 小组互评(30%) | 姓名 | |
| | | | 分数 | |

## 实训4　站台人员落轨及落物的应急处理

4.1　任务描述

阅读2.5节的案例导入,结合相关知识,以小组为单位,模拟车站工作。由3~5位同学分别担任车站现场工作人员,全班其他同学担任乘客,模拟人员落轨和落物处置程序。

4.2　任务目标

(1)初步掌握站台人员落轨及落物的应急处理流程。

(2)培养同学掌握各岗位应对车站站台人员落轨及落物时相互协作的应急处理能力。

(3)培养同学在真实情境下处理实际问题、解决实际问题的能力。

(4)培养学生安全防护意识和能力。

4.3　任务实施

1)组织形式

学员按6人一组成立小组,按照教师给出的参考资料完成任务。

2)任务准备

(1)认真学习、讨论2.5节的知识点。

(2)以小组为单位相互交流和充分讨论,充分了解小组内成员的各种想法和演练情况,制订出最终完善的演练方案。

(3)同学按照规范独立撰写演练方案,扮演预案中的各个角色。学员所编制的演练流程尽量规范内容完备,还具有可操作性。

3)实施步骤

(1)小组学员在课堂上进行分角色演练汇报。演练后,组员和教师应对演练效果进行评价,并汇报说明演练中存在的问题,提出改进措施。

(2)各组设置观察员1名,用摄像机、手机等视录设备将演练过程拍摄下来,使用观察清单记录和分析该小组演练问题及演练程序中关键点的时间把握程度。

(3)演练完毕后,做好自我评估总结和汇报工作。教师点评后展示各小组的录像成果,供同学互相学习。

4.4　任务评价

单元2实训4任务评价表见表2-27。

**单元2实训4任务评价表**　　表2-27

| 单元2 | 车站突发事件的应急处理 | |
|---|---|---|
| 实训4 | 站台人员落轨及落物的应急处理 | |
| 考核内容 | 分值 | 考核得分 |
| 1.站台人员落轨及落物事故的判断及应急处理流程等知识掌握情况 | 40 | |
| 2.演练方案的完成情况(汇报效果) | 20 | |

续上表

| 考核内容 | | | 分值 | 考核得分 |
|---|---|---|---|---|
| 3. 演练过程考核（团队分工、角色设置、处理程序） | | | 30 | |
| 4. 课堂表现及职业素养 | | | 10 | |
| 总体评价 | | | | |
| 教师评价（40%） | 小组自评（30%） | 小组互评（30%） | 姓名 | |
| | | | 分数 | |

## 实训5　乘客受伤与突发疾病的应急处理

5.1　任务描述

2015年7月沈阳地铁二号线陵西站，一名乘客没有站稳一脚踩空，导致后面的3名乘客一同跌倒。危急关头，梯下乘客按下紧急停止按钮救命。事故最终导致5名乘客腿部都受了轻伤。

5.2　任务目标

(1)车站工作人员角色设置合理，分工明确。通过角色扮演，处理此次乘客受伤事故，尽快恢复车站的正常运营秩序。

(2)分析此次事故发生的原因，写出事故处理报告。

(3)处理乘客受伤程序得当，工具选用合理。具备良好的服务意识及沟通表达能力，做好乘客疏散和解释工作，乘客情绪得到安抚，控制事态的进一步恶化。

(4)现场急救的方法没有常识性错误，处理事故程序得当。

5.3　任务实施

1)组织形式

学员按6人一组成立小组，按照教师给出的参考资料完成任务。

2)任务准备

(1)认真学习、讨论2.6节的知识点。

(2)以小组为单位相互交流和充分讨论，充分了解小组内成员的各种想法和演练情况，制订出最终完善的演练方案。

(3)同学按照规范独立撰写演练方案，扮演预案中的各个角色。学员所编制的演练流程尽量规范、内容完备、具有可操作性。

3)实施步骤

(1)小组学员在课堂上进行分角色演练汇报。演练后,组员和教师应对演练效果进行评价,并汇报说明演练中存在的问题,提出改进措施。

(2)各组设置观察员1名,用摄像机、手机等视录设备将演练过程拍摄下来,使用观察清单记录和分析该小组演练问题及演练程序中关键点的时间把握程度。

(3)演练完毕后,做好自我评估总结和汇报工作。教师点评后展示各小组的录像成果,供同学互相学习。

5.4　任务评价

单元2实训5任务评价表见表2-28。

**单元2实训5任务评价表**　　表2-28

<table>
<tr><td>单元2</td><td colspan="4">车站突发事件的应急处理</td></tr>
<tr><td>实训5</td><td colspan="4">乘客受伤与突发疾病的应急处理</td></tr>
<tr><td colspan="3">考核内容</td><td>分值</td><td>考核得分</td></tr>
<tr><td colspan="3">1.乘客受伤与急病应急处理的过程知识掌握情况,应对乘客受伤与急病突发事件中各岗位协作的应急处理能力</td><td>40</td><td></td></tr>
<tr><td colspan="3">2.演练方案的完成情况(汇报效果)</td><td>20</td><td></td></tr>
<tr><td colspan="3">3.演练过程考核(团队分工、角色设置、处理程序)</td><td>30</td><td></td></tr>
<tr><td colspan="3">4.课堂表现及职业素养</td><td>10</td><td></td></tr>
<tr><td colspan="5">总体评价</td></tr>
<tr><td>教师评价<br>(40%)</td><td>小组自评<br>(30%)</td><td>小组互评<br>(30%)</td><td>姓名</td><td></td></tr>
<tr><td></td><td></td><td></td><td>分数</td><td></td></tr>
</table>

## 实训6　车站突发公共安全事件的应急处理

6.1　任务描述

某日,某城市地铁站客流高峰期,客流量大,车站开始采取限流措施。安检

处一男子不配合安检，大吵大闹，并扬言："这车站很快就要炸了，炸弹早就放进去了！你们都得死！"

组员根据以下预设条件分组进行演练：

(1)站务员现场听到乘客"车站有炸弹"的威胁言论，紧急报告车站控制室。

(2)行车调度员通知车站，打"110"报警，要求车站立即执行紧急疏散程序。

(3)确认乘客疏散完毕，关闭车站，车站工作人员在紧急出入口集合。

(4)警察及炸弹专家赶到，勘查现场并进行处理。

(5)警察、公安人员确认危险解除，车站恢复正常运营。

6.2 任务目标

(1)组员角色设置合理，分工明确。

(2)在模拟演练中，相关岗位人员的应急处理能力、信息通报能力、反应能力、协调能力、应急指挥能力得到体现和锻炼。

(3)现场疏散过程未造成乘客恐慌，未引发踩踏事故。

6.3 任务实施

1)组织形式

同学按6人一组成立小组，按照教师给出的参考资料完成任务。

2)任务准备

(1)认真学习、讨论2.7节的知识点。

(2)以小组为单位相互交流和充分讨论，充分了解小组内成员的各种想法和演练情况，制订出最终完善的演练方案。

(3)同学按照规范独立撰写演练方案，扮演预案中的各个角色。同学所编制的演练流程尽量规范、内容完备、具有可操作性。

3)实施步骤

(1)小组同学在课堂上进行分角色演练汇报。演练后，组员和教师应对演练效果进行评价，并汇报说明演练中存在的问题，提出改进措施。

(2)各组设置观察员1名，用摄像机、手机等视录设备将演练过程拍摄下来，使用观察清单记录和分析该小组演练问题及演练程序中关键点的时间把握程度。

(3)演练完毕后，做好自我评估总结和汇报工作。教师点评后展示各小组的录像成果，供同学互相学习。

6.4 任务评价

单元2实训6任务评价表见表2-29。

单元2实训6任务评价表　　表2-29

<table>
<tr><td>单元2</td><td colspan="4">车站突发事件的应急处理</td></tr>
<tr><td>实训6</td><td colspan="4">车站突发公共安全事件的应急处理</td></tr>
<tr><td colspan="3">考核内容</td><td>分值</td><td>考核得分</td></tr>
<tr><td colspan="3">1. 车站突发公共安全事件应急处理的过程知识掌握情况,应对突发公共安全事件过程中各岗位相互协作的应急处理能力</td><td>40</td><td></td></tr>
<tr><td colspan="3">2. 演练方案的完成情况(汇报效果)</td><td>20</td><td></td></tr>
<tr><td colspan="3">3. 演练过程考核(团队分工、角色设置、处理程序)</td><td>30</td><td></td></tr>
<tr><td colspan="3">4. 课堂表现及职业素养</td><td>10</td><td></td></tr>
<tr><td colspan="5">总体评价</td></tr>
<tr><td>教师评价<br>(40%)</td><td>小组自评<br>(30%)</td><td>小组互评<br>(30%)</td><td>姓名</td><td></td></tr>
<tr><td></td><td></td><td></td><td>分数</td><td></td></tr>
</table>

## 实训7　车站发生火灾的应急处理

7.1　任务描述

阅读2.8节中的案例导入部分的资料,结合相关知识,以小组为单位,模拟车站工作。

(1)由3~5位同学分别担任车站现场工作人员,全班其他学生担任乘客,模拟演练火灾时的现场处置,包括隧道区间火灾和车站火灾的处置。

(2)利用互联网等工具,以3~5位同学为小组撰写一篇美国纽约地铁事故分析报告,并提出防范措施建议。

7.2　任务目标

(1)小组人员角色设置合理,分工明确。

(2)处理事故程序得当,没有常识性错误。具备良好的服务意识及沟通表达能力,能做好乘客疏散和解释工作,乘客情绪得到安抚,控制事态的进一步恶化。

(3)防范措施分析合理,总结的特点条理清晰。

7.3 任务实施

1)组织形式

同学按6人一组成立小组,按照教师给出的参考资料完成任务。

2)任务准备

(1)认真学习、讨论2.8节的知识点。

(2)以小组为单位相互交流和充分讨论,充分了解小组内成员的各种想法和演练情况,制订出最终完善的演练方案。

(3)同学按照规范独立撰写演练方案,扮演预案中的各个角色。同学所编制的演练流程尽量规范、内容完备、具有可操作性。

3)实施步骤

(1)小组学员在课堂上进行分角色演练汇报。演练后,组员和教师应对演练效果进行评价,并汇报说明演练中存在的问题,提出改进措施。

(2)各组设置观察员1名,用摄像机、手机等视录设备将演练过程拍摄下来,使用观察清单记录和分析该小组演练问题及演练程序中关键点的时间把握程度。

(3)演练完毕后,做好自我评估总结和汇报工作。教师点评后展示各小组的录像成果,供同学互相学习。

7.4 任务评价

单元2实训7任务评价表见表2-30。

**单元2实训7任务评价表** 表2-30

| 单元2 | 车站突发事件的应急处理 | |
|---|---|---|
| 实训7 | 车站发生火灾的应急处理 | |
| 考核内容 | 分值 | 考核得分 |
| 1.车站发生火灾应急处理的过程知识掌握情况,应对车站发生火灾过程中各岗位相互协作的应急处理能力 | 40 | |
| 2.演练方案的完成情况(汇报效果) | 20 | |
| 3.演练过程考核(团队分工、角色设置、处理程序) | 30 | |
| 4.课堂表现及职业素养 | 10 | |

续上表

| 总体评价 | | | | |
|---|---|---|---|---|
| 教师评价（40%） | 小组自评（30%） | 小组互评（30%） | 姓名 | |
| | | | 分数 | |

## 实训8　车站大客流的应急处理

8.1　任务描述

任务1：车站突发性大客流（可以分为大客流预警一级、二级和三级三种情况完成）。

任务2：车站可预见性大客流。

由3～5位同学分别担任车站现场和控制指挥中心工作人员，其他同学担任乘客，模拟演练突发性大客流、可预见性大客流的现场处置。

任务3：请阅读2.9节中案例导入部分的资料，并利用互联网等工具，以3～5位同学为小组撰写一篇事故分析报告，并提出防范措施建议。

8.2　任务目标

(1)小组人员角色设置合理，分工明确。

(2)处理事故程序得当，没有常识性错误。具备良好的服务意识及沟通表达能力，能做好乘客疏散和解释工作，乘客情绪得到安抚，控制事态的进一步恶化。

(3)防范措施分析合理，总结的特点条理清晰。

8.3　任务实施

1)组织形式

同学按6人一组成立小组，按照教师给出的参考资料完成任务。

2)任务准备

(1)认真学习、讨论2.9节的知识点。

(2)以小组为单位相互交流和充分讨论，充分了解小组内成员的各种想法和演练情况，制订出最终完善的演练方案。

(3)同学按照规范独立撰写演练方案，扮演预案中的各个角色。同学所编制的演练流程尽量规范、内容完备、具有可操作性。

3)实施步骤

(1)小组同学在课堂上进行分角色演练汇报。演练后,组员和教师应对演练效果进行评价,并汇报说明演练中存在的问题,提出改进措施。

(2)各组设置观察员1名,用摄像机、手机等视录设备将演练过程拍摄下来,使用观察清单记录和分析该小组演练问题及演练程序中关键点的时间把握程度。

(3)演练完毕做好自我评估总结和汇报工作。教师点评后展示各小组的录像成果,供同学互相学习。

8.4　任务评价

单元2实训8任务评价表见表2-31。

**单元2实训8任务评价表**　　表2-31

<table>
<tr><td>单元2</td><td colspan="4">车站突发事件的应急处理</td></tr>
<tr><td>实训8</td><td colspan="4">车站大客流的应急处理</td></tr>
<tr><td colspan="3">考核内容</td><td>分值</td><td>考核得分</td></tr>
<tr><td colspan="3">1.车站发生大客流应急处理的过程知识掌握情况,应对车站发生大客流过程中各岗位相互协作的应急处理能力</td><td>40</td><td></td></tr>
<tr><td colspan="3">2.演练方案的完成情况(汇报效果)</td><td>20</td><td></td></tr>
<tr><td colspan="3">3.演练过程考核(团队分工、角色设置、处理程序)</td><td>30</td><td></td></tr>
<tr><td colspan="3">4.课堂表现及职业素养</td><td>10</td><td></td></tr>
<tr><td colspan="5">总体评价</td></tr>
<tr><td>教师评价<br>(40%)</td><td>小组自评<br>(30%)</td><td>小组互评<br>(30%)</td><td>姓名</td><td></td></tr>
<tr><td></td><td></td><td></td><td>分数</td><td></td></tr>
</table>

## 单元小结

本单元主要学习了城市轨道交通车站突发事件应急处理原则与信息报告流程,学生应当能够理解并掌握车站突发AFC设备故障、停电、屏蔽门故障、站台人员落轨及落物、乘客受伤与急病、公共安全事件、火灾以及车站大客流时的应急处理方法和各岗位工作流程，能够讲解各种突发情况应急的工作要点。学生通过知识学习和实训，能在教师指导下针对城市轨道交通车站突发事件进行应急演练。

## 复习与思考

1. 简述城市轨道交通车站突发事件应急处理原则。

2. 按照岗位分工，简述自动售票机全部故障时的应急处理流程。

3. 按照岗位分工，简述出站闸机全部故障时的应急处理流程。

4. 简述车站站台停电与车站站厅停电这两种应急处理方法的异同。

5. 按照岗位分工简述单个/多个屏蔽门不能关门故障的应急处理程序。

6. 按照岗位分工简述单个/多个屏蔽门不能打开故障的应急处理程序。

7. 简述异物落轨影响行车时应急处理方法。

8. 简述车站轨行区掉落人员的应急处理流程。

9. 简述乘客受伤事故处理中各岗位人员的行动方法。

10. 简述在车站发现可疑物品和在列车上发现可疑物品这两种情况处理方法的异同。

11. 简述车站火灾应急处置原则。

12. 按照岗位分工简述站厅发生火灾时的应急处理措施。

13. 按照岗位分工简述站台发生火灾时的应急处理措施。

14. 按照岗位分工简述车站突发大客流的处理措施。

15. 按照岗位分工简述车站出现可预见性大客流时的处理措施。

# 单元3 列车突发事件的应急处理

教学目标

**知识目标**

1. 掌握各岗位在列车突发事件中的职责；
2. 掌握列车发生突发事件的信息汇报内容及流程；
3. 学会列车车门故障时的处理方法；
4. 掌握列车在区间几种情况下的乘客疏散办法；
5. 学会列车在挤岔时的处理方法；
6. 学会列车脱轨时的处理方法；
7. 掌握列车在区间和车站发生火灾时的处理方法；
8. 掌握列车牵引故障应急处理和救援方法；
9. 掌握列车救援应急处理程序。

**能力目标**

1. 会运用车门故障应急处理程序；
2. 会及时准确汇报、传达信息；
3. 会运用列车在挤岔时的应急处理程序；
4. 会运用列车脱轨时的应急处理程序；
5. 能正确运用列车在区间和车站发生火灾时的应急处理程序；
6. 会运用列车牵引制动系统故障的应急处理程序；
7. 能运用正确的列车救援流程。

建议学时

18 学时

## 案例导入

### 列车到站后车门无法打开

(1)事故概况。

2007年7月30日8时33分,某市地铁列车到达A站后,车门无法打开。列车司机立即进行处理,不能消除故障,只好下车手动打开车门,现场清客。由于部分乘客不愿下车,故障列车搭载这些乘客运行到B站,进车库检修。

由于正值上班高峰期,列车内的乘客数量较多,每节车厢的乘客又只能从一扇手动打开的车门下车,因此清客花费时间较长,致使续行列车停于地铁隧道内长达35min,部分乘客出现憋闷头晕等不适,并产生一定的恐惧心理。

(2)事故原因。

故障列车投入运营时间不长,设备尚处于调试期。

(3)事故应急处理中较好的措施。

①司机及时手动开门清客。列车司机到站后发现车门故障,无法打开,立即进行紧急处理。在处理无效后,采取手动开门的措施清客。故障列车由8辆车编组,如果将每一扇车门都手动打开,花费时间长,乘客蜂拥挤向已打开的车门,容易造成混乱,也容易导致后面车厢内乘客产生焦躁心理,反而减慢清客速度。因此司机手动打开车门时,每节车厢打开一扇车门,是一种比较好的应急措施,便于乘客有序下车,并迅速安抚乘客情绪。

②调派备用列车投入运营。由于列车故障造成延误,致使全线不少车站乘客滞留较多。为了缓解客流压力,该运营企业就近调派一列备用列车,加快乘客运输。

③紧急疏散乘客。故障发生后,一部分乘客没有选择其他交通工具,留在车站等待下一趟列车,其间还不断有乘客进入车站等待乘车,使得部分车站大量乘客滞留。因此,部分地铁车站启动紧急疏散应急预案,打开安全通道,让下车乘客直接出站,不用通过闸机,以缓解乘客拥挤状态。

④采取适当措施安抚乘客情绪。乘客直接出站后,向站务员说明情况,即可在下次使用进站前免去票款。另外,针对此次列车故障对乘客造成的影响,各个车站都向乘客发放了致歉信。

(4)事故应急处理需改进的方面。

对续行列车处理不妥,导致列车停留在隧道内时间较长,引发部分乘客

不适和恐惧。前方发生故障后,作为控制中心的行车调度员,应考虑后续各列车的运行,并尽量使各趟续行列车停在车站或驶入就近车站停留,避免列车停在区间,尤其是隧道内。

**思考:**作为车站站务人员,事故发生后,该如何处理?需要和哪些工作人员协同处理?

## 3.1 列车车门故障的应急处理

### 案例导入

(1)事故经过。

2006年11月7日10时34分,某市城市轨道交通运营企业1207次列车在A站下行站台上下客后,关门准备发车,列车司机发现"门关好"灯不亮,再次进行开关门作业后发现"门关好"的灯始终不亮;检查司机室显示屏,显示最后一节车厢的车门(02A1B门)没有关,故障清单内显示"车门严重故障"。10时35分,司机下车跑至故障车门处查看,发现车门处于打开状态。司机紧急解锁后,将车门合上再恢复紧急解锁手柄,用方孔钥匙切除车门。10时37分,司机报告车门已切除,但"门关好"的灯仍然不亮,行车调度员要求司机再次前往现场处理,司机再次进行车门切除,仍然无法关闭,10时40分,行车调度员命令A站配合1207次清客,司机对乘客进行广播疏导;要求B站强行站控,取消D1101道岔锁定,并排列X1105—X0903进路。10时42分,故障车清客完毕,行车调度员要求故障车司机将车门旁路后,采用洗车模式动车到某存车线,要求备用车司机动车到B站下行站台,替开1207次。10时45分,故障车到达某存车线,行车调度员调整全线列车运行及发布运营恢复信息。

(2)事故原因。

造成本事故的原因是车门故障无法正常关闭,最终造成清客。司机切除车门的操作方法不当,导致车门未能切除,对此事故也负有一定责任。

切除车门时应在正常状态即车门处于非紧急解锁状态下进行,"紧急解锁"是紧急状态下用于开门逃生的装置。

(3)防范措施。

车辆部应会同车辆生产单位及检修中心,对车门故障进行统计、分析和研究,制定常见故障的预防性检修措施,进一步加强对车门各部件的检查,降低车门故障。

乘务中心要加强对司机实际操作的培训,注重对动手能力的培养,使司机具备快速、准确判断故障原因并能够独立排除常见故障的能力。

城市轨道交通列车客室车门故障会对乘客乘降、列车运行安全和客运服务质量造成较大影响,因此必须立即采取措施确保乘客的安全和运营工作的顺利进行。

### 3.1.1 车门故障安全风险

通过对以往的车门故障事故原因及车门特点进行分析可知,城市轨道交通列车客室车门故障存在以下几种安全隐患:

(1)车门与屏蔽门之间夹人。

(2)车门开闭门过程中夹人。

(3)在列车非站台侧车门开启。

(4)列车运营过程中车门意外开启。

(5)切除未锁闭的车门。

城市轨道交通列车客室车门故障风险分析见表3-1。

**城市轨道交通列车客室车门故障风险分析** 表3-1

| 风险类型 | 故障原因 | | 说明 |
|---|---|---|---|
| 车门故障及相关事故 | 自然灾害 | 地震 | 地震冲击造成车辆严重变形,车门无法正常打开或关闭 |
| | 人为因素 | 防护措施 | 列车或ATP(Automatic Train Protect,列车自动保护)对门的监控及联动控制被人为切除,造成诸如开门起动列车等危险事故 |
| | 次生灾害 | 爆炸、撞车、脱轨、火灾 | 列车发生爆炸、撞车、脱轨、火灾等重大事故,引起车辆或车门电器或机械损坏,车门无法正常打开或关闭 |

续上表

<table>
<tr><th>风险类型</th><th colspan="2">故障原因</th><th>说明</th></tr>
<tr><td rowspan="4">车门故障及相关事故</td><td rowspan="4">设备因素</td><td>车门与屏蔽门</td><td>屏蔽门车门控制时序不合理,或者屏蔽门应急设施设计不合理,车门与屏蔽门间隙过大,乘客被夹其中</td></tr>
<tr><td>车门与站台</td><td>车体与站台边缘间隙过大,车辆地板面与站台高差太大,造成乘客踏空或摔倒</td></tr>
<tr><td>车门结构</td><td>(1)门页强度、刚度设计不合理,外力作用下变形,移位。<br>(2)车门结构设计有缺陷,如锁闭机构不能有效锁闭,导致车门不安全开启。<br>(3)紧急状况下不能通过紧急拉手打开车门。<br>(4)单门故障切除装置设计不合理,不能隔离故障车门并有效锁闭。<br>(5)门页护指橡胶设计不当,不能有效检测障碍物,或者造成被夹乘客夹痛、夹伤</td></tr>
<tr><td>车门安全防护</td><td>(1)车门控制出错或失效,导致左右侧开门错误,或车门无法打开。<br>(2)门状态安全监控回路设计不当或出错,导致车门未锁闭状态下列车起动,或车门安全锁闭状态下,列车不能起动。<br>(3)紧急拉手设计不当,或监控出错,影响列车正常运营。<br>(4)零速信息失效,导致列车非零速时开门,或零速情况下门打不开。<br>(5)关门压力、缓冲控制功能及障碍物探测功能设计不当使乘客夹伤。<br>(6)开/关门提示信息不全,乘客被夹或摔出车门。<br>(7)联锁功能设计不当或失效,如门状态监控与牵引、紧急制动的联锁功能设计不合理,导致门在来回可靠关闭的情况下列车起动</td></tr>
</table>

续上表

| 风险类型 | 故障原因 | | 说明 |
|---|---|---|---|
| 车门故障及相关事故 | 设备因素 | 故障降级 | 各种旁路功能使用，如门状态监控旁路、ATP 门监控功能旁路、ATP 使能控制旁路等，防护功能失效引起的相关事故 |

### 3.1.2　车门故障处理原则

(1)尽量缩短在线故障处理时间。

(2)司机需要处理车门故障时及处理完毕后，都应及时向行车调度员报告。

(3)出现非正常故障时，司机应尽可能进站停车。

(4)客室门不能关闭时，应进行列车清客，站务人员应及时做好乘客引导及安抚工作。退出服务时，列车在区间及通过站台时应限速运行。

### 3.1.3　常见的车门故障和应急处理方法

1)一节车同一侧有 12 个车门开/关故障

(1)司机再次按下开/关门按钮，对故障车门尝试再开/关一次；如果车门仍没有打开/关闭，则重复上述动作一次。

(2)如车门仍有故障：

①确认故障车门已关闭，由站务人员用方孔钥匙将车门切除；若不能关闭，手动关门后，用方孔钥匙将车门切除(注意车门切除开关在门页下部，按照箭头方向转动方孔钥匙)。

②贴上“车门故障暂停使用”的字条。

③继续投入服务。

2)一节车同一侧有 3 个及以上车门故障

(1)司机再次按下开/关门按钮，对故障车门尝试再开/关一次，如果车门仍没有打开/关闭，则重复上述动作一次。

(2)如故障还未排除，司机应检查相应电气柜的空气开关是否分断，复位分断的空气开关，复位正常后继续运营。

(3)如车门仍有故障，确认故障车门已关闭，用方孔钥匙将车门切除；若不能关闭，手动关门后，则用方孔钥匙将车门切除(注意车门切除开关在门页下部，按照箭头方向转动方孔钥匙)。

(4)由站务人员贴上“车门故障暂停使用”的字条,维持运行到终点后退出服务。

3)故障车门无法正常关闭,并且用方孔钥匙也不能切除

(1)司机确认车门不能关闭,并且用方孔钥匙也不能切除。

(2)司机应根据行车调度员的指示就近清客,使用司机座椅后电气柜内立柱上的“重要控制旁路开关”,将其打到“车门旁路”位,按两下ATC(Automatic Train Control,列车自动控制)开门允许按钮,将模式开关打到“限速向前”牵引;当列车速度超过零速后,模式开关可以转动到“手动”驾驶,使列车运行到终点后退出服务。

4)司机关门后出现车门紧急解锁

(1)司机确认门关好灯是否亮,若亮则为假故障,继续运营。

(2)若门关好灯不亮,根据故障指示找到相应车门,用方孔钥匙将车门右侧立柱上的红色紧急解锁手柄复位到水平位置;门关好灯亮,继续运营。

(3)若门关好灯仍不亮,确认车门已关闭,用方孔钥匙将车门切除,门关好灯亮,继续运营。

(4)若在运行中出现车门紧急解锁时,列车产生紧急制动(ATP保护),则列车停车后,司机对相应车门进行处理。

5)按下“开门”按钮,全列车门无法打开

(1)司机按下司机台上“开门”按钮,重新开门。

(2)如车门仍有故障,司机检查司机室低压设备柜内DOCB(车门打开断路器)、DOTCBA(左侧车门打开列车线断路器)、DOTCBB(右侧车门打开列车线断路器)、复位分断的空气开关,如故障排除则继续运营。

(3)如故障不能排除,将上述开关重新断合一次。

(4)如故障还是不能排除,司机将手柄转向“洗车”模式,按下“开门”按钮。

(5)如果列车门能打开,则关闭列车门后,司机将手柄转回手动模式,运营到下一站后,检查开门功能是否正常;如果车门开关正常则恢复正常运营,否则重复上述操作,待列车运行至终点退出运营。

(6)如果列车门还是未能打开,则每节车外墙上都有一个“门紧急解锁”装置,司机用方孔钥匙打开,通过每节车的一扇门进行清客,就近退出运营。

6)按下“关门”按钮,全列车门无法关闭

(1)司机按下司机台上“关门”按钮,重新关门。

(2)如果车门仍然无法关闭,则司机检查相应电气柜的空气开关、复位分断的空气开关,如果闭合则将其重新断合一次。

(3)如果故障不能解决,门关好灯仍不亮,将上述开关重新断合一次。

(4)如果还不能解决,则根据行车调度员指示就近清客。使用司机座椅后电气柜内立柱上的“重要控制旁路开关”,将其打到“车门旁路”位,按两下 ATC 开门允许按钮,模式开关打到“限速向前”牵引;当列车速度超过零速后,模式开关可以转动到“手动”驾驶,待列车运行至终点站退出运营。

7)所有车门已关好,门关好灯不亮,DDU(Drive Display Unit,司机显示单元)上无车门故障显示

(1)司机再次按下司机台上开/关门按钮,重新开/关门。

(2)如门关好灯显示正常,继续运营。

(3)如门关好灯仍不亮,则司机检查相应电气柜的空气开关,复位分断的空气开关,如果断开,将其复位;如果闭合,则将其重新断合一次。门关好灯显示正常,继续运营。

(4)如果经过上述操作门关好灯仍不亮,司机应报告行车调度员请求清客,使用司机座椅后电气柜内立柱上的“重要控制旁路开关”,将其打到“车门旁路”位关闭车门,待运行至终点站退出运营。

### 3.1.4 列车车门故障的应急处理程序

1)几个车门状态不正常且车门故障无法排除

(1)发现列车车门故障。

①站务人员。发现有车门开、关状态不正常,通知值班站长有车门状态不正常,引导乘客避免从有故障的车出入门。

②值班站长。报告行车调度员,通知故障列车司机车门开、关状态不正常。

③故障列车司机。发现 DDU 上有车门状态不正常或收到行车调度员的通知有车门状态不正常时,重新打开、关闭车门。若车门状态仍然故障,向行车调度员报告列车编号、位置、故障情况,请示行车调度员安排站务人员用钥匙转动门板外侧的隔离锁将车门隔离。

④行车调度员。接到故障列车司机报告后,报告值班主任列车的编号、位置和故障状态;通知检修调度员,要求安排检修人员在指示的车站上车进行检查处理。

⑤值班主任。接获列车故障报告后进行记录。

(2)指示处理车门故障。

①值班主任。指示行车调度员通知值班站长安排站务人员协助故障车司机把故障车门隔离;指示行车调度员通知故障车司机在抵达终点站之后清客,退出运营并准备检修。

②行车调度员。执行值班主任指示,通知值班站长安排站务人员用钥匙转动门板外侧的隔离锁将车门隔离;通知故障列车司机站务人员将会把故障车门隔离。

③故障列车司机。在接获行车调度员的通知后,等待站务人员将故障车门隔离。

④检修人员。接到检修调度员的通知后,在指示的车站上车进行检查处理。

⑤值班站长。接到行车调度员的指示后,指示站务人员用钥匙转动门板外侧的隔离锁将故障车门隔离。

⑥站务人员。执行值班站长的指示,手动将车门关闭,用钥匙转动门板外侧的隔离锁将车门隔离;如果车门无法手动关闭、隔离锁锁舌松动断裂、隔离后车门指示灯不亮,则隔离失败,此时应打开侧罩板,关闭车门电源开关,手动关闭车门,隔离故障车门。

(3)车门隔离后的处理。

①站务人员。通知值班站长故障车门已被隔离。

②值班站长。报告行车调度员及通知故障列车司机故障车门已被隔离。

③行车调度员。收到值班站长的报告,通知故障列车司机故障车门已被隔离,指示故障列车司机确认故障车门已被隔离后,继续运营至终点站后清客,退出运营检修;记录本次故障。

④故障列车司机。收到行车调度员通知站务人员已将车门隔离的指示后,观察 DDU 显示,确认门关闭到位、指示灯不亮、故障车门被隔离后,继续运营至终点站后清客,退出运营并准备检修。

⑤值班主任。记录本次故障。

2)车门关闭后门关好指示灯不亮,列车不能正常牵引

(1)司机报告车门关闭后,门关好指示灯不亮故障。

①故障列车司机。列车停在站台上,所有车门都已关闭;司机驾驶台上门关闭到位指示灯不亮,推牵引手柄时列车不动;司机重新打开车门后再关闭车门,指示灯仍然不亮。此时,应使用车载广播系统通知乘客列车发生故障,请乘客等待几分钟;向行车调度员报告列车编号、停留位置、故障情况。

②行车调度员。接到故障车司机报告后,报告值班主任列车的编号、位置和故障状态;暂停受影响区段的列车运行。

③值班主任。接到列车故障报告后进行记录。

(2)指示处理车门故障。

①值班主任。指示行车调度员通知故障车司机进行故障处理及允许司机进行故障处理的时间;指示行车调度员通知站务中心派遣站务人员沿着站台检查

每扇车门是否锁闭到位。

②行车调度员。执行值班主任的指示,通知故障车司机进行故障排除;告知故障车司机允许进行故障处理的时间;通知故障列车司机将安排站务人员沿着站台沿途检查每扇车门是否锁闭到位;通知值班站长派遣站务人员沿着站台检查每扇车门是否锁闭到位。

③故障列车司机。检查前端逃生门的位置是否在锁闭状态。

④值班站长。在接到行车调度员的指示后,指示站务人员到站台沿着站台检查每扇车门是否锁闭到位;如有车门没有关闭到位,重新手动关闭,直到车门完全锁闭。

⑤站务人员。沿着站台检查每扇车门是否锁闭到位,若有车门没有关闭到位,则应重新手动关闭,直到车门完全锁闭。

(3)列车退出运营,准备检修。

①站务人员。报告值班站长和列车司机门已完全关闭。

②故障列车司机。当站务人员通知车门已完全关闭后,检查车门关闭指示灯,若仍然不亮,报告行车调度员故障未能解除,请示行车调度员在站台疏散列车内的乘客,列车退出运营准备检修。

③行车调度员。接到故障列车司机的报告后,将列车状态和故障处理的结果向值班主任报告,并建议值班主任允许在站台疏散列车内的乘客,列车退出运营准备检修。

④值班主任。接到行车调度员的报告后,确定故障的严重性,指示行车调度员通知故障列车司机在站台疏散列车内的乘客,列车退出运营准备检修;指示行车调度员通知车站的值班站长协助疏散故障列车内的乘客。

(4)疏散故障列车乘客。

①行车调度员。执行值班主任的指示,通知故障列车司机在站台疏散列车内的乘客,列车退出运营准备检修;通知车站的值班站长协助疏散故障列车内的乘客。

②故障列车司机。执行行车调度员的指示,通过车载广播系统通知列车乘客“此列车将停止服务,请乘客进行疏散,不要留在车上”。

③值班站长。在接到行车调度员有关疏散列车乘客的指示后,指示站务人员到站台协助疏散列车乘客;利用车站广播通知站台乘客“该列车将停止服务,请乘客不要上车”。

④站务人员。执行值班站长的指示,到站台协助疏散列车乘客。

(5)报告疏散完毕。

①站务人员。报告值班站长及司机“列车乘客已全部疏散”。

②故障列车司机。报告行车调度员列车乘客已全部疏散。

③行车调度员。报告值班主任列车乘客已全部疏散;请示值班主任将故障车退出运营准备检修。

④值班主任。接到行车调度员“列车旅客已全部疏散”的报告后,批准行车调度员的请示。

(6)列车退出运营准备检修。

①值班主任。指示行车调度员通知故障列车司机将此列车退出运营准备检修;记录事故。

②行车调度员。执行值班主任的指示,通知故障列车司机将此列车退出运营准备检修;记录事故。

③故障列车司机。把 VCBS(Vital Control By Pass,重要控制旁路开关)置于 DIR(Door Interlock Relay,门互锁继电器)位,将 MS(Mode Switch,模式选择开关)转到限速向前模式,按两下 ATC 门允许按钮,推 DCH(Drive Control Handle,司机控制手柄)牵引,使此列车退出运营并准备检修。

3)一个或几个车门状态不正常且故障车门无法隔离

(1)发现车门开关状态不正常。

①站务人员。发现有车门开、关状态不正常;通知值班站长“有车门状态不正常”;引导乘客避免从有故障的车门出入。

②值班站长。报告行车调度员及通知故障列车司机“车门开、关状态不正常”

③故障列车司机。发现 DDU 上有车门状态不正常或收到站务人员的通知“有车门状态不正常”;重新打开、关闭车门,车门状态仍然故障;向行车调度员报告列车编号、位置、故障情况;请示行车调度员安排站务人员用钥匙转动门板外侧的隔离锁将车门隔离。

④行车调度员。接到故障列车司机报告后,报告值班主任列车的编号、位置和故障状态;请示安排检修人员上车修理。

⑤值班主任。接到列车故障报告后进行记录。

(2)隔离故障车门。

①值班主任。指示行车调度员通知故障车司机进行故障处理;通知检修调度员,请安排检修人员做好准备。

②行车调度员。指示值班站长安排站务人员用钥匙转动门板外侧的隔离锁将车门隔离;通知故障列车司机站务人员将会隔离故障车门。

③故障列车司机。在接到行车调度员的通知后,等待站务人员将故障车门隔离。

④检修人员。2 名检修人员接到检修调度员的通知后,上车处理。

⑤值班站长。在接到行车调度员的指示后,指示站务人员用钥匙转动门板外侧的隔离锁将故障车门隔离。

⑥站务人员。执行值班站长的指示,手动将车门关闭,用钥匙转动门板外侧的隔离锁将车门隔离;如果车门无法手动关闭、隔离锁锁舌松动断裂、隔离后车门指示灯不亮,则隔离失败,此时应打开侧罩板,关闭车门电源开关,手动关闭车门,隔离故障车门。

(3)隔离后继续运营。

①站务人员。通知值班站长故障车门已被隔离。

②值班站长。报告行车调度员及通知故障列车司机"故障车门已被隔离"。

③行车调度员。接到值班站长的报告,通知故障列车司机并指示其确认故障车门已被隔离后,继续运营。

④故障列车司机。收到行车调度员、值班站长及站务人员"已将车门隔离"的通知后,观察 DDU 显示、门关到位指示灯情况,待确认故障车门已被隔离后,继续运营。

(4)故障排除正常运营。

①检修人员。进行处理后,确认车门故障已被排除;报告检修调度员车门故障已排除,列车可正常运营。

②故障列车司机。确认车门故障被排除,报告行车调度员"故障已排除,列车正常运营"。行车调度员同意后,驾驶列车正常运营。

③行车调度员。报告值班主任,请示列车能否投入正常运营。值班主任同意后,通知故障列车司机"车门故障已排除,列车可正常运营"。

④值班主任。接到行车调度员和检修调度员报告车门故障已排除后,指示行车调度员通知故障列车司机"车门故障已排除,列车可正常运营"。

4)乘客强行开门

(1)站台列车因前方故障等待时间过久,乘客强行开门。

①故障列车司机。发现乘客强行开门(使用手动紧急解锁强行打开车门)或有几位乘客下车,DDU 显示手动紧急解锁被启动、门关到位指示灯不亮时,报告行车调度员列车的编号、位置和故障状态,请示行车调度员安排站务人员用方孔钥匙将被启动的手动紧急解锁复位。

②行车调度员。接到故障车司机报告后,报告值班主任列车的编号、位置和故障状态。

(2)行车调度员指示站务人员手动紧急解锁复位,关闭车门。

①行车调度员。通知值班站长进行故障处理,安排站务人员用方孔钥匙将被启动的手动紧急解锁复位;通知故障列车司机,已安排站务人员进行故障处理。

②故障列车司机。用车载广播系统通知乘客列车发生故障的状况,要求乘客遵守秩序。

③值班站长。在接到行车调度员的通知后,指示站务人员使用方孔钥匙将被启动的手动紧急解锁复位。

④站务人员。执行值班站长的指示,到故障列车的车门处进行故障处理,用方孔钥匙将被启动的手动紧急解锁复位,关闭车门。

(3)紧急解锁复位,车门关闭。

①站务人员。报告值班站长被启动的手动紧急解锁已复位,车门已关闭。

②值班站长。报告行车调度员被启动的紧急解锁已复位,车门已关闭。

③行车调度员。接到值班站长的报告后,通知故障列车司机"被启动的紧急解锁已复位",指示故障列车司机确认故障车门已被复位后,继续运营。

④故障列车司机。接到行车调度员的指示后,查看 DDU 是否显示所有的车门关闭正常、门关到位指示灯亮起。

(4)故障排除,正常运营。

①故障列车司机。确认车门故障已被排除;报告行车调度员"故障已排除,列车可正常运营"。

②行车调度员。同意列车正常运营;记录事故。

## 3.2 区间乘客疏散的应急处理

地铁大部分运行区间都深埋于地下,当突发设备故障或人为因素导致列车发生脱轨、冲突、坠落、分离、设备脱落、火灾、供电中断等突发故障,以致列车无法继续安全完成任务或运营线路阻塞时,必须组织区间疏散,以缩短事件对运营服务的影响,减少事件对乘客的危害。

### 3.2.1 区间疏散的情况与分类

1)需要进行区间疏散的几种情况

(1)严重车辆事故。严重车辆事故是指因列车发生脱轨掉道或者两列车相撞等严重事故,需要协调消防破拆、大件吊运等外部力量来协助救援的事故。

(2)设备故障事故。设备故障事故是指因供电设备原因导致列车无牵引无法继续运营,且不具备救援条件的事故。

(3)火灾等衍生事故。火灾等衍生事故是指因火灾、地震等灾害影响,导致列车无法正常运营,且不具备救援条件的事故。

2)列车区间疏散的分类

(1)根据疏散的方式不同,区间疏散分为徒步疏散和列车接驳疏散(列车接驳疏散还分为本线来车、邻线列车接驳两种)。

(2)根据列车在区间停车时无法动车的原因不同,区间疏散分两种情况:一是列车自身故障或设备故障导致无法动车的乘客疏散;二是火灾、爆炸等紧急情况下的区间疏散。

### 3.2.2 列车区间疏散的条件

进行区间疏散时,要统筹各种现场情况,主要有以下几种因素:事故情况、车厢内设备情况、预计恢复时间、乘客的人身安全及其他有关的因素。发生火灾、爆炸等紧急情况时,应立即执行区间疏散。由于列车故障预计30min仍无法动车时,也应执行区间疏散。

一般情况下,列车在区间迫停,进行列车区间疏散前必须经控制中心行车调度员下令。如果没有行车调度员下令,司机严禁执行列车区间疏散。如现场发生突发火灾、爆炸等紧急情况,或通过车载台、手持台等均无法与行车调度员取得联系时,司机可根据现场情况执行区间疏散。

在车厢环境急剧恶化的紧迫情况下,疏散乘客的时机就变得尤为重要。行车调度员、司机必须以现场实际情况为依据,以确保人身安全为准绳。行车调度员需实时了解车厢环境变化情况,在车站员工抵达前视情况紧急疏散乘客。

### 3.2.3 列车区间疏散的原则

(1)列车维持进站或将故障列车救援至站台后,在车站进行乘客疏散,尽量避免在区间组织乘客疏散。

(2)疏散过程中,要做好安全防护,如扣停临线列车、进行端墙门把守等。

(3)采用列车接驳疏散时,接驳列车应在就近车站清客,车站应安排人员随车前往故障列车组织引导乘客疏散。

(4)乘客人身安全暂未受到威胁时,司机应在站务或工作人员到达后再打开车门疏散乘客。

(5)疏散时应服从就近原则,将乘客疏散至较近的站台。

(6)尽量维持邻线行车,采取单线双向运行或小交路运行等方法,最大限度维持城市轨道交通运营。

列车在区间迫停后,如果列车能够依靠自身动力维持动车,则应尽量行驶到下一个车站,利用前方车站疏散乘客。被迫需要进行区间疏散时,可以列车为防护,尽量向列车行驶方向下一个车站疏散。

## 3.2.4 列车区间疏散的方法

1)紧急疏散通道

当列车发生紧急情况在区间停车时,乘客可以通过安全疏散门或疏散平台进行有序疏散或逃生。

(1)安全疏散门。

安全疏散门设在列车车头和车尾的中央,底部铰接于车体,乘客可以通过解锁打开司机室的门进入司机室,然后根据安全疏散操作指引打开安全疏散门,通过向前倒向轨道的斜梯离开列车。

(2)疏散平台。

部分运营区间设置了安全疏散平台。疏散平台安装在隧道壁或高架线路旁,当列车发生紧急情况在区间停车时,乘客可以通过解锁紧急疏散平台侧的车门手动打开车门,通过疏散平台进行疏散。

2)疏散广播

当列车发生故障迫停在区间需紧急疏散时,司机应按规定播放广播,引导乘客疏散;当自动广播出现故障时,司机须进行人工广播。

(1)疏散广播要求。

①以安全、准确、快捷引导乘客疏散为原则。

②播放内容必须根据实际需要,在适当的时机进行。

③人工广播时,应严格按照标准体用语录播,需使用普通话,语调平稳圆润、音量适中,读音准确声音清亮;进行广播时,严禁突然中断。

(2)疏散广播用语。

不同情况下疏散广播标准用语见表3-2。

**疏散广播标准用语** 表3-2

| 信息名称 | 广播词内容 | 播放时机 | 频率 |
|---|---|---|---|
| 紧急疏散广播 | 各位乘客请注意,现发生紧急情况,请全体乘客不要惊慌,听从工作人员指引,安全有序撤离 | 接行车调度员命令后 | 每2min播放一次 |
| 列车发生险情需要从前端疏散 | 各位乘客请注意,由于发生险情,需要从列车头端疏散。请不要惊慌,从列车头端司机室离开列车,步行前往车站,请注意安全 | 接行车调度员命令后 | 每2min播放一次 |
| 列车发生险情需要从后端疏散 | 各位乘客请注意,由于发生险情,需要从列车后端疏散。请不要惊慌,按后端司机室门操作指引打开司机室门;进入后,按操作指引打开疏散门离开列车,步行前往车站,请注意安全 | 接行车调度员命令后 | 每2min播放一次 |
| 列车发生险情需要从两端疏散 | 各位乘客请注意,由于发生险情,需要从列车两端紧急疏散。请不要惊慌,依照指示进入司机室并打开疏散门,听从工作人员的指引,步行前往车站,请注意安全 | 接行车调度员命令后 | 每2min播放一次 |

## 3.2.5 乘客区间疏散的具体组织

列车在区间迫停需要进行紧急疏散时,需通过列车两端司机室前方的应急疏散门进行疏散。司机报告后,立即执行区间紧急疏散。两端车站立即安排人员携带防护灭火器具赶赴现场,引导乘客疏散和灭火。

列车故障情况下的一般列车区间疏散,须待工作人员到达现场后再组织;在紧急突发等特殊情况下,乘客生命安全无法保障时,须立即执行区间疏散。为了防止疏散过程中发生踩踏等次生事故,车站员工务必携带手提灯、探照灯等照明工具引导乘客,并驻守在端墙门、联络通道口等区域。

1)乘客徒步疏散

(1)司机。

列车停车后,应立即播放广播安抚乘客,提醒乘客保持镇定,切勿打开车门跳下轨道。将列车位置(区间、百米标、上下行正线)及现场情况向控制中心行车调度员报告,或利用对讲、手持台等设法联系就近车站。接到行车调度员通知疏散及疏散方向,待车站工作人员到达后,打开司机室应急疏散门,组织乘客下车疏散到就近车站。通过广播引导乘客疏散,并协助车站工作人员维持疏散秩序。

(2)控制中心。

控制中心行车调度员接司机报告,确认要进行区间疏散后,按就近原则组织区间疏散。通知就近车站安排人员担任现场负责人,进入区间组织乘客疏散。扣停邻线列车,如区间已有列车运行,立即限速鸣笛。环控调度员按规定开启隧道照明和通风。

(3)车站。

车站接到行车调度员区间疏散和疏散方向的命令后,按规定穿戴好防护用品,由值班站长带领人员进入区间。车站工作人员到达现场后,安排人员在列车头部及尾部引导,在正线与入段线连接处、联络通道断开处等关键地点安排人员引导乘客。通知司机打开疏散门,待乘客下车后,引导乘客疏散至车站。

2)本线列车接驳疏散

(1)区间列车司机。

停车后,做好人工广播安抚乘客,提醒乘客保持镇定,切勿打开车门跳下轨道。将列车位置(区间、上下行、具体公里标)及现场情况向控制中心行车调度员报告。司机接行车调度员命令区间疏散方式及疏散方向后,做好相关防护。待接驳列车到达停稳且车站工作人员均已到达现场后,接驳列车司机打开司机室应急疏散门,故障列车司机打开司机室前侧应急疏散门,车站工作人员及接驳列车司机引导乘客进入接驳列车。

(2)接驳列车司机。

接到行车调度员的疏散命令后,立即在站台组织清客。清客完毕后,按规定速度运行至故障列车前一定距离后一度停车,直至与故障列车距离1m处停车,打开司机室应急疏散门。与故障列车司机取得联系后,做好疏散接应。待所有乘客上车,线路出清,具备动车条件后,按现场负责人及行车调度员通知,疏运乘客至站台。

(3)控制中心。

控制中心接报信息,确认需进行乘客疏散后,组织后续列车在后方站清客。

车站工作人员上车，前往区间进行接驳疏散。环控调度员开启隧道照明和通风。调整其他区段的行车。

(4)车站。

按照行车调度员命令，安排后方列车在本站运行秩序；搭乘接驳列车进行区间疏散。

3)邻线列车接驳疏散

(1)故障列车司机。

停车后，应立即播放广播安抚乘客，提醒乘客保持镇定，切勿打开车门跳下轨道。将列车位置(区间、百米标、上下行正线)及现场情况向控制中心行车调度员报告。司机接行车调度员命令区间疏散方式及疏散方向后，做好相关防护。待接驳列车到达停稳且车站工作人员均已到达现场后，接驳列车司机打开司机室应急疏散门，故障车司机打开司机室前侧应急疏散门，车站工作人员及接驳列车司机引导乘客进入接驳列车。

(2)接驳列车司机。

接到行车调度员的疏散命令后，立即组织在站清客，清客完毕后按规定速度运行至故障列车就近联络通道处，打开通道门附近的司机室疏散门。通过广播引导乘客疏散至接驳列车上，并协助车站工作人员维持疏散秩序。确认全部乘客已上车，线路出清，具备动车条件后，按现场负责人及行车调度员通知疏运乘客到车站。

(3)控制中心。

控制中心接报信息，确认需进行乘客疏散及疏散方向后，组织邻线的列车在站台清客后担任接驳疏运列车。行车调度员通知车站，值班站长为现场负责人，上接驳列车至现场负责疏散乘客。环控调度员按规定开启隧道照明和通风。调整其他区段的行车。

(4)车站。

接到行车调度员区间疏散的命令后，配合接驳列车清客，并安排人员上接驳列车。车站工作人员到达现场后，现场负责人指派工作人员在联络通道处、列车两端等关键地点引导疏散乘客。组织乘客通过联络通道疏散至邻线接驳列车上。确认全部乘客已上车、线路出清后，通知接驳列车将乘客运送到车站。

临界距离是故障列车与就近车站的距离，当故障列车与就近车站的距离等于这个数值时，采取乘客徒步疏散和来车疏散的时间刚好相等。临界距离为设备故障情况下是否采取列车接驳提供了参考依据。乘客区间疏散方案对比见表3-3。

**乘客区间疏散方案对比**　　表3-3

| 项目 | | 对比方案 | | |
|---|---|---|---|---|
| | | 乘客徒步疏散 | 本线列车接驳疏散 | 邻线列车接驳疏散 |
| 疏散时间 | 临界距离以内 | 短 | 长 | 长 |
| | 临界距离以上 | 长 | 短 | 短 |
| 乘客徒步距离 | | 长 | 最短 | 短 |
| 对其他区段运营的影响 | | 无 | 增加了一列清客 | 增加了一列清客，影响邻线的运营 |
| 对工作人员的要求 | | 站务人员对线路要熟悉，在疏散路径上的道岔区、联络通道处安排人员引导乘客 | 接驳列车司机驾驶列车接近故障列车时须控制好速度和距离 | 工作人员，特别是接驳列车司机要熟悉线路和联络通道的位置，掌握好停车位置，缩短乘客徒步距离 |
| 适用条件 | | 任何情况均可 | 本线路具备行车条件 | 邻线具备行车条件 |

4）乘客区间疏散方案选择

进行区间疏散方案选择时，整体遵循优先乘客徒步、本线列车接驳疏运的原则。但根据不同客观条件，要选择相应合理的方案。

当区间上下行双向均已不具备行车条件，或当列车停车点与站台距离小区临界距离时，选择徒步疏散；当本线具备行车条件且列车停车点与站台距离大于临界距离时，应选择本线列车接驳疏散；当仅有邻线具备行车条件且列车停车点与站台距离大于临界距离时，应选择邻线列车接驳疏散。

在实际运营中，如无其他故障或因素影响，进行区间疏散时可参考上述原则。

**知识链接**

**某城市地铁区间疏散时的应急处置方案**

1）乘客疏散时的应急处理

（1）职责分工。

司机：担任前期现场处置负责人，负责安抚列车上乘客，做好信息上报，协助值班站长进行现场处置。

值班站长：担任现场处置负责人，负责现场处置的指挥协调组织人员疏导工作。

行车值班员：负责做好信息的收集、传达、上报工作。

客运值班员、站务员：听从值班站长安排，做好人员疏导工作。

(2)信息汇报。

①汇报内容。

a. 车次车号、地点(车站)、时间。

b. 现场情况、设备损坏情况、人员伤亡情况等。

②汇报流程。

当发生列车故障、火灾等意外情况需要疏散乘客时，司机应及时将信息报告给行车调度员；行车调度员通知相关车站启动疏散应急预案，并上报运营企业应急处置领导小组、主管运营的公司领导和地铁公安分局，必要时须通知“120”和“119”；做好乘客疏散工作，确保乘客安全。信息汇报流程如图3-1所示。

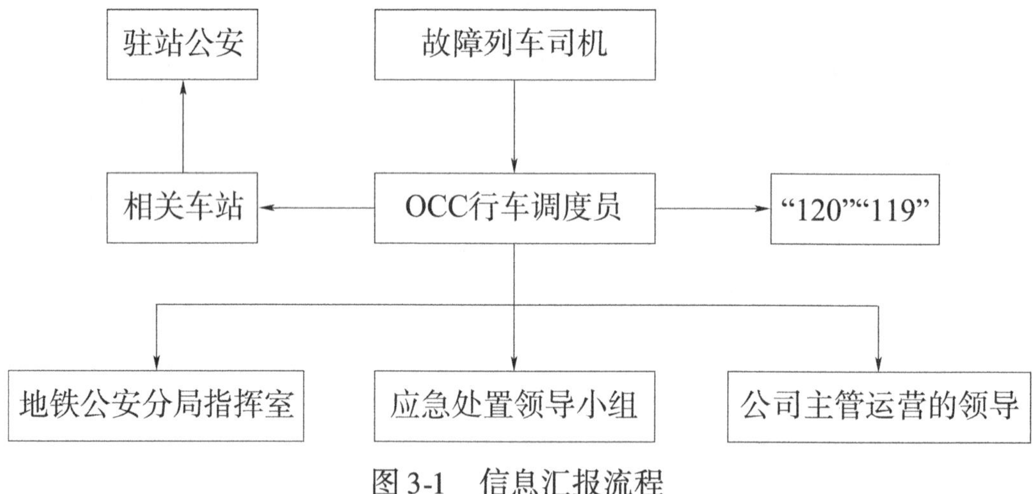


图3-1　信息汇报流程

2)应急处置方案

因意外情况需要在区间疏散乘客时，如果是非紧急情况，如列车本身的故障或线路故障停在区间，司机须做好乘客的安抚工作，待车站人员到达现场后再打开车门疏散乘客。如果发生火灾等紧急情况列车无法继续运行至车站，司机应在列车停稳后立即播放清客广播，打开疏散平台侧门疏散乘客。上述两种情况下的区间疏散现场处置方案分别如图3-2、图3-3所示。

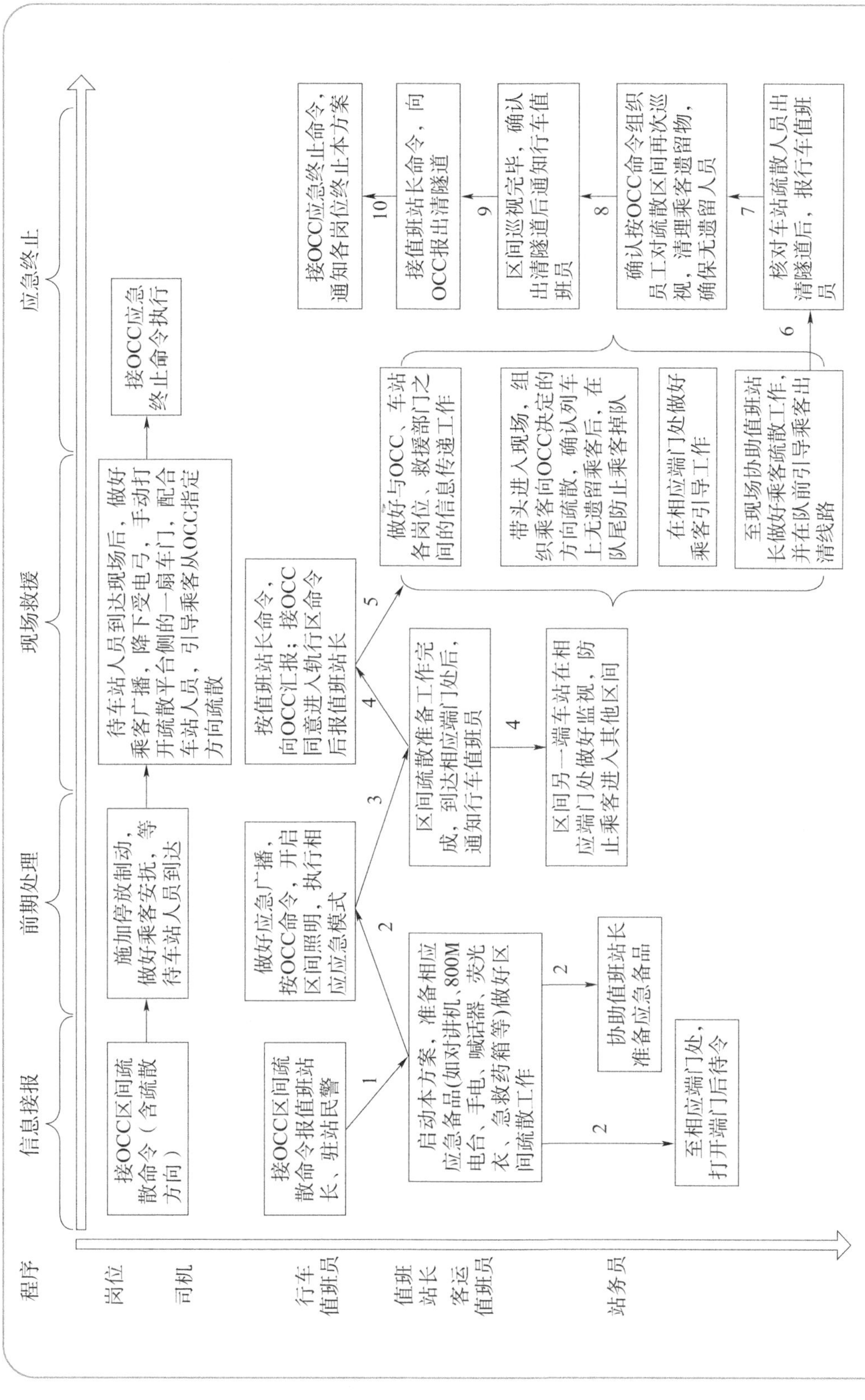

程序：信息接报 → 前期处理 → 现场救援 → 应急终止

岗位

司机

接OCC区间疏散命令（含疏散方向）

施加停放制动，做好乘客安抚，等待车站人员到达

待车站人员到达现场后，做好乘客广播，降下受电弓，手动打开疏散平台侧的一扇车门，配合车站人员，引导乘客从OCC指定方向疏散

接OCC应急终止命令执行

行车值班员

接OCC区间疏散命令报值班站长、驻站民警

1

做好应急广播，按OCC命令，开启区间照明，执行相应应急模式

2

按值班站长命令，向OCC汇报；接OCC同意进入轨行区命令后报值班站长

3

4

5

值班站长

客运值班员

启动本方案，准备相应应急备品(如对讲机、800M电台、手电、喊话器、荧光衣、急救药箱等)做好区间疏散工作

区间疏散准备工作完成，到达相应端门处后，通知行车值班员

做好与OCC、车站各岗位、救援部门之间的信息传递工作

带头进入现场，组织乘客向OCC决定的方向疏散，确认列车上无遗留乘客后，在队尾防止乘客掉队

在相应端门处做好乘客引导工作

至现场协助值班站长做好乘客疏散工作，并在队前引导乘客出清线路

6

核对车站疏散人员出清隧道后，报行车值班员

7

确认按OCC命令组织员工对疏散区间再次巡视，清理乘客遗留物，确保无遗留人员

8

区间巡视完毕，确认出清隧道后通知行车值班员

9

接值班站长命令，向OCC报出清隧道

10

接OCC应急终止命令，通知各岗位终止本方案

站务员

2

至相应端门处，打开端门后待令

2

协助值班站长准备应急备品

4

区间另一端车站在相应端门处做好监视，防止乘客进入其他区间

图3-2　非紧急情况下的区间疏散现场应急处置方案

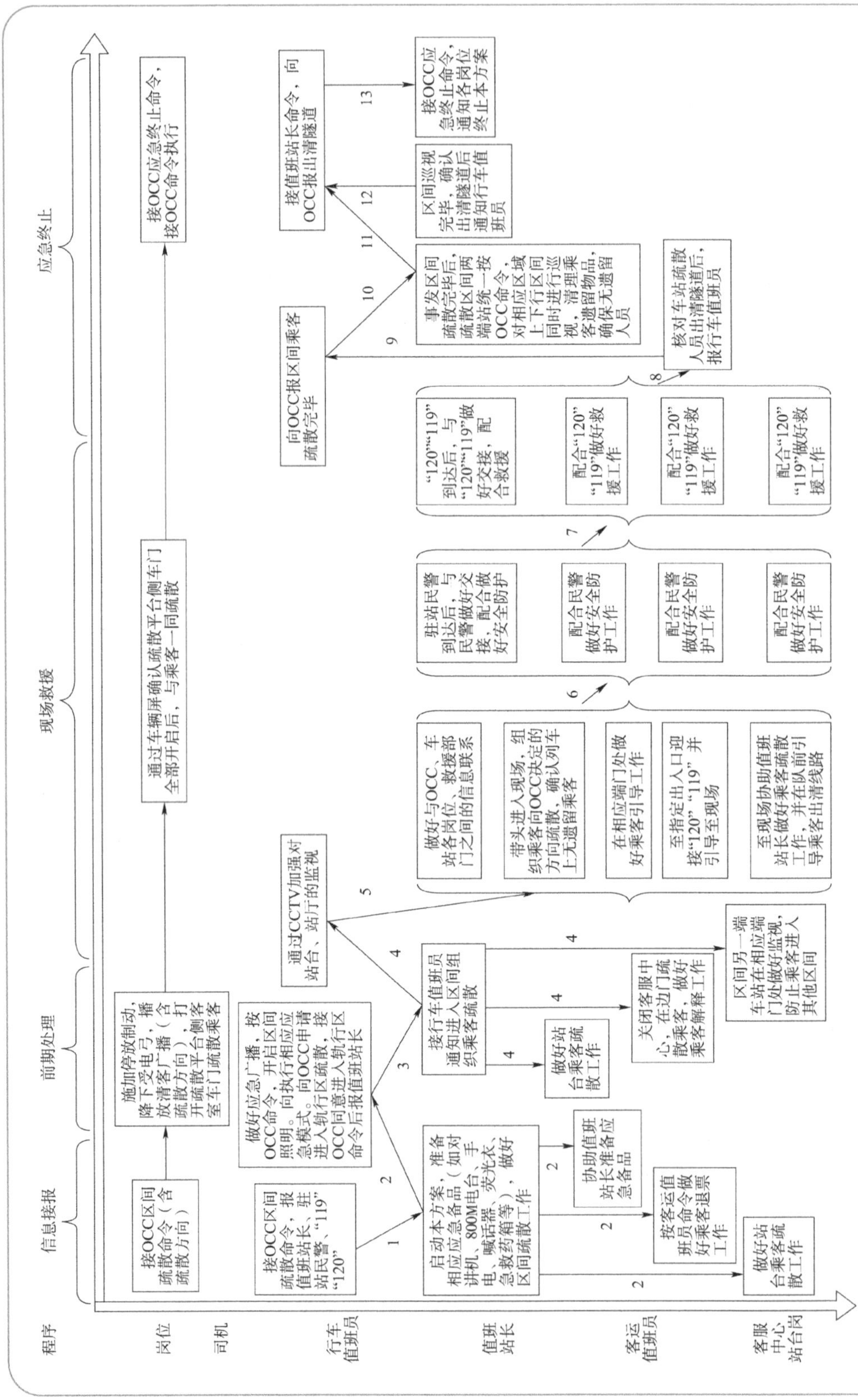

程序：信息接报 → 前期处理 → 现场救援 → 应急终止

岗位

司机：
接OCC区间疏散命令（含疏散方向）
施加停放制动，降下受电弓，播放清客广播（含疏散方向），打开疏散平台侧客室车门疏散乘客
通过车辆屏确认疏散平台侧车门全部开启后，与乘客一同疏散
接OCC应急终止命令，接OCC命令执行

行车值班员：
接OCC区间疏散命令，报值班站长、驻站民警、“119”“120”
做好应急广播，按OCC命令，开启区间照明。向执行相应应急模式。向OCC申请进入轨行区疏散，接OCC同意进入轨行区命令后报值班站长
通过CCTV加强对站台、站厅的监视
向OCC报区间乘客疏散完毕
接值班站长命令，向OCC报出清隧道

值班站长：
启动本方案，准备相应应急备品（如对讲机、800M电台、手电、喊话器、荧光衣、急救药箱等），做好区间疏散工作
接行车值班员通知进入区间组织乘客疏散
做好与OCC、车站各岗位、救援部门之间的信息联系
带头进入现场，组织乘客向OCC决定的方向疏散，确认列车上无遗留乘客
驻站民警到达后，与民警做好交接，配合做好安全防护
“120”“119”到达后，与“120”“119”做好交接，配合救援
事发区间疏散完毕后，疏散区间两端站统一按OCC命令，对相应区域上下行区间同时进行巡视，清理乘客遗留物品，确保无遗留人员
区间巡视完毕，确认出清隧道后通知行车值班员
接OCC应急终止命令，通知各岗位终止本方案

客运值班员：
协助值班站长准备应急备品
按客运值班员命令做好乘客退票工作
做好站台乘客疏散工作
关闭客服中心，在边门疏散乘客，做好乘客解释工作
在相应端门处做好乘客引导工作
配合民警做好安全防护工作
配合“120”“119”做好救援工作
核对车站疏散人员出清隧道后，报行车值班员

客服中心站台岗：
做好站台乘客疏散工作
区间另一端车站在相应端门处做好监视，防止乘客进入其他区间
至指定出入口迎接“120”“119”并引导至现场
至现场协助值班站长做好乘客疏散工作，并在队前引导乘客出清线路
配合民警做好安全防护工作
配合“120”“119”做好救援工作

图3-3　紧急情况下的区间疏散现场应急处置方案

# 3.3 列车挤岔的应急处理

案例导入

## 基地内列车挤岔脱轨事故

(1)事故经过。

2006年6月6日5时54分,0910车0501次完成车库准备作业后,信号楼要求在A端待命,司机臆测行车,挤上47号道岔,之后司机未向信号楼汇报便擅自违反行车规定退行,造成列车脱轨。6时27分,检修调度打电话给工程车班,要求准备好工程车;6时38分,0910车准备进行复轨救援;7时05分,当日13列车全部出库上线;7时23分,车辆复轨救援开始实施,信号专业开始抢修,对47号道岔和47DG轨道电路受伤部件进行更换;9时35分,列车复位装置安装完毕,列车开始复位;10时52分,列车复位成功。

(2)事故损失。

此次事故造成1组轨道岔尖损坏;1台DZ6电动转辙机、1根尖端杆、1根密贴调整杆、1根外表示杆、2根$95mm^2 \times 1.5m$钢轨连接线不同程度受损;0910车A车一位端转向架部件多处损坏。

(3)事故原因分析。

本次事故的原因是司机违反作业规定,未按信号要求行车,造成挤岔。挤岔后司机又擅自向后倒车,造成掉道。《行车组织规则》中"列车运行条件"项要求,列车占用前方进路的许可是信号机显示的开放信号;《车辆基地运作规则》中"客车出入车辆基地"项规定,调车司机应根据调车员的信号,准确、平稳地操纵机车,时刻注意确认信号,不间断进行瞭望,正确、及时地执行信号要求,负责调车作业安全。

(4)防范措施。

加强员工管理,完善相关规定。加强演练培训,配齐作业设备。健全规章制度,加强设备管理。加强业务培训,制订学习计划。

城市轨道交通列车在正线运行或在车辆基地进行调车作业时,由于司机或者车站工作人员的工作失误,有可能造成道岔被挤,挤岔后相关人员如果不能正确进行处理,还有可能造成列车脱轨。

### 3.3.1 挤岔时的处理

1)工作原则

(1)牢固树立“安全第一”的思想,贯彻"高度集中、统一指挥、逐级负责”的原则,保证抢险救援工作安全有序、减少事故影响、尽快恢复运营生产。

(2)各级员工应迅速准确地报告事故情况,确保信息渠道畅通,尽快恢复正常运营。积极合理地调动人力、物力投入抢险,采取有效措施控制事态、减少损失、防止次生灾害的发生。

(3)车辆部部长为列车挤岔现场的总指挥,在现场总指挥未到达前,车站由值班站长、车辆段由车辆段调度员、区间由司机担任。抢险指挥小组成员赶到后,现场抢险总指挥向车辆抢险指挥小组成员报告现场情况,并将指挥权移交。

(4)维修调度员在接到突发事件信息时,应立即派出人员赶赴现场;车辆抢险队员接到DCC(Depot Control Center,车辆基地控制中心)检修调度命令后须在10min内出发,前往事故现场。

2)事故报告与人员响应

(1)报告原则。

①迅速、准确、客观、逐级报告。

②现场情况一时无法判明时,应先报告所了解的情况,待详细了解后再续报。

③故意隐瞒、谎报、延误报告应急信息的,将按相关规定进行处理。

(2)报告流程。

故障发现人第一时间报控制中心,由控制中心根据情况调整运营组织,并向分公司相关领导进行报告;如果控制中心需要经过道岔行车,则由工务中心人工扳道岔,站务中心加锁并由双方共同确认。挤岔信息的汇报流程如图3-4所示。

(3)人员响应。

控制中心的维修调度员应立即通知工务和信号维修部门,工务和信号维修部门接到指令后立刻成立抢险小组,并安排部分维修人员先期赶赴现场进行前期勘查,同时与抢修小组保持联系,以便准备工具和材料,待后继人员赶到后,共同对损坏设备进行修复。

### 3.3.2 正线挤岔故障的应急处理

(1)现场负责人根据挤岔地点故障情况,向维修调度员申请处理挤岔的作业指令。

(2)维修调度员向行车调度员申请要点封锁区间进行处理。

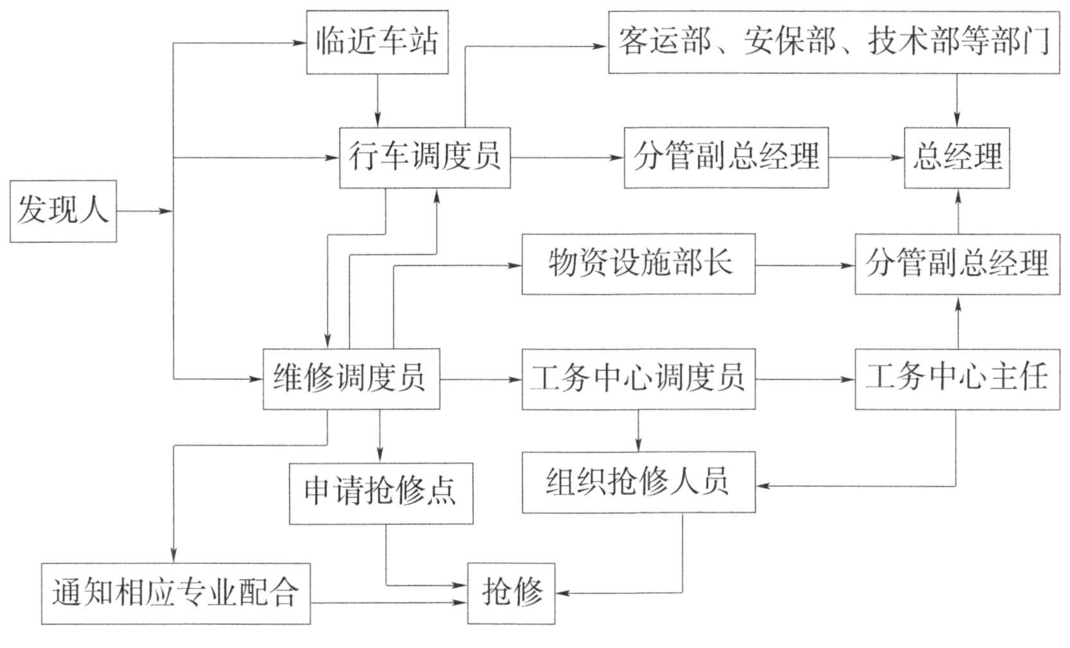


图3-4　挤岔信息的汇报流程

(3)行车调度员下达作业指令,同时做好行车应急安排。

(4)工务接到抢修指令后立即封锁线路,并在挤岔处前后各100m外设红闪灯(或停车信号牌)进行防护,对人员进行分工。

(5)工务抢修小组作业程序。

①运尖轨:安排4~6人操作2架吊轨小车,其中4人各带一根撬棍,2人前后防护,前往车尖轨堆放处运回尖轨。

②现场准备:将所用工(器)具、配件、材料运至故障点,做好更换前准备;人员、工(器)具、材料、配件等均到位后开始更换尖轨。

③抢险人员及工(器)具、尖轨到位后,工(器)具摆放整齐,按事先分工进行,做到忙而不乱、井然有序。

④2人用450mm活动扳手卸开接头螺栓,螺栓长度不一,依次排好。1人松开扣件、鱼尾板(若紧,用大锤取出);2人负责卸除第二、第三连接杆(第一连接杆由通号负责拆除),同时把连接杆移开,以免换尖轨时压伤。

⑤4人用撬棍迅速将尖轨拨离,动作一致,将备用尖轨拨入。

⑥尖轨拨入后对接头螺栓依次上紧,打上道钉。

⑦配合信号人员调整第一连接杆,使尖轨与基本轨密贴。

⑧根据具体情况,适当起道、捣固、消除吊板、检查轨距。

(6)信号抢修小组更换转辙机,做好尖轨安装完毕后的信号调试工作。

### 3.3.3 车辆段挤岔应急处置方案

1)信号楼值班员的应急处置

(1)微机联锁设备有“挤岔报警”时,信号楼值班员须立即确认报警信息和机车车辆动态。确认为挤岔时,信号楼值班员立即用手持台呼叫“车场内所有司机紧急停车”;同时向车场调度员报告,报告内容包括挤岔号码、发生挤岔的机车车辆号码等。

(2)发生挤岔后,信号楼值班员根据车场调度员的要求设置封锁防护,同时通知封锁范围以外的车辆可继续按照信号显示运行。

(3)信号楼值班员密切与事故处理负责人联系,积极配合,正确、及时按抢修需要准备进路,开放信号。

(4)当机车车辆移出事故地点,被挤坏的道岔已修复,经试验良好后,信号楼值班员、通号值班员及工务人员共同确认并办理交付使用手续。

2)工程车司机或电客车司机的应急处置

(1)工程车司机或电客车司机在车辆运行过程中发现走行部有异响或信号楼值班员呼叫“紧急停车”时,应立即紧急制动停车,经车场调度员批准后下车确认道岔情况。

(2)确认已挤岔后立即报告车场调度员,并按车场调度员指令执行,严禁擅自动车;事故处理中,工程车司机或电客车司机须积极配合事故抢修工作,严格按照现场指挥的指示的运行方向、规定速度和运行距离动车,并密切监视机车车辆动态,发现异常情况及时采取措施。

(3)属于严重挤岔,造成电客车脱轨时,按照相关预案执行。

(4)当机车车辆移出事故地点,机车车辆具备运行条件时,按照车场调度员指令将机车车辆开到指定地点停车。

3)车场调度员的应急处置

(1)接到工程车司机或乘务员、信号楼值班员或其他人员挤岔报告后,首先了解具体地点、挤岔号码、发生挤岔的机车车辆等情况,立即把情况报告给行车调度员和轮流值班人员,并及时通知派班员。

(2)向当事人了解有关情况,并令派班员配合按《应急信息报告规定》报告相关人员。

(3)如果抢修需要接触网停电,车场调度员须与电力调度员联系落实停电事宜。

(4)需要动车前,须经现场指挥确认车辆状态、线路、道岔状况达到运行条件并同意动车后,车场调度员方可按要求指挥工程车司机或乘务员动车。

(5)当机车车辆移出事故地点后,封锁事故现场进行抢修,被挤坏的道岔修复,经试验良好后,抢修负责人到车场调度员处补办登记手续和办理支付使用手续。

4)派班员的应急处置

(1)派班员接到挤岔报告后,配合车场调度员按《应急信息报告规定》报相关人员。

(2)向出勤工程车司机或乘务员传达相关信息和安全注意事项。

## 3.4 列车脱轨的应急处理

脱轨是指车轮落下轨面(包括脱轨后又自行复轨)或车轮轮缘顶部高于轨面(因作业需要的除外)。每辆只要脱轨1轮,即按1辆计算。

确认列车脱轨后,应立即启动相应的疏散程序,组织相关车站现场疏导。在疏散中需要确认人员伤亡情况,并通报相关政府部门,请求相关部门支援。列车脱轨后,一般都会造成线路中断30min以上,需要采用公交接驳、小交路、单线双向等方式维持有限度的运营服务。

### 3.4.1 职责分工

(1)脱轨发生在正线时,司机在值班站长到现场前担任前期现场处置负责人,安抚车上乘客,做好信息汇报工作;值班站长到场后,担任前期现场处置负责人,负责现场处置的指挥协调,组织人员疏导和伤员救助;司机协助值班站长进行现场处置,配合救援部门做好救援工作。

(2)脱轨发生在车场时,司机须做好信息汇报和配合救援工作。

(3)行车值班员负责车站信息的收集、传达与汇报。

(4)客运值班员与站务员根据值班站长安排,做好人员疏导和伤员救助工作。

### 3.4.2 信息汇报

1)行车值班员汇报内容

(1)呈报车站、事件性质、人员伤亡情况、现场情况。

(2)现场先期处置情况。

2)电客车司机汇报内容

(1)列车状态、发生脱轨事故的地点(车站、上下行线、里程标等)、车次、是否影响临线。

(2)车辆损坏情况,人员伤亡情况。

(3)现场先期处置情况。

### 3.4.3 车辆段脱轨时的应急处理程序

1)工程车司机或电客车司机的处理

(1)发生脱轨时,工程车司机或电客车司机应立即施加紧急制动,严禁擅自动车并报告车场调度员。

(2)做好事故现场的防护工作,收集现场情况,等到现场处置机构临时指挥负责人赶到现场时做好交接工作。

2)车场调度员的处理

(1)车场调度员接到报告后立即报告行车调度员和轮流值班人员,根据车辆脱轨发生的地点判断是否影响正线运营,并向行车调度员报告现场情况。

(2)如果事故地点不影响正线运营,则组织现场人员对脱轨电客车和所在线路进行抢修;如果事故地点影响正线电客车正常运营,则应立即将现场情况报告给行车调度员,本着“先通后复”的原则,按照《列车事故救援应急预案》的规定处理,首先保证正常接发电客车,其次对脱轨电客车进行修复。

(3)通知信号楼值班员及时变更接发电客车线路。

(4)通知派班员和轮流值班的工程师(维修调度员)及时安排替班工程车司机或乘务员,并替换车辆。

(5)确定有无人员伤亡,视现场伤亡情况拨打“120”。

(6)车场调度员按《应急信息报告规定》进行通报。

(7)做好车场广播和安全防护工作。

3)信号楼值班员的处理

(1)信号楼值班员接到车场调度员的通知后,立即根据现场情况做好电客车出入库线路的安排,并做好安全防护工作。

(2)如果影响正常接发车作业,则应及时与始发站车站控制室联系,听从行车调度员的统一安排。

4)派班员的处理

派班员接到车场调度员的通知后,根据要求,立即安排备用工程车司机或乘务员上线运营,保证正线正常运营。

### 3.4.4 正线运营电客车脱轨时的应急处理程序

正线运营电客车脱轨时,电客车司机应紧急制动并报告行车调度员,通过广

播安抚乘客,确认有无人员伤亡;经行车调度员允许后降下受电弓,做好线路及电客车的防护工作,确认事故现场是否影响其他线路,如在岔区经行车调度员允许后下车检查是否损伤道岔,并及时将现场情况报告给行车调度员;得到行车调度员清客命令时,电客车司机按照《区间乘客疏散应急预案》的有关规定组织清客,保护现场,坚守岗位,严禁擅自动车,等现场指挥到达事故现场后将指挥权移交现场指挥人员,并将现场情况报告现场指挥。全线各站严格按照OCC命令,做好行车组织和客运组织工作,对于昏迷或伤势较重乘客,做好现场急救工作,立即报“120”,并安排专人至指定出入口迎接行车值班员应根据现场情况做好信息的续报工作,值班站长负责现场的前期处置,待抢险负责人到场后,移交现场处置权并报OCC。应急处理终止后,车站加强巡视,发现异常情况应立即汇报。列车在车辆段和正线运营发生脱轨时的应急处理程序见表3-4。

**知识链接**

### 脱轨起复工具

1)人字形复轨器

(1)人字形复轨器分为左右两侧两个形状,从正面看,它的引导楞外股长、内股短,形成“左人右入”形状。使用时将长引导楞安放在钢轨外侧,短引导楞安放在钢轨内侧。人字形复轨器如图3-5所示。

图3-5 人字形复轨器

(2)使用时,人字形复轨器必须安装在拉车的前进方向,左右分开摆齐(要躲开鱼尾板),有轨撑的要拆除,将安放复轨器尾部的石渣挖出,装好串销拧紧顶丝固定好,复轨器下部的空白处用石渣、铁板等垫硬;复轨器前端与钢轨面接触处,可垫少量棉纱、沙粒、木片等物,以防使用时滑行。

(3)使用时要注意,脱轨车轮距基本轨不得超过240mm;如超过,须用

“拉”和“逼”的方法使车轮靠近基本轨,然后进行起复。

(4)由脱轨车轮至复轨器间用石渣、铁板等物垫好,以减小起复时的阻力和损坏枕木。

2)海参形复轨器

和人字形复轨器不同,海参形复轨器是靠滑动来进行复位的。使用时外侧高、内侧低、外侧靠、内侧离。当脱线车轮上到复轨器上端时,利用复轨器顶部斜面,使车轮下滑,从而达到起复的目的。海参形复轨器的有效复轨距离为150mm,拉复时一定要慢,因为它的滑动距离很短,拉得快了很容易越过去,如超出了这个范围,同样要添加逼轨器。海参形复轨器最适宜起复机车,这是由于海参形复轨器的钩螺栓在侧面与钢轨底部固定,能避开机车排障器却不影响正常行车,且机车较重脱轨后一般不会距离基本轨太远。海参形复轨器如图3-6所示。

图3-6　海参形复轨器

海参形复轨器的安装方法如下:

(1)在事故机车、车辆起复方向,脱轨车轮前方依据脱轨距离、倾斜方向,选择适当位置安装复轨器。

(2)内、外侧复轨器要对称安装。

(3)脱线在线路外侧的车轮前方,安装外侧复轨器和钢轨密贴;脱线在线路内侧的车轮前方,安装内侧复轨器与钢轨间留轮缘槽。

(4)分别用两条钩螺栓由钢轨底部穿过,一端钩在钢轨轨底上,另一端从复轨器体上的孔内穿出,用螺母紧固。

(5)在脱轨车轮和复轨器间的车轮经路上铺垫石渣,以减小运行阻力和防止车轮改变方向。

(6)牵引起复前,在复轨器顶部的滑动面上涂上润滑油。

**列车在车辆段和正线运营发生脱轨时的应急处理程序** 表3-4

| 程序 | 电客车司机（发生在车场） | 电客车司机（发生在正线） | 行车值班员 | 值班站长 | 客运值班员 | 站务员 | |
|---|---|---|---|---|---|---|---|
| | | | | | | 客服中心岗 | 站台岗 |
| 信息接报 | （1）发生脱轨，立即报行车调度员 | （1）发生脱轨，立即报OCC | （1）接OCC启动的专项应急预案命令，报值班站长 | | | | |
| 前期处置 | （2）立即停车，降弓待令，保护现场，做好信息续报；派班室安排备用司机替换当事司机 | （2）做好乘客安抚，信息续报，保护现场，等待救援人员到达 | （3）做好引导广播，根据值班站长安排拨打120 | （2）启动本方案，做好乘客疏导，伤员救助准备 | （3）准备相应的应急备品（如急救药箱等），通知客服中心岗做好退票准备工作 | （3）做好退票准备 | （3）做好人员疏导准备工作 |
| 现场布置 | （3）等待救援人员到达 | （3）配合站务做好乘客疏散 | （5）做好与OCC车站各岗位的信息传递 | （4）若发生在车站，立即组织人员至现场，安抚乘客，救助伤员 | （5）协助值班站长安抚乘客，救助伤员 | | |

续上表

| 程序 | 电客车司机（发生在车场） | 电客车司机（发生在正线） | 行车值班员 | 值班站长 | 客运值班员 | 站务员 | |
|---|---|---|---|---|---|---|---|
| | | | | | | 客服中心岗 | 站台岗 |
| 现场布置 | （4）配合做好现场救援准备 | （4）按OCC或现场总指挥降弓，配合做好现场救援 | （7）将清客结果报OCC | （6）根据OCC命令组织清客 | （7）做好站内客运组织 | （7）做好退票及乘客疏导工作 | （7）协助值站清客 |
| | （5）如由工程车救援，司机配合做好车辆连挂 | （5）如由工程车救援，司机配合做好车辆连挂 | （9）执行《区间乘客紧急疏散现场处置方案》 | （8）如接到OCC区间疏散命令，启动《区间乘客紧急疏散现场方案》，做好区间疏散工作 | （9）执行《区间乘客紧急疏散现场处置方案》 | | |
| 应急中止 | （5）接行车调度员应急中止命令，恢复正常运行 | （6）接OCC应急中止命令，恢复正常运行 | | （10）接到OCC应急命令后，终止本方案 | | | |

# 3.5　列车火灾的应急处理

列车发生火灾往往由乘客首先发现，然后再通知司机和控制中心。因此，当列车发生火灾时，首先应确认火灾的严重程度，决定列车是否继续运行到下一车站或应在区间紧急停车疏散乘客。当列车还可以继续运行到下一车站时，火灾的处理方法按车站发生火灾处理，如图3-7所示。

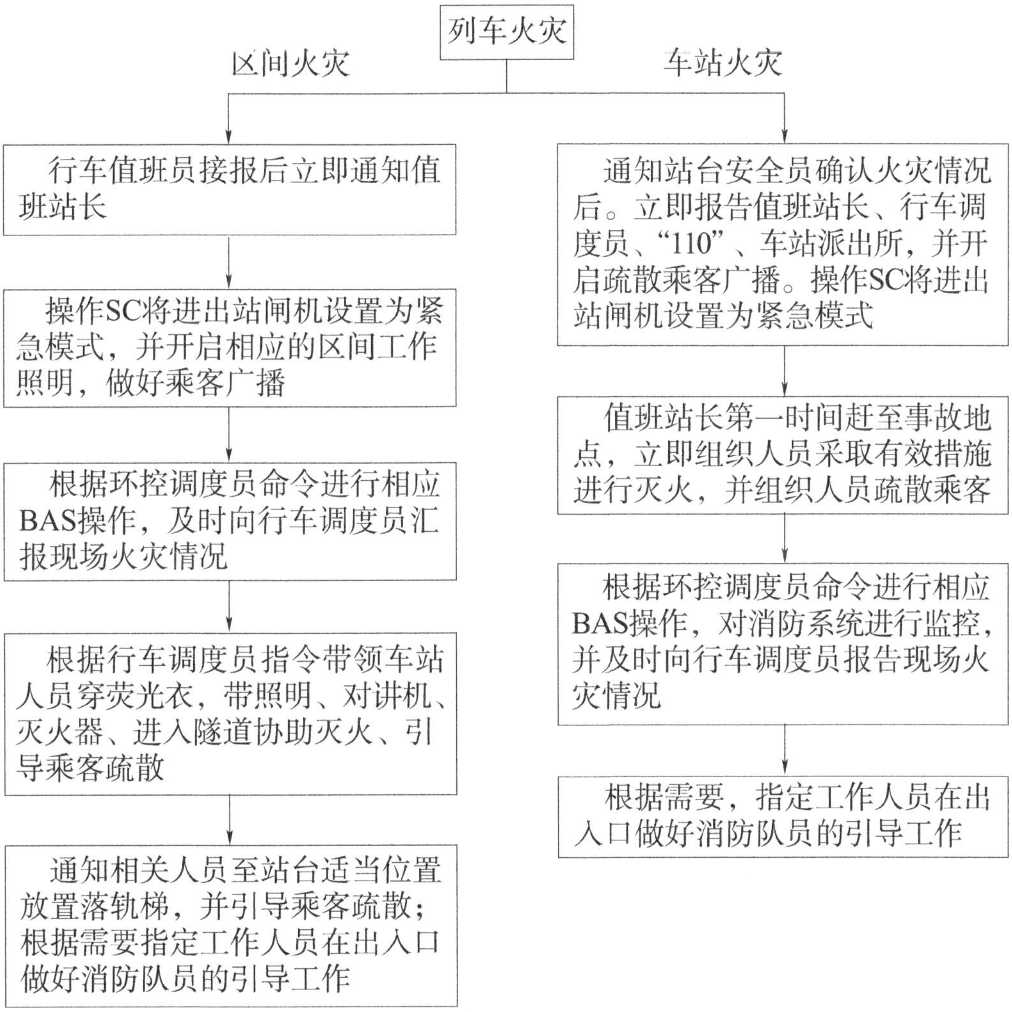

列车火灾

区间火灾：

1. 行车值班员接报后立即通知值班站长
2. 操作SC将进出站闸机设置为紧急模式，并开启相应的区间工作照明，做好乘客广播
3. 根据环控调度员命令进行相应BAS操作，及时向行车调度员汇报现场火灾情况
4. 根据行车调度员指令带领车站人员穿荧光衣，带照明、对讲机、灭火器、进入隧道协助灭火、引导乘客疏散
5. 通知相关人员至站台适当位置放置落轨梯，并引导乘客疏散；根据需要指定工作人员在出入口做好消防队员的引导工作

车站火灾：

1. 通知站台安全员确认火灾情况后。立即报告值班站长、行车调度员、“110”、车站派出所，并开启疏散乘客广播。操作SC将进出站闸机设置为紧急模式
2. 值班站长第一时间赶至事故地点，立即组织人员采取有效措施进行灭火，并组织人员疏散乘客
3. 根据环控调度员命令进行相应BAS操作，对消防系统进行监控，并及时向行车调度员报告现场火灾情况
4. 根据需要，指定工作人员在出入口做好消防队员的引导工作

图3-7　列车火灾应急处理

## 3.5.1　站内列车火灾的应急处理

列车在车站发生火灾时，司机应迅速打开站台侧所有车门，使用车内灭火器

进行补救，并对乘客进行广播疏散，配合车站工作人员的引导将乘客疏散到安全区域。列车在站台上发生火灾的应急处理程序见表3-5。

**列车在站台内发生火灾的应急处理程序** 表3-5

| 岗　　位 | 处理程序 |
| --- | --- |
| 司机 | (1)接到火警信息后，立即打开车门、屏蔽门，通知站台岗到现场确认，报告行车调度员。<br>(2)确认列车发生火灾后，通过广播指引乘客疏散。<br>(3)立即降下受电弓(收回集电靴)，施加停车制动。<br>(4)做好个人防护，到现场进行灭火。<br>(5)严格执行行车调度员的指挥，充分配合事故处理主任的工作。<br>(6)火灾扑灭后动车前，负责确认车况，并报告行车调度员 |
| 站台岗 | (1)确认并报告车站控制室/司机火灾位置、大小、火灾性质等(初步判断)，通知司机将该车扣在车站处理，关停站台扶梯。<br>(2)第一时间用灭火器灭火，疏散客车内乘客。<br>(3)确定火灾不可扑救后，停止扑救，疏散列车和站台的乘客出站。<br>(4)检查确认客车内/站台没有乘客遗留后，报车站控制室。<br>(5)听从值班站长安排 |
| 行车值班员 | (1)接收到火警信息后，命令站台岗到报警点确认火警，并将情况报告值班站长。<br>(2)确认发生火灾后，将列车扣在车站处理，报行车调度员、"119"、地铁公安、"120"。<br>(3)广播宣布执行列车站台火灾应急处理程序，并反复广播引导乘客疏散。<br>(4)按压AFC和扶梯紧急按钮，将闸机设为紧急模式，关闭广告照明，确认相应的火灾模式已启动。<br>(5)及时将乘客疏散和灭火情况报告行车调度员，并与行车调度员、值班站长保持联系。<br>(6)当接到区间火灾列车正开往本站时，立即宣布执行列车站台火灾应急处理程序 |

续上表

| 岗　　位 | 处理程序 |
| --- | --- |
| 值班站长 | (1)接到火警通知后,立即到站台确认,确认发生火灾后,通知车站控制室宣布执行列车站台火灾应急处理程序,组织疏散乘客和灭火。<br>(2)在使用水灭火前,要先确认有关设备已停电。<br>(3)负责最后确认列车、站台乘客疏散完毕,报车站控制室。<br>(4)消防队到现场后,将有关信息报告给消防负责人后,视情况组织员工灭火或撤退;撤退前,负责确认所有站内人员的疏散完毕。<br>(5)站厅安全时,到车站控制室指挥,安排人员在出口拦截乘客进站 |
| 客运值班员 | (1)接到执行火灾应急处理程序的通知后,赶到车站控制室,确认所有闸机已设为紧急模式,相应的通风排烟模式已开启,广告照明已关闭,扶梯已关停。<br>(2)使用对讲机、手提广播到站厅组织乘客疏散。<br>(3)接收到列车、站台乘客疏散完毕的信息后,最后确认站厅乘客全部疏散出站后,报车站控制室。<br>(4)听从值班站长安排 |
| 厅巡<br>(售票员1) | (1)接到执行火灾应急处理程序的通知后,收好钱和票,关闭票亭电源,将闸机和边门打开,疏导乘客出站。<br>(2)关停站台扶梯,到站台协助灭火。<br>(3)灭火工作交给消防队员后,到出口处拦截乘客进站 |
| 售票员2 | (1)接到执行火灾应急处理程序的通知后,收好钱和票,关闭票亭电源,将闸机和边门打开,利用手提广播疏散乘客出站。<br>(2)确认站厅乘客全部疏散出站后,报车站控制室。<br>(3)协助灭火 |
| 保洁员 | (1)接到执行火灾应急处理程序的通知后,到车站控制室拿“告示”,到出入口进行张贴,并关停入口扶梯。<br>(2)等候消防队到来后,引导到现场灭火 |

当列车发生火灾时,车站应紧急组织两支援队伍,采取两边夹攻的办法,速

战速决，扑灭火焰。车站应立即通过广播向车内乘客和候车乘客发出火灾警报，立即执行火灾紧急疏散计划，指明乘客应从哪一线路撤离，停止路线上的其他列车开行和其他乘客进入火场，并派车站作业人员组织引导乘客利用车站楼梯、出入口疏散乘客、快速撤离，努力把混乱情况控制在最低限度，利用车站的检票口和安全出口进行抢救，并将重伤员及时送往医院。

## 3.5.2 区间列车火灾的应急处理

列车在运行过程中，在区间隧道内发生火灾时会使乘客撤离和抢救处理更困难。此时，应尽量驶入前方车站，利用前方车站来组织疏散乘客。如果列车不能驶入前方车站，而是停在区间隧道，必须紧急疏散乘客。列车司机应通过广播要求乘客保持镇静，告知乘客撤离的路线和方法，并组织乘客撤离列车，步行至邻近车站或引导乘客从有安全指示灯光显示的紧急出口疏散至安全地点。组织乘客撤离时，应切断牵引电流，打开隧道内的安全照明灯，通风排烟方向应与乘客撤离方向相反。同时，邻近车站应派作业人员前往事故现场，协助乘客撤离和扑救灭火。及时对伤员进行抢救，并将重伤员送往医院。本区间的列车运行立即中止，另一条隧道也应立即停止正常运行的行车。列车在区间发生火灾的应急处理程序见表3-6、表3-7、图3-8。

**列车在区间发生大火灾的应急处理程序** 表3-6

| 序号 | 岗位 | 作业程序 |
| --- | --- | --- |
| 1 | 司机 | (1)列车发生火灾在区间被迫停车后，司机须迅速判明火情，立即报告行车调度员。<br>(2)降下受电弓。<br>(3)广播安抚好乘客，引导其使用灭火器自救，并组织乘客疏散。如火灾发生在前部，则采取乘客从后端疏散；如火灾发生在尾部，则采取从前端疏散；如发生在中部，则采取前后两端同时疏散。司机打开车头疏散门，引导乘客疏散，在迅速实施前端疏散后，要尽力判明后端疏散情况，若后端乘客未能疏散，须通过列车广播引导乘客打开后端疏散门，在确保自身安全的前提下设法灭火或者到后端疏散乘客。<br>(4)随机前往着火处灭火 |

续上表

| 序号 | 岗位 | 作 业 程 序 |
| --- | --- | --- |
| 2 | 火灾两端车站工作人员 | (1)行车值班员接到火灾报告后,立即报告值班站长,通知相关岗位人员,将进出闸机设置为紧急模式状态,并开启相应区间的工作照明,做好乘客广播宣传工作。<br>(2)客运值班员接到通知后,立即到车站控制室协助行车值班员的工作,中央级控制不能实现时按环控调度员的指示操作 BAS。<br>(3)邻近列车的前、后方车站值班站长根据行车调度员指令带领站务人员或车站保安立即进入隧道协助灭火并引导乘客疏散,同时做好消防队员的引导工作 |
| 3 | 调度中心行车调度员 | (1)行车调度员扣停后续列车,环控调度员启动区间火灾模式。<br>(2)通知两端车站疏散乘客,若列车停留区域具备打开侧门条件,调度长根据现场情况判断是否要求司机打开侧门 |

**列车在区间发生小火灾的应急处理程序** 表 3-7

| 序号 | 岗位 | 作 业 程 序 |
| --- | --- | --- |
| 1 | 司机 | (1)判明火情,并迅速向行车调度员和两端车站报告。<br>(2)根据情况,先行采取灭火措施。<br>(3)维持运行至前方车站。<br>(4)如确认发生火灾,通过广播安抚好乘客,引导乘客使用车上灭火器进行灭火。<br>(5)如火势过大,则停车、降弓并疏散乘客 |
| 2 | 车站工作人员 | (1)行车值班员接到行车调度员的通知,通过站台安全员确认火灾情况后,立即报告值班站长、行车调度员、“119”“120”及车站办公室。<br>(2)通知相关岗位人员执行列车火灾紧急疏散预案,并通过广播通知乘客进行紧急疏散。<br>(3)将进出闸机设置为紧急模式。 |

续上表

| 序号 | 岗位 | 作业程序 |
|---|---|---|
| 2 | 车站<br>工作人员 | (4)客运值班员接到通知后，立即到车站控制室协助行车值班员工作(中央级控制不能实现时按环控调度员的指示操作BAS，对消防系统进行监控)。<br>(5)值班站长带领售检票人员立即前往站台，与站台安全员共同做好灭火、疏散的准备。售检票人员负责关停扶梯，站台安全员负责列车上的乘客疏散，并使用消防设备在列车停车后相应的位置准备灭火。<br>(6)售检票人员负责关停站厅出入口扶梯，疏散乘客。<br>(7)车站保洁员工负责到出入口张贴告示，拦截乘客出站，做好引导消防队员进站的准备工作 |
| 3 | OCC<br>调度人员 | (1)行车调度员扣停上、下行列车，环控调度员启动区间火灾模式。<br>(2)调度长指令邻近列车和前方车站或后方车站组织工作人员前往火灾列车灭火和协助乘客疏散 |

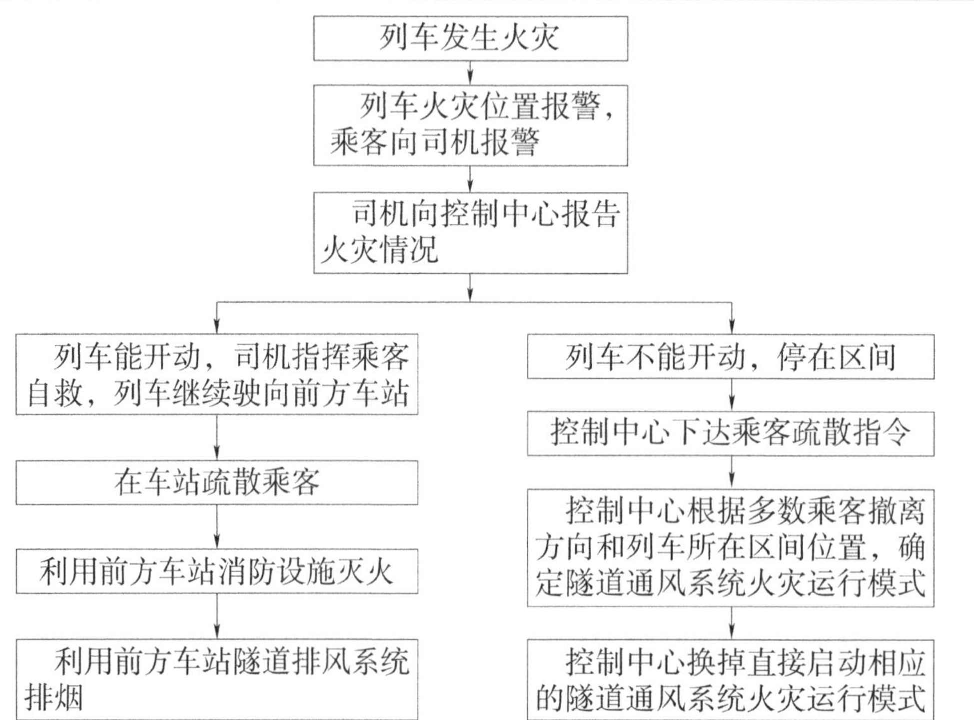


图3-8　列车在区间发生火灾的处理流程

## 案例链接

**案例1**

### 香港地铁纵火事故成功疏散

2004年1月5日,香港地铁尖沙咀至金钟车站之间发生了一起列车纵火事件。该日上午,一名患有精神疾病的男子携带易燃物品登上一辆荃湾线列车,在列车即将进入金钟站时,点燃该物品,威胁到乘客安全。9时12分,一列前往中环站的列车(编号T61)的列车长向控制中心报告,列车发生火警紧急事故,要求金钟站职员候命协助。当列车进入金钟站,有烟从列车冒出。车站迅速安排列车上的乘客疏散,9时16分,疏散完成,随即金钟站关闭。此次共疏散乘客约1200人,只有14名乘客因吸入烟气被送往医院,但很快就全部康复。

**案例2**

### 列车在区间发生火灾的应急处理演练

在某城市轨道交通线路的运营过程中,0205次列车运行至M站至L站下行区间时,第2节车厢电路短路发生火灾,在区间停车,行车调度员通知各调度员。调度中心及时启动列车火灾应急预案。环控调度员通知“110”指挥中心,并指挥车站组织灭火。行车调度员通知车站关站,做好人员疏散,组织全线列车的运营调整。电力调度员协助调度长发短信,并向相关领导电话进行报告。40min后火焰被扑灭,恢复正常运营。

本次事件经过如下。

9时,司机:“行车调度员,0205次04B有乘客报火情,现已距M站出站600m。”

9时,行车调度员1:“调度长、环控调度员、电力调度员和设备调度员,0205次驾驶员报在M站下行出站600m出现火情并停下。”

9时,行车调度员2:“N站下行扣车,0303次各站多停30s。”

9时01分,调度长:“行车调度员了解清楚火灾情况后汇报,尽量维持进前方站。”

9时01分,司机:“列车无法动车,火势较大,车厢内有烟雾。”

9时02分,行车调度员1:“调度长,列车无法动车,火势较大,车厢内有烟雾。”

9 时 02 分，调度长："全体调度员，0205 次列车已发生火灾，立即启动列车区间火灾应急预案，K 站上行 0102 次清客准备折返，K 站至 P 站单线双向运行，M 站至 L 站下行封锁。"

9 时 02 分，环控调度员："行车调度员，让司机确认是否人为纵火，用广播指导乘客前期灭火。"

9 时 02 分，环控调度员："①立即拨打'110''120'将情况报告调度长。②通知设备维修调度员立即派相关专业人员到现场。③通知 M 站的站台岗准备手提式灭火器。④把隧道阻塞模式改为'手动下发阻塞'模式。⑤摄像头调到两站查看现场情况。⑥L 站、M 站及 K 站立即将 FAS 多线集中控制盘上的'系统封锁''系统切换''广播切换'的钥匙打开到'自动'位置，把区间照明开启。⑦启动'车头着火'火灾模式。"

9 时 03 分，环控调度员："命令 M 站、L 站停用扶梯。开启区何工作照明，并询问现场指挥是哪位。"

9 时 03 分，M 站、L 站回复："是值班站长。"

9 时 05 分，环控调度员："再次和 110 指挥中心联系。"

9 时 06 分，行车调度员："组织 A 站至 K 站小交路运行，M 站、L 站关站，0203 次 N 站清客待令。电力调度员立即合轨电位开关。"

9 时 07 分，环控调度员："①检查火灾模式执行情况。②与电力调度员确认三级负荷是否已切除。"

9 时 07 分，调度长："命令列车乘客往 M 站疏散，M 站至 L 站下行区间封锁。"

9 时 09 分，行车调度员："通知 M 站、L 站组织疏散，发布封锁命令。"

9 时 11 分，M 站报："消防队已到站，在了解情况准备下区间灭火。"

9 时 12 分，环控调度员："调度长，火灾模式正常启动，现在设备运行正常。"

9 时 12 分，调度长："注意监控设备执行情况。"

9 时 13 分，经调度长同意，行车调度员将下行列车调整到位之后，通知电力调度员停 K 站至 M 站下行接触网电。

9 时 15 分，行车调度员："此时将列车调整改为 I 站上行清客后小交路运行。"

9 时 15 分，环控调度员通过无线台呼叫机电人员（环控、FAS、BAS 和低压供电），要求他们到现场后检查各自设备运行情况，并协助救灾工作。此时 G 站至 M 站下行接触网无电，I 站至 P 站运营基本瘫痪。

9 时 23 分，M 站报有疏散乘客到站台。

9 时 23 分，环控调度员询问 L 站是否有烟雾，注意区间有无乘客到站。

9 时 26 分,电力调度员通过短信续报事故处理情况。

9 时 26 分,在值班站长指挥下,有大量乘客到 M 站站台。

9 时 28 分,公司领导到车站,现场指挥。

9 时 30 分,机电人员回报环控调度员,相关设备已经按照火灾模式要求正常运行。

9 时 32 分,调度长与两个车站保持联系了解救援情况,要求车站做好引导和乘客广播。

9 时 32 分,L 站至 M 站区间高水位报警,水泵运行正常。

9 时 33 分,行车调度员通知全线车站火灾情况。

9 时 35 分,M 站报:“火焰已经扑灭,正在清理现场。”

9 时 36 分,M 站报:“清理现场完毕,接触网符合送电条件。0205 次由××电路短路引起火灾。”

9 时 36 分,环控调度员通知 M 站:“将多线集中控制盘恢复至正常状态,同时复位防火阀。”

9 时 37 分,环控调度员通知电力调度员向三级负荷和停电区间送电。

9 时 38 分,行车调度员发布解除封锁命令。

9 时 39 分,调度长通知行车调度员用后续列车把 0205 次推至 K 站存车线,两个车站准备开站,恢复正常运营。

9 时 39 分,电力调度员发短信。机电人员回复所有防火阀已经复位成功。

9 时 40 分,0205 次动车,行车调度员通知全线车站恢复正常运营。

结合上面案例,讨论当列车在区间发现火灾时,各岗位人员的处理程序。

## 3.6 列车牵引制动系统故障的应急处理

列车牵引制动系统故障时,司机立刻向行车调度员报告;行车调度员及时将故障情况通知车辆检修调度员,并根据其建议来决定列车是维持运营、待运营到终点后退出运营,还是立刻退出运营。

### 3.6.1 列车牵引制动系统故障应急处理的基本原则

(1)坚持高度集中、统一指挥、逐级负责的原则。

(2)事故发生时,各调度应遵循“先通后复”的原则。

(3)员工要反应迅速,做到早发现、早报告、早控制。

(4)事故可能危及员工、乘客的生命安全时(含在处理过程中出现),各调度立即按相应的处理程序执行,实施先救人、救人与处理事故同步进行的原则。

### 3.6.2 列车牵引制动系统故障救援组织原则

列车故障救援,指列车在正线或必经辅助线运行,当发生车辆故障(主要包括车辆供电、牵引、制动、控制回路类故障),无法凭自身动力出清正线线路,造成行车中断,需要组织状态良好的列车将故障车拖离所在线路的情况。

正线运行的列车发生故障需要救援时,应从正常运行的列车中选择一列来充当救援车。救援车将故障车移出运营线路,疏通被阻塞的线路,才能恢复正线的正常运营。在救援时,首先应遵循“顺向救援”的原则,防止列车冲突,确保正线其余列车的正常运行,即:采用故障车后的正常列车充当救援车,通过连挂故障车、推进故障车的方法进行救援。而故障车的存放地点,如有辅助线路(如存车线、折返线)时可就近选择辅助线,或可直接推回车辆段(停车场)。此基本原则是基于以下几个方面考虑的:

第一,地铁站线的设计及建设因素,与铁路的配线设置不同,列车故障时必然会导致正线线路的堵塞,因此运营企业必须第一时间组织故障车下线,疏通线路,才能尽快恢复全线列车的正常运营组织。

第二,顺向救援,可避免逆向救援时可能造成的行车冲突,避免列车运行秩序被彻底打乱,降低列车救援时的行车组织难度;行车调度能够结合实际情况更加优化正线运行列车的运营,尽可能地保证城市轨道交通运营服务工作。

第三,采用后续正常列车救援,在故障车处理故障的同时即可及时进行列车清客,清客后即叫班区间组织救援故障列车,在节省时间的同时减少对全线及其他后续列车的影响。

1)时间控制原则

运营期间,列车在正线出现故障无法动车时,将造成行车中断,对全线运营造成较大的影响。因此,须做好时间控制,将故障影响控制在可控范围内。

由于故障车地点不同,救援造成影响正线行车的时间亦随之不同,因此,救援应急处理影时间以中断正线行车时间为评价标准。中断正线行车时间由故障处理时间、连挂准备时间和连挂时间组成。

对于连挂准备及连挂流程,列车司机有标准作业程序,完成时间基本固定不变,因此,故障处理时间是行车中断时间控制的关键变量。

故障处理时间过短,则可能无法有效排除本不需救援的故障,导致影响扩

大;但故障处理时间过长,又可能使救援中断时间过长。因此,在故障处理期间需要控制好各环节的时间点。

2)合理利用资源原则

当发生车辆故障需要组织救援时,需要合理调配资源,压缩各环节的完成时间。

(1)现场资源。

调度员需要充分掌握司机、车站作业流程及人员配备,以便在救援组织时充分利用司机、车站等现场资源。如在折返站除故障车司机外,可充分利用司机轮值、接车/到达司机,提前安排支援司机上车,在换端尝试动车、切除气制动、清客等环节加快作业时间。可提前安排车站加派人员在站台待令,做好应急处理准备。

(2)技术资源。

在故障处理期间,应尽量向指导司机、检修调度员等寻求技术支持。

指导司机是在发生车辆故障时的技术支援力量。当发生无法动车故障时,如果排除信号因素,则可以安排指导司机直接对故障车司机进行指导,从而避免其进行错误操作或无效操作,避免延误故障处理时机。在指导司机指挥故障车司机处理故障期间,行车调度员需要全程做好监控,对于动车、越灯等关键命令,需要征得行车调度员同意方可进行。

为确保司机掌握好故障处理时间,在故障发生规定时间后,指导司机需要向行车调度员汇报故障处理方案、故障处理时间等信息,以便于值班主任制定下一步措施。

行车调度员需要及时将故障信息通报检修调度员,在寻求获得其技术支持的同时,要求检修调度员安排正线检修人员上车,协助进行故障处理。

(3)领导资源调配及指导。

控制中心既是应急处理中心,又是信息收发中心。当救援应急事件发生时,需要调度控制中心及时将故障情况通报相关领导,并以“企信通”的方式发布故障信息,以便于各级领导及时了解故障情况、调配资源、支援和指导现场人员进行应急处理。

3)灵活制订方案原则

救援方案的制订是应急处理的关键。行车调度员需要了解故障现象、线路特点、运行速度等因素,并加以综合考虑,制订最优的应急处理方案。

在正线运行的列车故障时,多数情况会造成正线行车中断,需要进行救援。但在少数情况下,也可以通过灵活制订行车组织方案,避免救援,以减少故障影响。折返线、存车线及出入厂线故障时,视情况可不进行救援。

运行的列车发生故障需要进行救援时,原则上使用客车担任救援任务,并严格按照规章中救援客车运行相关规定执行;故障列车被救援时应做好相关防护。应尽量遵循“顺向救援”的原则,发生客车故障救援时,运营遵循有限度列车服务的原则,视情况组织列车小交路或单线双向运行,以确保其他列车运行的秩序。

救援在遵循“顺向救援”原则的同时,也可采用逆向救援、变逆向牵引为顺向牵引、后端动车等方法。

### 3.6.3 列车牵引制动系统故障救援的行车组织模式

根据城市轨道交通车站站线、配线的设计不同,以及将故障车的存放地点不同等,列车故障救援的基本行车组织模式有以下3种。

1)故障车送回车辆段模式

故障车送回车辆段模式,即用正常列车将故障车推送/牵引回车辆段。这种行车组织模式在救援前,故障车及救援车前后方的正常运行列车都会受到严重影响,且会导致运营紊乱。但实施列车救援后,影响逐渐减弱,影响程度视救援列车推行/牵引速度与正常运营列车旅行速度的差值而定,直至连挂的救援车出清正线运行至车辆段后为止。

2)故障车送入就近车站的存车线模式

故障车送入就近车站的存车线模式,即用正常列车将故障车推送入就近的车站存车线。这种行车组织模式将大大减少救援时的持续时间,起到释放关键资源、减少故障对正常运营干扰的作用。但这种救援模式会减少正线线路的灵活性和变通性,当有其他故障或应急情况下,该占用的存车线就不能使用。与直接将故障车送回车辆段的模式相比,该模式显然可以缩短救援状态持续时间。

3)故障车送入最近的终点站折返线模式

故障车送入最近的终点站折返线模式,即用正常列车将故障车推送入就近的终点站折返线。这种行车组织模式,能够一定程度降低救援时对正线运营的影响,但是会使双折返线的终点站丧失一条折返线的功能,列车折返能力及灵活性将受到影响。这种模式与将故障车送入就近车站的存车线的模式相比,救援时间较长,也会对列车正常的折返造成影响。

以上3种行车组织模式,因线路设计、信号系统制约列车故障地点不同等因素影响,在组织列车救援时应择优进行选择,以达到尽快疏通线路、恢复正常运营的目的。

## 3.6.4　列车牵引制动系统故障救援的应急处理程序

行车调度员接到司机、行车值班员的救援请求后，应向有关车站或车辆段发布开行救援列车的命令，及时组织备用车上线救援；如果救援列车须使用运行中的客车，则必须清客后空车救援。

列车在车站或区间发生故障后，司机根据《车辆故障处理指南》对故障现象进行判断和处理，同时报告行车调度员；行车调度员扣停后续列车，对全线列车运行进行调整，并联系车辆检修调度员向司机提供技术支援；当司机判断故障不能排除或达到一定的时间标准时，行车调度员将组织列车救援；当救援列车连挂故障列车起动后，受阻塞的列车开始逐一恢复运行，待救援列车将故障车推进前方存车线或折返线（有余件时可以直接回车辆段），救援任务结束，救援列车重新投入运营服务。某地铁公司列车救援过程的主要作业和时间见表3-8；采用顺向救援时的应急处理程序如图3-9所示。

**列车救援过程的主要作业和时间**　　表3-8

| 序　　号 | 作 业 项 目 | 用时（min） | 备　　注 |
|---|---|---|---|
| 1 | 故障判断和处理时间 | 5 | 列车密度越大，能容忍的时间越小 |
| 2 | 后续客车清客和交接命令 | 2 | 如预先实施清客可节约1min |
| 3 | 故障车在前方清客 | 1 | 被后续救援列车推送到站后清客 |
| 4 | 推送运行时间 | 1 | 含与故障车的连挂时间和进入存车线和折返线对位停准，可通过计算得出 |
| 5 | 救援车和故障车摘钩 | 1 | |
| 6 | 故障车司机换端（含开钥匙） | 2 | 按每列1名司机的配置考虑 |
| 7 | 故障车司机返回站台 | 1 | |
| 8 | 救援车换端、开门上客 | 2 | |
| 合计 | | 15 | |

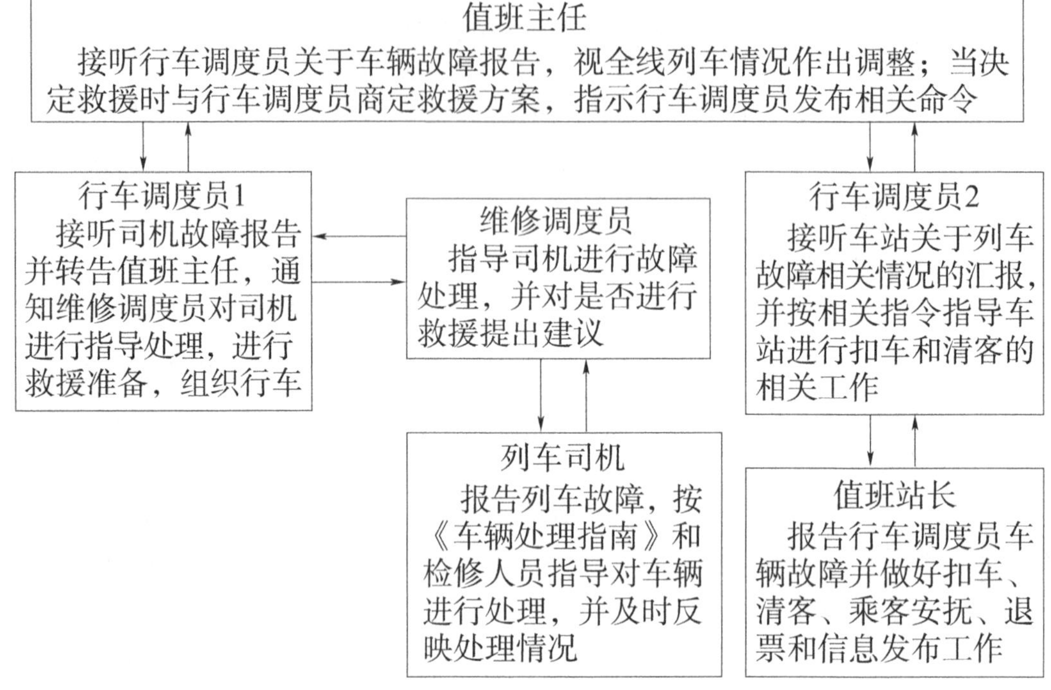


图3-9　顺向救援时的应急处理程序

## 3.6.5　列车牵引制动系统故障应总处理方案的确定

1)列车牵引制动系统故障应急处理方案

如图3-10所示,1012次在开往N站途中突发制动系统故障。

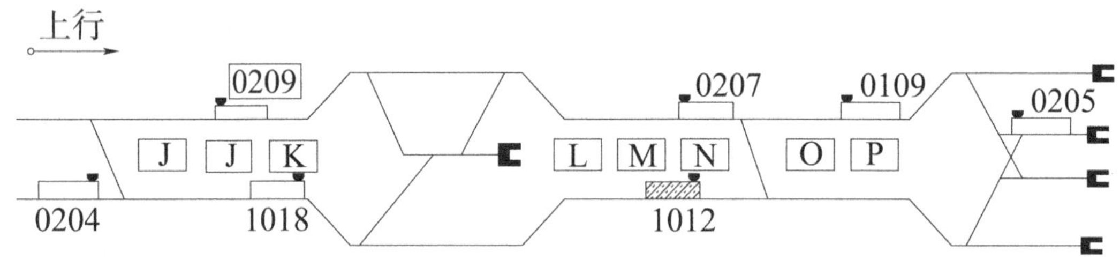


图3-10　列车故障示意图

(1)方案1:1018行车至L站清客后,缓行至故障车辆处进行连挂后,顺向推进1012次进入P站存车线。

(2)方案2:0109次运行至O站后清客后经N站渡线转折至上行线后,与1012次连挂顺向拉至P站存车线。

2)列车制动系统故障应急处理方案比选

由于方案2中司机换端次数多、时间长且在折返时存在安全控制点,需行车

调度员加强注意，且在有牵引至存车线时牵引列车无法开出，而方案1中对行车影响不大，故采用方案1进行故障救援。

## 3.7 列车救援应急处理

### 3.7.1 电客车故障应急处置原则

(1)正线运营时，电客车司机应尽可能运行至前方站，如不能到达前方站，应尽可能在平直线路上停车；车场内运行时，应尽量将事故列车停于库内，如不能停于库内，则尽量避免将列车停于道岔、平交道口和转换轨处。

(2)疏散时以保证乘客安全为原则。

(3)电客车司机应及时进行初期处置，避免引发次生伤害。

(4)电客车司机在初期处置过程中要保持通信畅通，及时将现场情况报告行车调度员；正线运营时，电客车司机的初期应急处置时间为3min，强迫救援时间为6min，事故乘务员要充分把握时间，尽可能将事故的影响降低。

(5)在事故处理过程中，故障列车司机必须严格按照行车调度员、车场调度员或是现场指挥的命令执行；非行车调度员、非车场调度员或非“现场指挥”人员发布的命令为无效命令，司机可以拒绝执行。

### 3.7.2 电客车故障应急处理流程

1)信息报告内容

(1)报告人姓名、部门、员工号；

(2)事故发生的时间、地点(区间以百米标为准)、车号、车次；

(3)车辆损坏情况及对运营影响程度；

(4)人员伤亡情况；

(5)其他必须说明的内容。

2)信息汇报流程

接到现场故障报告后，报告值班调度长故障情况及影响范围，同时与其他调度员做好故障信息沟通。值班调度长接报后，及时启动本应急处置方案，与电力调度员、行车调度员、环控调度员做好相关专业信息互通，按照应急信息报告有关规定进行信息通报。设备调度员协助值班调度长做好信息通报，若现场信息不清，先发布简要情况；有进一步消息时，做好续报工作。具体信息流程如图3-11所示。

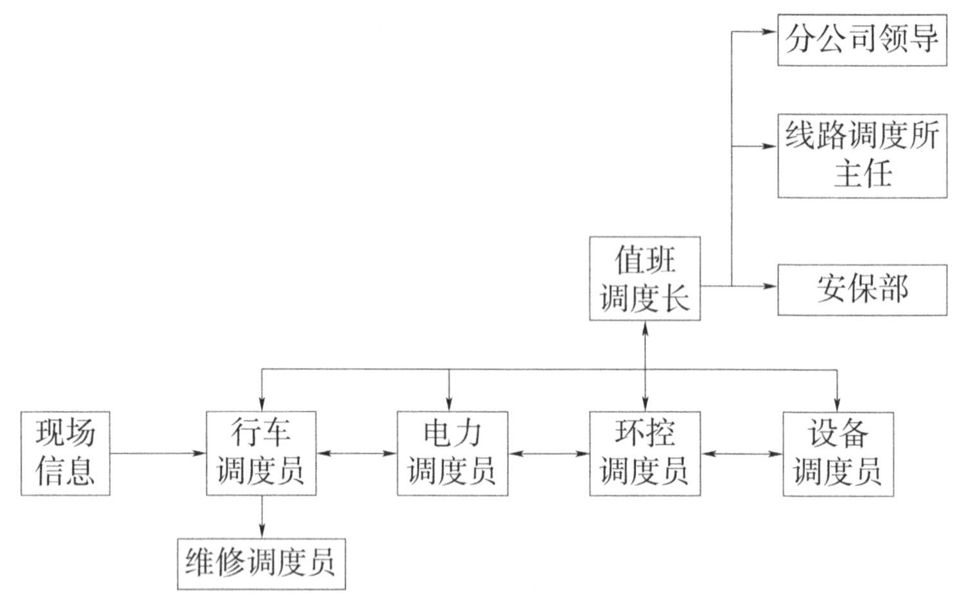


图 3-11　信息汇报流程

3)电客车故障应急处理流程

电客车故障应急处理流程如图 3-12 所示。

## 3.7.3　电客车司机在电客车故障救援时的应急处理程序

1)故障电客车救援前的准备工作

(1)在电客车运行过程中,如果发生电客车故障,司机应在 3min 内判断出故障能否进行现场应急处理,如故障不能在 6min 内处理完毕,可以向行车调度员提出救援申请,并报告故障电客车的车次、车号、故障情况、故障地点(区间以百米标为准)、是否妨碍邻线以及其他必须说明的事项。

(2)故障车司机得到行车调度员救援命令后,立即按规定广播稳定乘客情绪;救援车及故障车在车站清客时,应及时做好清客广播工作;遇特殊情况及时向行车调度员报告。

(3)故障车司机确认救援车开来方向后,将司机控制器手柄置于 RB 位,开启通风模式,并注意观察主风压及蓄电池电压,若主风压降至 0.6MPa、蓄电池电压降至 84V,及时向行车调度员报告,携带好通信设备、打开救援车开来方向的前照灯进行防护,做好接车连挂准备。

(4)待救援车到达,双方司机联系确认可以连挂后,降下受电弓,关闭头灯,准备连挂。

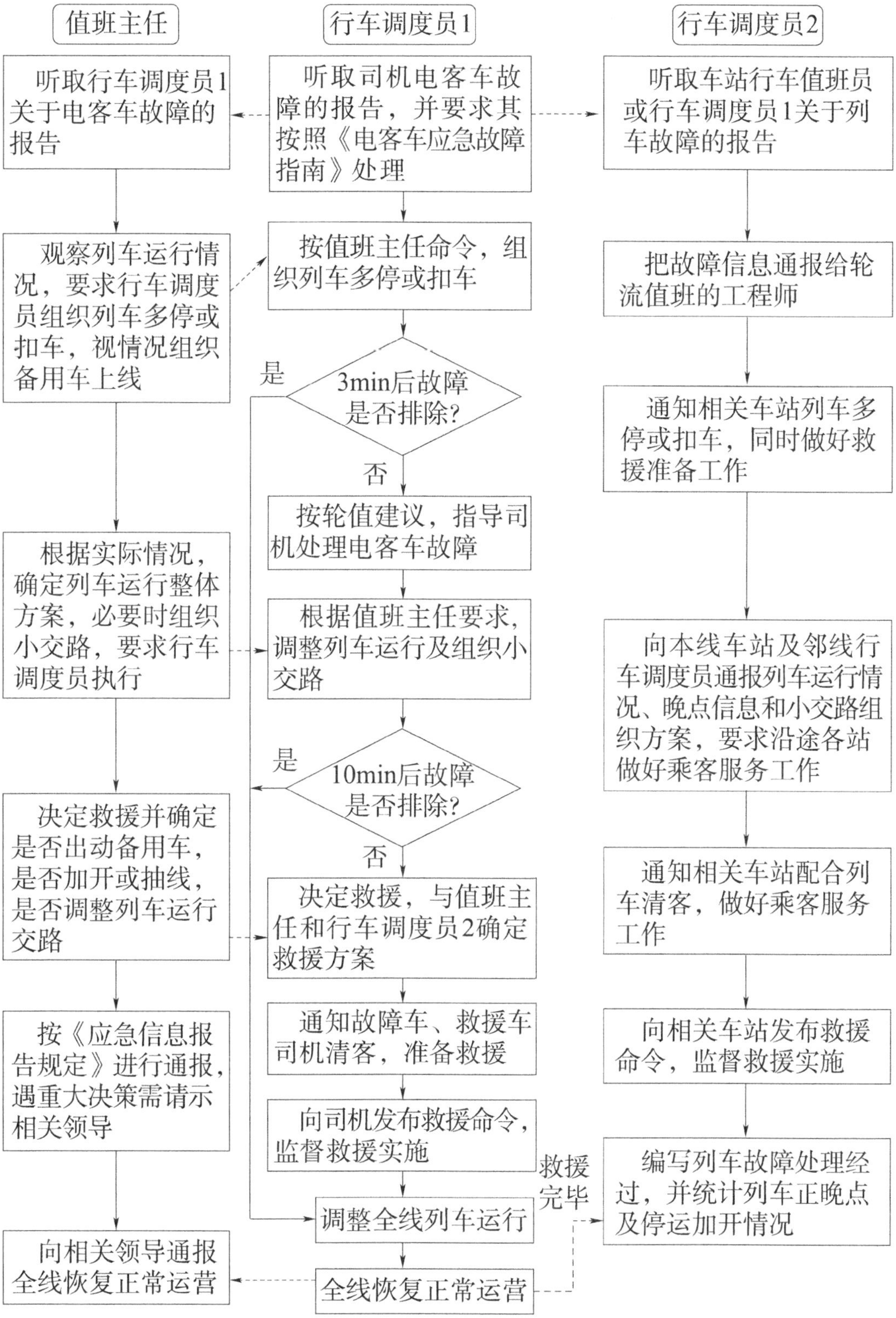

| 值班主任 | 行车调度员1 | 行车调度员2 |
|---|---|---|
| 听取行车调度员1关于电客车故障的报告 | 听取司机电客车故障的报告，并要求其按照《电客车应急故障指南》处理 | 听取车站行车值班员或行车调度员1关于列车故障的报告 |
| 观察列车运行情况，要求行车调度员组织列车多停或扣车，视情况组织备用车上线 | 按值班主任命令，组织列车多停或扣车 | 把故障信息通报给轮流值班的工程师 |
| | 3min后故障是否排除？（是：调整全线列车运行；否：继续） | 通知相关车站列车多停或扣车，同时做好救援准备工作 |
| 根据实际情况，确定列车运行整体方案，必要时组织小交路，要求行车调度员执行 | 按轮值建议，指导司机处理电客车故障 | |
| | 根据值班主任要求，调整列车运行及组织小交路 | 向本线车站及邻线行车调度员通报列车运行情况、晚点信息和小交路组织方案，要求沿途各站做好乘客服务工作 |
| | 10min后故障是否排除？（是：调整全线列车运行；否：继续） | |
| 决定救援并确定是否出动备用车，是否加开或抽线，是否调整列车运行交路 | 决定救援，与值班主任和行车调度员2确定救援方案 | 通知相关车站配合列车清客，做好乘客服务工作 |
| | 通知故障车、救援车司机清客，准备救援 | 向相关车站发布救援命令，监督救援实施 |
| 按《应急信息报告规定》进行通报，遇重大决策需请示相关领导 | 向司机发布救援命令，监督救援实施 | |
| | 调整全线列车运行 | 编写列车故障处理经过，并统计列车正晚点及停运加开情况（救援完毕） |
| 向相关领导通报全线恢复正常运营 | 全线恢复正常运营 | |

图3-12 电客车故障应急处理流程

2)列车连挂

(1)救援车司机必须清楚故障车的停车位置,在接近故障车的行进过程中,应严格按照行车调度员下达的救援命令执行;若救援车为电客车,则以 ATP 或 ATO(Automatic Train Operation,列车自动运行)方式运行至收到 0 速度码处停车,然后以 RM 模式接近故障车(具体行车模式可根据行车调度员命令执行)。

(2)救援车在接近故障车约 20m 处一度停车,并以 5km/h 的速度接近故障车;连接时需在 3m 处一度停车,得到可以连挂的信号后,若救援车是电客车,则以洗车模式(3~5km/h)进行连挂;若救援车为工程车,则以不高于 5km/h 的速度进行连挂。

(3)救援车与故障车按规定连挂,连挂后救援车进行试拉,确认连挂可靠后通知故障车司机缓解制动。

(4)救援车司机与故障车司机联系确认列车完全缓解、通信良好,由救援车司机报告行车调度员,等待行车调度员的命令。

3)连挂运行

(1)列车运行由救援车司机负责指挥,得到行车调度员的命令和赋予的车次后方可运行。

(2)救援牵引运行时前方进路由救援车司机负责瞭望和确认;推进运行时前方进路由故障车司机负责瞭望和确认,遇有危及行车安全的情况应立即通知救援车司机停车;运行中严格守限速规定。

(3)按照行车调度员的命令,在规定的位置停车,保持与行车调度员的联系。

4)解钩操作

(1)到达指定位置后,经过行车调度员、车场调度员或现场指挥的允许后方可进行解钩操作;解钩前故障车司机须与救援车司机联系,恢复列车制动后,方可解钩。

(2)若救援车为电客车,则救援车司机可使用自动解钩按钮进行解钩,如该功能故障可进行手动解钩,手动解钩时由故障车司机操作;若救援车为工程车,则解钩操作由工程车司机完成。

(3)解钩完毕后及时报告行车调度员,救援车和故障车司机根据行车调度员、车场调度员或现场指挥的命令动车。

(4)故障车解钩停稳后交予车辆部门人员处理;故障车司机配合车辆部门人员进行故障排查。

### 3.7.4 行车调度员在电客车故障救援时的应急处理程序

电客车故障需救援时,行车调度员应本着“保证安全、维持运营、提高效率”

的原则，根据现场实际情况，做好故障列车的救援工作，并最大限度维持故障列车影响范围以外区段运营秩序。其具体救援组织方案如下：

(1)进行电客车故障救援时，列车运行秩序被打乱，列车运行间隔拉大，行车调度员应及时组织备用列车上线运行，并合理调整列车运行间隔。

(2)进行电客车故障救援时，行车调度员尽量遵循正向救援的原则，但根据现场实际情况，可采取反向救援、过线救援等方式灵活处理。

(3)实施救援时，原则上救援列车与故障列车都应清客，空车救援；遇故障列车在区间救援不适合清客时，则被救援至就近站清客；特殊情况下，需要救援列车载客救援时，必须有调度部部长的准许方可进行。

(4)故障列车在区间申请救援时，如预计停留时间超过30min，则组织区间乘客疏散，按《区间乘客疏散应急预案》办理；如预计停留时间不超过30min，则被救援至就近站后，在车站清客。

(5)电客车前端司机室发生故障时，行车调度员根据情况可令司机尝试启用后端司机室。如后端司机室可以启用，且前端司机室有人引导，行车调度员可令司机推进运行至前方站；无人引导时，行车调度员可令司机牵引退行回后方站；严禁无人引导盲目推进运行。

(6)电客车在正线发生不影响运营的故障时，行车调度员及时通报轮流值班的工程师，并根据其意见组织该车继续运营或退出服务。

### 知识链接

1)名词解释

(1)清客：使所有乘客离开车厢的作业过程。

(2)疏散：将车站及区间内的人员进行分散转移的行动。

(3)救援列车：用于抢修事故现场或用于将其他不能运行的故障列车牵引(包括推进)回车辆段或正线存车线的专用列车。

2)清客的有关规定

(1)客车担任救援列车时，在前方车站组织清客。

(2)客车发生故障不能继续维持运营时，需清客后退出服务。

(3)客车在车站清客时，行车调度员通知车站和司机执行清客命令。

(4)客车在区间清客时，行车调度员除通知车站和司机执行清客程序外，还需进行以下处理：

①扣停开往疏散区域的后续列车。

②设备故障情况下进行乘客疏散，应通知邻线运行的司机加强瞭望，注意安全。

③列车火灾等紧急情况下，应扣停临线列车。

④通知环控调度员执行相应的隧道通风模式。

⑤必要时通知电力调度员停止相关区段的接触网供电。

3）电客车在区间的应急清客处理程序

电客车在区间的应急清客处理程序如图3-13所示。

**行车调度员**

- 采取措施，防止其他运营列车进入事发区段，保证区间乘客要到达的车站站台区段空闲
- 采取隧道送风等环控措施，必要时切断牵引供电
- ↓ 下达列车在区间清客的命令（→ 车站）
- ↓ 向本线及邻线各车站及在线运营的列车司机发布信息
- ↓ 根据需要调整列车运行方案
- ↓ 通知有关人员组织抢险救援，视情况通知车辆段调度派出救援列车协助救援抢险

**车站**

- 行车值班员接到控制中心列车区间清客的命令后，立即报告值班站长，并打开隧道照明灯（→ 列车司机）
- ↓ 值班站长得知列车区间清客的信息后，按照控制中心指令，组织站务员穿好荧光服，携带手提广播、照明灯(应急灯)、对讲机等进入区间，前往列车停留位置，引导乘客安全撤离到站台
- ↓ 安排站务员在车站端墙处接应从区间里疏散来的乘客
- ↓ 疏散完毕后站务人员按原路返回，值班站长负责确保乘客及工作人员全部到达站台，确认线路出清后报告行车调度员

**列车司机**

- 司机接到控制中心列车区间清客的命令后，打开车门，播放“列车清客广播”，组织乘客有序撤离
- ↓ 列车清客完毕后，司机检查列车情况，并将情况报控制中心，按照控制中心的命令执行

图3-13　电客车在区间的应急清客处理程序

4)救援调度命令的发布

列车发生故障需要救援时,行车调度员确认故障影响区段、列车的车次、车号、列车当前的状况、是否妨碍邻线等情况,准备好救援连挂列车进车场进路,布置故障列车/救援列车在相关车站清客作业,及时发布救援命令。应当注意的是,开行救援列车时,在封锁线路和不封锁线路情况下的救援命令不同。

## 单元实训

### 实训1　列车挤岔的应急处理

1.1　任务描述

列车在正常运营过程中(正线)发生挤岔事故;发现故障后,各岗位根据岗位职责、注意事项,按处置流程进行处置。

1.2　任务目标

(1)能够按照应急处理流程完整规范报告信息,流程正确。

(2)能够按岗位角色分工,演练处置过程,处置得当,用语标准,具备列车挤岔处理的岗位能力。

(3)在处置过程中,能够进行信息传递,能按角色进行应急处理。

1.3　任务实施

1)组织形式

每个学习小组,按涉及的岗位设置站务员、电客车司机、行车值班员、值班站长、OCC行车调度员、客运值班员,按发生故障后的应急处理流程演练。

2)任务准备

(1)设备准备。

运营和驾驶模拟实训室、多媒体教学软件及相关教具等。

(2)演练准备。

组员进行分工合作,按照应急预案基本程序编制本小组演练方案。各组设置观察员1名,用摄像机、手机等视录设备将演练过程拍摄下来。思考列车挤岔后是否可以组织列车后退?使用观察清单记录和分析在挤岔演练中出现的问题,加以更正并提出自己的见解。

3)实施步骤

小组学员在课堂上进行分角色演练汇报,演练后组员和教师应对演练效果进行评价，并汇报说明演练中存在的问题，提出改进措施。教师点评后展示各小组的录像成果，供学员互相学习。

1.4 任务评价

单元3实训1任务评价表见表3-9。

**单元3实训1任务评价表** 表3-9

<table>
<tr><td>单元3</td><td colspan="4">列车突发事件的应急处理</td></tr>
<tr><td>实训1</td><td colspan="4">列车挤岔的应急处理</td></tr>
<tr><td colspan="3">考核内容</td><td>分值</td><td>考核得分</td></tr>
<tr><td colspan="3">1. 信息汇报内容流程、挤岔处理岗位能力、对使用时机、注意事项的认知情况</td><td>40</td><td></td></tr>
<tr><td colspan="3">2. 演练方案的完成情况(汇报效果)</td><td>20</td><td></td></tr>
<tr><td colspan="3">3. 演练过程考核(团队分工、角色设置、处理程序)</td><td>30</td><td></td></tr>
<tr><td colspan="3">4. 课堂表现及职业素养</td><td>10</td><td></td></tr>
<tr><td colspan="5">总体评价</td></tr>
<tr><td>教师评价<br>(40%)</td><td>小组自评<br>(30%)</td><td>小组互评<br>(30%)</td><td>学生姓名</td><td></td></tr>
<tr><td></td><td></td><td></td><td>分数</td><td></td></tr>
</table>

## 实训2 列车脱轨的应急处理

2.1 任务描述

列车在正常运营过程中(正线)发生脱轨事故。发现故障后，各岗位根据岗位职责、注意事项，按正确流程进行处置。

2.2 任务目标

(1)能够按照应急处理流程完整规范报告信息，流程正确。

(2)能够按岗位角色分工，演练处置过程，处置得当，用语标准。

(3)在处置过程中，能够进行信息传递，能按角色进行应急处理。

2.3 任务实施

1)组织形式

每个学习小组按涉及的岗位设置站务员、电客车司机、行车值班员、值班站

长、OCC行车调度员、工程车司机、车场调度员、信号楼值班员、派班员、行车调度员，按发生故障后的应急处理流程演练。

2）任务准备

（1）设备准备。

运营和驾驶模拟实训室、多媒体教学软件及相关教具等。

（2）演练准备。

组员进行分工合作，按照应急预案基本程序编制本小组演练方案。各组设置观察员1名，用摄像机、手机等视录设备将演练过程拍摄下来。使用观察清单记录和分析在挤岔演练中出现的问题，加以更正并提出自己的见解。

3）实施步骤

小组学员在课堂上进行分角色演练汇报，演练后组员和教师应对演练效果进行评价，并汇报说明演练中存在的问题，提出改进措施。教师点评后展示各小组的录像成果，供学员互相学习。

2.4　任务评价

单元3实训2任务评价表见表3-10。

**单元3实训2任务评价表**　　表3-10

| 单元3 | 列车突发事件的应急处理 | | | |
|---|---|---|---|---|
| 实训2 | 列车脱轨的应急处理 | | | |
| 考核内容 | | | 分值 | 考核得分 |
| 1.信息汇报内容流程、列车脱轨处理岗位能力、对使用时机、注意事项的认知情况 | | | 40 | |
| 2.演练方案的完成情况（汇报效果） | | | 20 | |
| 3.演练过程考核（团队分工、角色设置、处理程序） | | | 30 | |
| 4.课堂表现及职业素养 | | | 10 | |
| 总体评价 | | | | |
| 教师评价（40%） | 小组自评（30%） | 小组互评（30%） | 学生姓名 | |
| | | | 分数 | |

## 实训3　列车牵引制动系统故障的应急处理

3.1　任务描述

如图3-11所示,某城市轨道交通线路上1012次列车在M站至N站区间突发列车制动故障,司机处理后无法恢复,请求救援。因1012次列车在M站至N站区间故障请求支援,准M站到N站上行线加开602次救援列车到M站至N站上行线担任救援工作。602次列车由1018次列车担任,推进故障车进入存车线4道。调度控制中心、司机和车站根据现场列车制动系统故障情况进行应急处理。学员根据以下预设条件分组进行演练。

(1)1012次列车向行车调度员1报告:"列车车辆发生故障,请求救援。"

(2)行车调度员1按《车辆故障处理指南》处理并做好乘客广播疏导工作,同时报告值班主任。

(3)值班主任要求全线列车调整,1012次扣在M站上行站台。

(4)行车调度员1:呼叫维修调度员M站至N站间列车制动故障,并调整各次列车位置。

(5)行车调度员2:呼叫上行各站值班站长利用广播及时向列车及车站通知列车运营信息。

(6)行车调度员1联系维修调度员指导列车司机处理故障。

(7)行车调度员1报告值班主任:"故障处理不好,请求救援。"

(8)值班主任布置救援方案。因1012次列车在M站至N站区间故障请求支援,准M站到N站上行线加开602次救援列车到M站至N站上行线担任救援工作602次列车由1018次列车担任,推进故障车进入存车线4道。同时由车站值班站长进行信息通报。

(9)行车调度员2报告值班主任:"故障车现已成功推进存车线4。"

(10)值班主任要求全线列车恢复正常运行。

3.2　任务目标

(1)能正确运用车站突发事件处理原则,遵循应急处理的规章规范,按照应急预案基本程序编制小组演练方案。

(2)按岗位角色分工,依据演练方案完整有序地完成应急演练。

3.3　任务实施

1)组织形式

每个学习小组按涉及的岗位设置电客车司机、值班站长、值班主任、行车调度员等,按发生故障后的应急处理流程演练。

2)任务准备

根据列车牵引制动系统故障应急处理流程,编制详细的演练过程方案,各组设置观察员1名,以小组为单位分角色对列车救援进行模拟。使用观察清单记录和分析在模拟演练中出现的问题,加以总结并提出自己的想法。

3)实施步骤

小组学员在课堂上进行分角色演练汇报,演练后组员和教师应对演练效果进行评价,并汇报说明演练中存在的问题,提出改进措施。教师点评后展示各小组的录像成果,供学员互相学习。

3.4　任务评价

单元3实训3任务评价表见表3-11。

**单元3实训3任务评价表**　　表3-11

| 单元3 | 列车突发事件的应急处理 | | | |
|---|---|---|---|---|
| 实训3 | 列车牵引制动系统故障的应急处理 | | | |
| 考核内容 | | | 分值 | 考核得分 |
| 1.应急工作程序执行、信息汇报内容流程 | | | 40 | |
| 2.演练方案的完成情况(汇报效果) | | | 20 | |
| 3.演练过程考核(团队分工、角色设置、处理程序) | | | 30 | |
| 4.课堂表现及职业素养 | | | 10 | |
| 总体评价 | | | | |
| 教师评价(40%) | 小组自评(30%) | 小组互评(30%) | 学生姓名 | |
| | | | 分数 | |

## 实训4　列车救援的应急处理

4.1　任务描述

列车在正常运营过程中(正线)出现故障。发现故障后,各岗位根据岗位职责、注意事项,按正确流程进行处置。

4.2　任务目标

(1)能够按照应急处理流程完整规范报告信息,流程正确。

(2)能够按岗位角色分工,演练处置过程,处置得当,用语标准,具备列车救援岗位能力。

(3)在处置过程中,能够进行信息传递,能按角色进行应急处理。

4.3 任务实施

1)组织形式

每个学习小组按涉及的岗位设置站务员、电客车司机、行车值班员、值班站长、OCC 行车调度员、客运值班员、行车调度员,按发生故障后的应急处理流程演练。

2)任务准备

根据图 3-14 电客车故障应急处理流程,编制详细的演练过程方案。各组设置观察员 1 名,以小组为单位分角色对列车救援进行模拟。使用观察清单记录和分析在模拟演练中出现的问题,加以总结并提出自己的想法。

3)实施步骤

小组学员在课堂上进行分角色演练汇报,演练后组员和教师应对演练效果进行评价,并汇报说明演练中存在的问题,提出改进措施。教师点评后展示各小组的录像成果,供学员互相学习。

4.4 任务评价

单元 3 实训 4 任务评价表见表 3-12。

**单元 3 实训 4 任务评价表** 表 3-12

| 单元 3 | 列车突发事件的应急处理 | | | |
|---|---|---|---|---|
| 实训 4 | 列车救援的应急处理 | | | |
| 考核内容 | | | 分值 | 考核得分 |
| 1. 信息汇报内容流程、列车救援岗位能力、对使用时机及注意事项的认知情况 | | | 40 | |
| 2. 演练方案的完成情况(汇报效果) | | | 20 | |
| 3. 演练过程考核(团队分工、角色设置、处理程序) | | | 30 | |
| 4. 课堂表现及职业素养 | | | 10 | |
| 总体评价 | | | | |
| 教师评价(40%) | 小组自评(30%) | 小组互评(30%) | 学生姓名 | |
| | | | 分数 | |

## 单元小结

列车是将乘客安全准时运送到目的地的载体。列车在运行过程中,可能会因人为因素或设备因素而发生冒进信号、挤岔脱轨、列车分离等突发事件。列车发生突发事件必将给城市轨道交通的正常运营带来不利影响,这种影响的程度既和造成事故的严重程度有关,也和事故发生后城市轨道交通运营相关人员处理突发事件的应急处理能力有关。因此,城市轨道交通运营相关人员应熟练掌握列车突发事件的应急处理方式,争取在最短的时间内处理好突发事件,保证城市轨道交通的运营安全和服务水平。

## 复习与思考

1. 列车车门故障会对运营服务工作带来哪些不良影响?
2. 列车车门突发故障主要有哪几种类型? 应如何处理?
3. 列车发生挤岔事故时,处理的原则有哪些?
4. 列车发生脱轨事故时,工作人员的职责分配是怎样的?
5. 列车在区间发生火灾时,处理的流程是怎样的?
6. 列车在车站发生火灾,工作人员应该怎样进行应急处理?
7. 列车牵引制动故障救援的原则是什么?
8. 列车牵引制动系统故障救援的调度技巧是什么?
9. 列车牵引制动系统故障救援的行车模式有哪些?
10. 简述电客车故障应急处理流程。
11. 行车调度员在电客车故障时应怎样进行应急处理?

# 单元4 信号设备故障的应急处理

**教学目标**

**知识目标**

1. 掌握道岔故障的应急处理方法；
2. 掌握轨道电路故障的应急处理方法；
3. 掌握 ATS 系统故障的应急处理方法；
4. 掌握 ATP 系统故障的应急处理方法。

**能力目标**

1. 能够根据道岔故障的现象判断故障原因，并编写道岔故障处置方案；
2. 在处置过程中，会设备操作，能够进行信息传递，掌握标准化作业方法；
3. 能分岗位具体演练道岔故障、轨道电路故障、ATS 系统故障、ATP 系统故障时的应急处理方案。

**建议学时**

12 学时

## 案例导入

2017 年下半年，上海地铁 2 号线轨道电路红光带故障频发，多次造成列车延误，故障记录见表 4-1。

检修人员在一些典型岔区清扫出大量铁屑，这些铁屑存在于轨端绝缘节附近，造成绝缘节短路，从而使轨道电路产生空闲红光带故障。统计显示，

几次红光带故障几乎都是由于铁屑导致绝缘节短路。2017年12月上海地铁2号线典型岔区的铁屑清扫记录见表4-2。

**2017年下半年上海地铁2号线轨道电路红光带故障情况** 表4-1

| 时　间 | 区　间 | 后　果 |
| --- | --- | --- |
| 7月8日 | 张江上下行G61、G62 | |
| 8月9日 | 创新中路G4-8 | 取消了早、晚高峰8辆编组的列车 |
| 8月20日 | 张江下行G131 | 晚点5min |
| 11月11日 | 张江上行G16 | 晚点5个5min |
| 11月23日 | 淞虹路下行GX10 | 晚点5个5min |
| 11月27日 | 2号与17号线联络线G61F | 晚点5min |

**上海地铁2号线典型岔区铁屑清扫记录** 表4-2

| 清扫时间 | 清扫岔区 | 清扫铁屑量(kg) |
| --- | --- | --- |
| 12月7日 | 广兰路站 | 4.0 |
| 12月9日 | 创新中路站 | 0.4 |
| 12月10日 | 龙阳路站 | 0.5 |
| 12月11日 | 淞虹路站 | 1.5 |
| 12月11日 | 广兰路站 | 0.6 |

**思考:**作为车站工作人员,你将如何处理此类事故?

## 4.1 道岔故障的应急处理

城市轨道交通道岔是列车折返、变更进路时必须使用的行车关键设备,一旦道岔故障影响正线进路时,列车难以绕行通过故障点。故障道岔钩锁后,自动驾驶列车被迫降级到人工模式限速通过,故障点通过能力降低,并持续影响全线列车运行。与此同时,设备抢修不能中断正线行车,抢修时间、空间又受到明显限制,尤其是折返站咽喉道岔故障,故障影响范围广,应急处理难度大。

### 4.1.1 道岔故障的类型

转辙机故障时,常导致道岔尖轨左右位都不密贴,故障处理需到轨旁进行。而道岔位置表示器故障时,道岔尖轨会密贴在一个位置,故障处理常可在信号设备房进行。

1)单个道岔故障

单个道岔故障包括不能转动、左(或右)位转不到位、道岔左右位均无表示等,出现故障时需要尝试转换道岔 2 个来回。

故障不能恢复时,车站人员要下线路确认(手摇)道岔到需要的位置并加钩锁器,以列车自动或人工模式通过道岔。

2)联锁区内所有道岔故障

联锁故障时,联锁区内所有道岔位置失去表示,道岔不能电子转动。故障区内要按区间控制列车运行,所有道岔要现场手摇、钩锁在正常位置,列车以人工模式通过道岔。

### 4.1.2 道岔故障的应急处理原则

运营期间使用辅助线调整列车进路时,中间站道岔才会转动,道岔使用完毕后将转回直股。中间站道岔转动次数少,发生故障的概率小。

运营期间折返站道岔,每列车折返都需要转动,使用频率高,故障发生的概率大,多数抢修要到轨旁处理。运营部门必须按照“先通后复”的原则,尽量创造便利的抢修条件,边抢修边运营,最大限度控制故障影响。各条线路辅助线设置不同,但都可按以下原则分类进行处理。

1)中间站道岔故障处理原则

道岔故障时,行车调度员首先要取消之前进路,尝试转动故障道岔 2 个来回,不能恢复时再交权给车站工作站转动 2 个来回。即道岔故障 2 ~ 3min 后,才确定要下线路钩锁道岔。如故障第一时间能够平行作业,车站人员带齐备品到达站台端墙内待令,就能减少故障处理时间。

2)折返非必须使用道岔的故障处理原则

折返非必须使用的道岔,是指列车变更站前折返或变更折返股道后,可避免使用的道岔。此类道岔发生故障后,变更折返路径能有效降低故障带来的影响。

3)折返必经道岔的故障处理原则

折返必经道岔包括必须转动道岔和不需转动道岔。列车折返必须经过且必须转动的道岔出现故障时,为减少沟通环节,应优先采用调车方式折返。调车方式是指在非正常情况列车需要转线时,由行车调度员发布有关命令采用站级控制,由车站负责准备列车进路,司机凭车站的道岔开通“好了”信号(或信号机显示)及动车指令进行动车的一种行车组织方式。

列车折返必经但不是必须转动的道岔出现故障时,应尽量避免手摇道岔,而直接钩锁道岔在折返进路位置。各线可结合信号设备特点和线路具体情况,选择调车方式或由行车调度员控制组织列车折返。

4)调车折返边抢修边运营原则

(1)根据“先通后复”的原则,以组织行车工作为主,同时组织现场抢修人员利用行车间隔进行抢修。抢修不能造成道岔转动、不能影响人工准备进路及行车安全。道岔故障影响列车进站对标时,列车到达站外停车时马上停止抢修作业,人员到达安全位置避让,司机进站对标停车后,抢修人员结合列车停站时分继续抢修。

(2)当要求抢修人员出清线路时,车站人员和抢修人员要共同确认处于抢修中的设备满足行车要求,原则上在30s内到达指定安全位置避让列车。

(3)司机执行现场车站人员动车指令,凭道岔开通手信号或地面信号显示动车。

### 4.1.3　道岔故障的应急处理方法

1)道岔故障的处理

(1)道岔区段左右位长闪(即道岔挤岔故障)。

在无进路状态下,发生道岔区段左右位长闪(即道岔挤岔故障):

①判断有无列车变更进路,如有则办理变更进路。

②在确认道岔区段空闲及安全前提下,执行“挤岔恢复”命令;若故障仍存在,则通知检修人员。

③执行“转换道岔”命令对道岔进行左/右位转动操作2次后故障仍不能恢复时,只能人工办理进路。

(2)道岔左位或右位短闪(即道岔无表示故障)。

在无进路状态下,发生道岔左位或右位短闪(即道岔无表示故障):

①判断有无列车变更进路,如有则办理变更进路。

②在确认道岔区段空闲及安全前提下,执行“转换道岔”命令对道岔进行左/右位转动操作2次后故障仍不能恢复时,只能人工办理进路。

(3)道岔连接中断故障。

①判断有无列车变更进路,如有则办理变更进路。

②若在允许时间内故障不能恢复,只能人工办理进路。

2)道岔出现故障时常用的行车调整方式

(1)及时扣车。

及时扣车的目的是防止多列车进入同一区间,防止列车在区间长时间停车引发乘客恐慌。

(2)增加列车停站时间。

立即组织全线列车多停和非故障端终点站晚发,可拉大行车周期,延缓列车到达故障区域。多停和晚发的时间依据实际情况而定。

(3)组织部分列车小交路折返。

决定折返后,提前向司机和车站发布小交路折返的命令;与相关车站确认线路空闲,提前准备好折返的进路。使用站前折返时,提前通知车站派屏蔽门操作员到站台头端,协助列车司机开/关屏蔽门。

(4)减少上线列车数量,与列车小交路结合使用。

根据故障处理期间的行车周期和行车间隔,计算所需上线列车数,及时组织多余列车退出服务,减少调整运行秩序和控制列车的压力。组织列车在非故障端终点站清客后进入存车线或折返线退出服务,或空车进入中间站存车线、辅助线及出入车场线等,或尾随载客列车空车运行。列车退出服务,应选择在故障恢复时能够快速投入服务地点,优先选择正线辅助线,车场线路次之。

3)人工转换道岔的作业程序

(1)作业人员进入轨行区必须请示行车调度员并得到行车调度员的许可。

(2)车站控制室值班人员向准备进路人员布置任务。

(3)值班站长和站务员2人穿荧光衣、戴手套,并携带好有关备品,如信号灯/旗、手摇把、道岔钥匙、端墙门钥匙、钩锁器、扳手、对讲机、无线调度电台和手电筒等。

(4)下线路前得到行车调度员允许,人工准备进路必须从距列车最远的道岔开始,由远及近依次排列。

(5)现场确认道岔。需要转向时应1人操作,1人防护、确认。操作者用工具按正确程序打开盖孔板(须先切断电源),手摇道岔,准备好进路,另一人确认道岔位置正确后加锁。

(6)确认进路上各道岔的开通位置时,相互用对讲机联络,同时用手信号显

示正确情况。

(7)当上/下行线路的进路准备妥当并出清线路后,报告车站控制室,再准备下/上行线路进路。

(8)行车值班员接到进路准备妥当、线路出清的报告后,立即做好相应线路的接车或发车准备工作,并报告行车调度员。

(9)人工摇动道岔时须严格执行如下“六步曲”程序,严格执行互控、他控程序。

①一看:看道岔开通位置是否正确,是否需要改变位置。

②二开:切断电源,打开盖孔板及钩锁器的锁,拆下钩锁器。

③三摇:摇道岔转向所需的位置,在听到“咔嚓”的落槽声后停止。

④四确认:手指尖轨,保证尖轨密贴、开通叉位,并和另一人共同确认。

⑤五加锁:另一人在确认道岔位置开通正确后,用钩锁器锁定道岔尖轨。

⑥六汇报:向车站控制室汇报道岔开通位置。

如果是折返线的道岔,站务员在完成手摇道岔的作业程序后,还须站在安全位置向列车司机发出动车信号(昼间是将拢起的黄色信号旗高举于头上左右摇摆,夜间是将白色灯光高举于头上),并目送列车通过道岔。当列车通过道后站务员还应留在安全位置,手持无线调度电台继续在折返线上等候行车值班员的命令,直到任务结束。任务结束后,站务员应在收集全部工具,确保没有遗留任何材料后,返回车站并向行车值班员报告。

## 4.2 轨道电路故障的应急处理

### 4.2.1 轨道电路故障的分析

(1)轨道电路故障。轨道电路故障是指由于设备故障或异常情况下轨道电路的非正常显示情况,或由于轨道电路的非正常情况造成列车紧急制动,影响行车的故障。

(2)断轨。断轨是指线路由于列车颠覆或其他外力作用造成的钢轨断裂、道岔拉破等断道故障。

(3)分路不良。分路不良是指轨道区段有车占用时,有关轨道继电器不落下,控制台或显示器相对应的区段不显示红色光带的现象。

(4)红光带。红光带是指轨道区段没有车占用时,控制台或显示器相对应的区段显示红色光带的现象。

### 4.2.2 轨道电路故障的现象及分析

对于行车岗位的人员来说,轨道电路故障的现象主要反映在联锁设备的控制台界面上或人机交互设备的显示上。以 SICAS 计算机联锁设备为例,其在调度中心的 MMI(Man Machine Interface,人机界面)或车站的 LOW(Local Operator Workstation,现场操作工作站)上对每一轨道电路设备的状态都有相关的显示;同时,轨道电路故障时也会有设备故障报警提示。

轨道电路区段(含道岔区段)根据不同的状态,有 6 种优先等级颜色在 LOW 上显示,从高到低分别为:灰色、深蓝色、红色、粉红色、绿色或淡绿色、黄色,各种颜色反映的含义如下。

灰色:无数据(FTGS 轨道电路设备与 SICAS 计算机连接中断)。

深蓝色:该区段已被封锁,拒绝通过该区段排列进路(如果轨道中部深蓝色闪烁,表示对该区段已进行封锁操作,但对下一条进路才有效)。

红色:物理占用。

粉红色:逻辑占用。

绿色:空闲、被进路征用。

淡绿色:空闲、被进路征用为保护区段。

黄色:常态、空闲、没有被进路征用。

需要说明的是,从排列进路到列车占用并出清轨道电路,其轨道区段显示的黄色、绿色、淡绿色、红色等,以及设置封锁后显示的深蓝色,都是正常工作状态中显示的颜色。能够判断轨道电路故障的现象及分析如下:

(1)轨道电路区段显示粉红色,表示“逻辑占用”,即操作指令只到达了联锁逻辑层,是由计算机联锁逻辑计算故障所致。操作人员可通过“轨区逻空”或“岔区逻空”命令恢复。

(2)无车占用时,轨道电路区段显示红光带,表示“物理占用”,一般是由轨道电路故障所致,需要立即处理。分析原因可能是有列车占用、水淹;也有可能是轨道电路回路设备故障或是出现了断轨等突发情况。行车人员要判断现场钢轨状态、有无异物搭在钢轨上、有无水淹、有无断轨以及有无其他车辆占用。

(3)轨道电路显示灰色,一般是联锁系统发生了故障。

本节重点讨论轨道电路区段非正常情况下显示红光带和粉红光带的应急处理方法。

### 4.2.3　轨道电路故障的应急处理方法

当轨道电路出现红(或粉红)光带时,进路的监控区段的始端信号机将无法开放,以 ATO 或 SM 模式运行的接近列车将自动停车或产生紧急制动,故障区内列车收不到速度码。出现粉红光带时,行车调度员可以通过下放控制权,指令车站执行“轨区逻空”命令清除。出现非正常红光带时,行车调度员在初步查明原因后,应命令司机以 RM 模式限速通过故障区段,并注意瞭望,发现情况应及时采取措施并报告。

当整个联锁区出现粉红光带故障时,车站执行“全区逻空”命令后若不能恢复,行车调度员则需按轨旁 ATP 故障处理程序处理。当整个联锁区出现红光带故障时,道岔可以由车站的行车值班在 LOW 上通过执行“强行转岔”进行转换,但列车位置无法监控,因此,必须按联锁系统故障时的应急处理办法,改按站间电话联系法或电话闭塞法组织行车。轨道电路区段出现红(或粉红)光带的应急处理方法如图 4-1 所示。

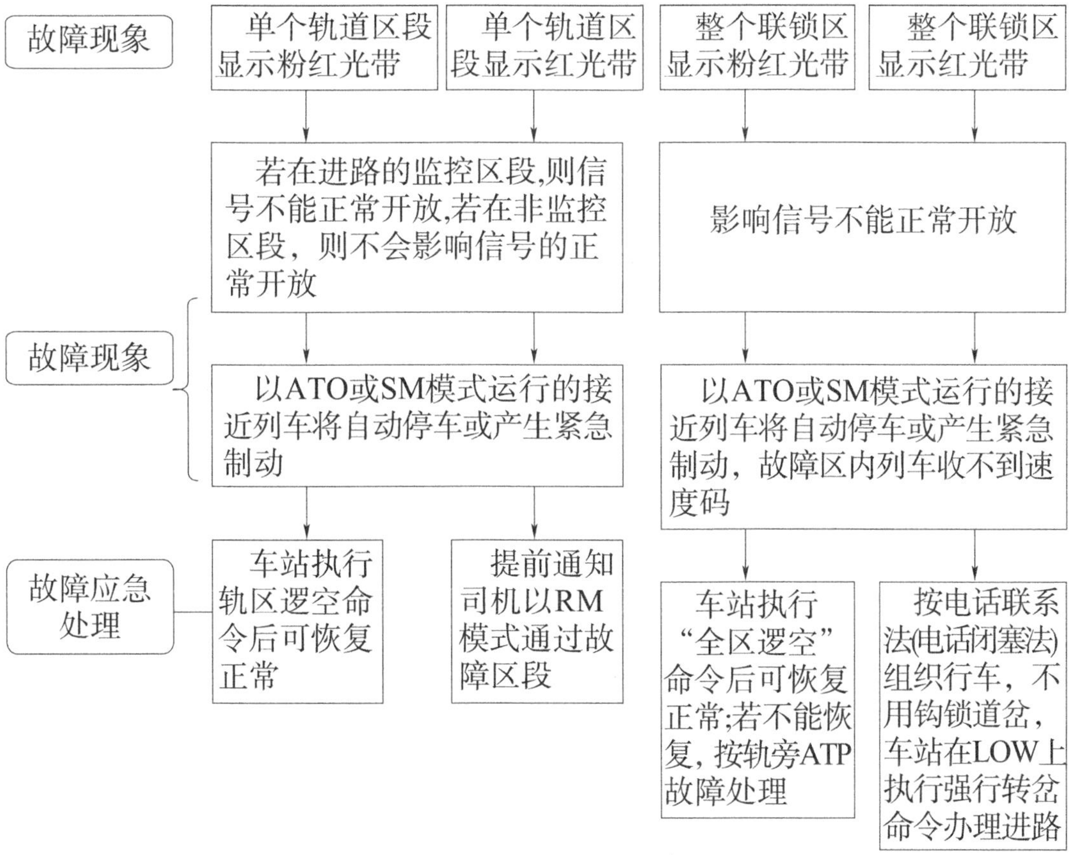

故障现象

单个轨道区段显示粉红光带

单个轨道区段显示红光带

整个联锁区显示粉红光带

整个联锁区显示红光带

若在进路的监控区段,则信号不能正常开放,若在非监控区段,则不会影响信号的正常开放

影响信号不能正常开放

故障现象

以ATO或SM模式运行的接近列车将自动停车或产生紧急制动

以ATO或SM模式运行的接近列车将自动停车或产生紧急制动,故障区内列车收不到速度码

故障应急处理

车站执行轨区逻空命令后可恢复正常

提前通知司机以RM模式通过故障区段

车站执行“全区逻空”命令后可恢复正常;若不能恢复,按轨旁ATP故障处理

按电话联系法(电话闭塞法)组织行车,不用钩锁道岔,车站在LOW上执行强行转岔命令办理进路

图 4-1　轨道电路区段出现红(或粉红)光带的应急处理方法

## 4.2.4 轨道电路故障的应急处理程序

轨道电路故障的应急处理程序如图4-2所示。

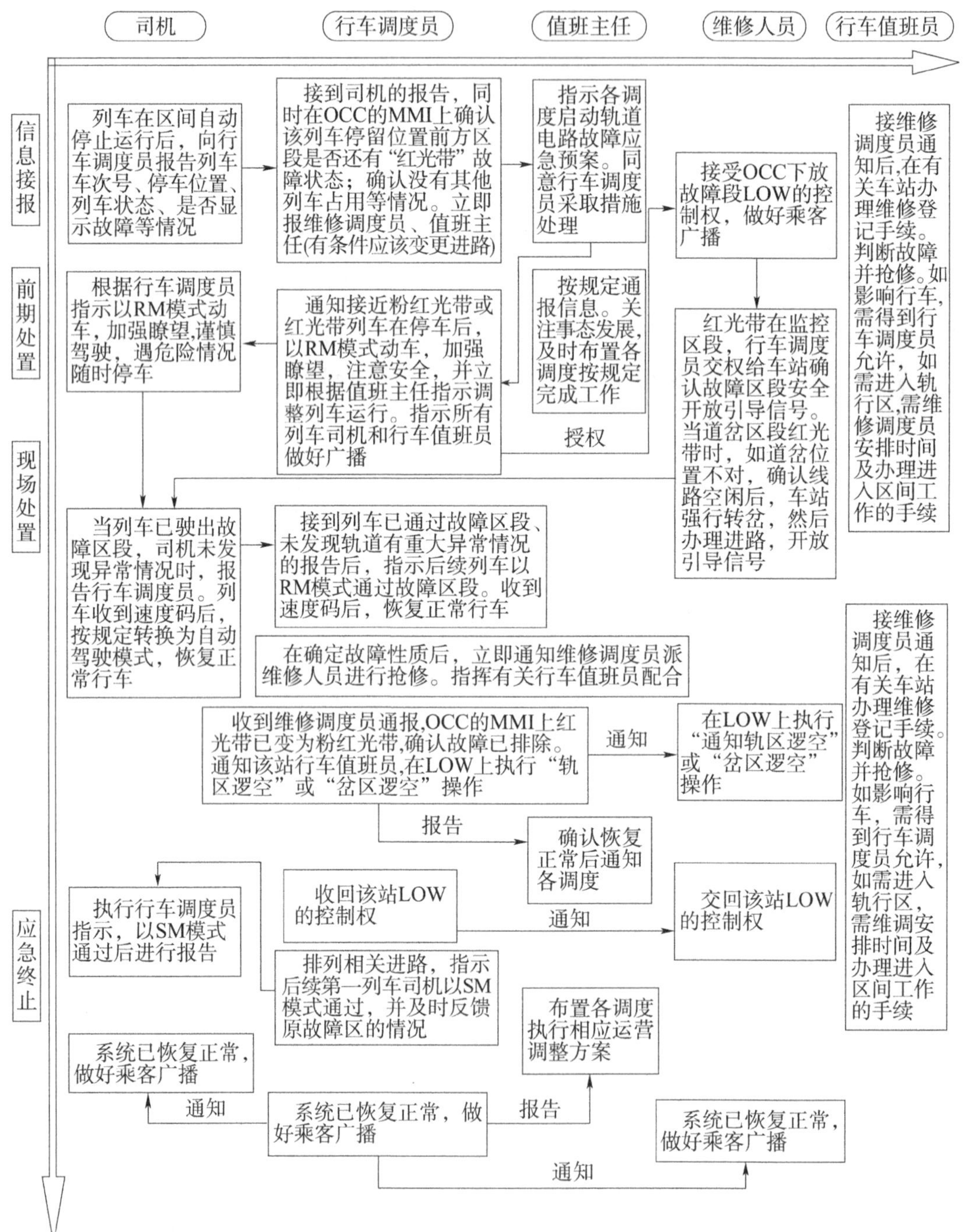


图4-2 轨道电路故障的应急处理程序

出现故障后,行车指挥人员要迅速、准确判断故障原因及故障影响,如故障点是否在监控区、是否在道岔区,有无断轨、水淹、异物等,以及列车位置、是否影响正常行车,才能采取相应的应对措施。由于导致轨道电路出现红光带故障的原因有多种,图4-2所示轨道电路故障的应急处理程序仅是没有重大异常情况下运营相关岗位的应急处理程序。特殊情况下的轨道电路故障需要抢修,此时,还要按照相应的抢修作业程序进行,如图4-3所示。

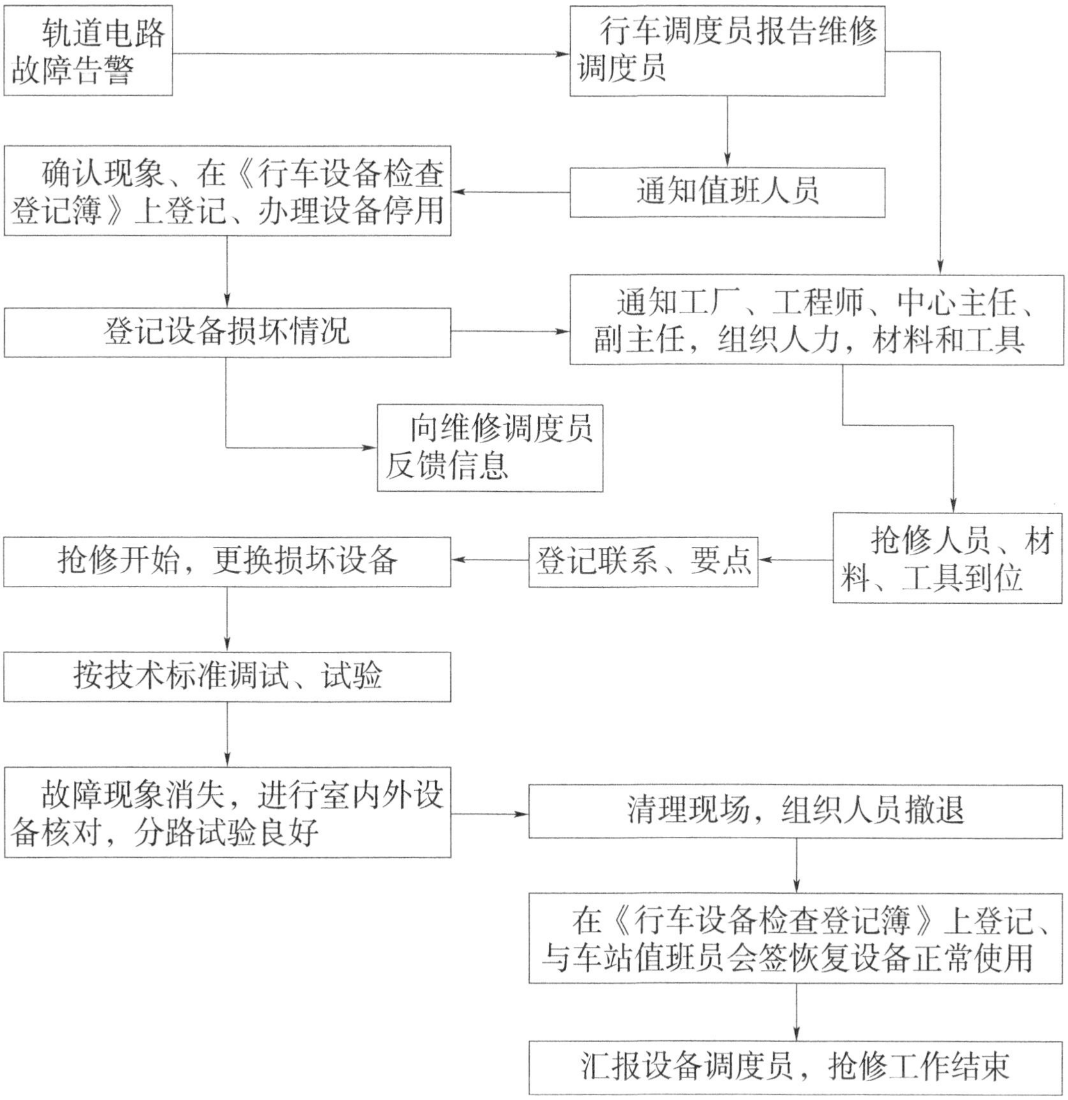

轨道电路故障告警 → 行车调度员报告维修调度员

行车调度员报告维修调度员 → 通知值班人员

行车调度员报告维修调度员 → 通知工厂、工程师、中心主任、副主任，组织人力，材料和工具

通知值班人员 → 确认现象、在《行车设备检查登记簿》上登记、办理设备停用

确认现象、在《行车设备检查登记簿》上登记、办理设备停用 → 登记设备损坏情况

登记设备损坏情况 → 通知工厂、工程师、中心主任、副主任，组织人力，材料和工具

登记设备损坏情况 → 向维修调度员反馈信息

通知工厂、工程师、中心主任、副主任，组织人力，材料和工具 → 抢修人员、材料、工具到位

抢修人员、材料、工具到位 → 登记联系、要点

登记联系、要点 → 抢修开始，更换损坏设备

抢修开始，更换损坏设备 → 按技术标准调试、试验

按技术标准调试、试验 → 故障现象消失，进行室内外设备核对，分路试验良好

故障现象消失，进行室内外设备核对，分路试验良好 → 清理现场，组织人员撤退

清理现场，组织人员撤退 → 在《行车设备检查登记簿》上登记、与车站值班员会签恢复设备正常使用

在《行车设备检查登记簿》上登记、与车站值班员会签恢复设备正常使用 → 汇报设备调度员，抢修工作结束

图4-3　特殊情况下的轨道电路故障抢修流程

# 4.3 ATS 系统故障的应急处理

## 4.3.1 ATS 系统的基本组成和功能

1) ATS 系统的基本组成

ATS 系统由控制中心设备、车站设备、车辆段设备、列车识别系统及列车发车计时器等组成。因用户要求不同，ATS 系统的硬件、软件配置差别很大。

(1) 控制中心设备。

控制中心设备属于 ATS 系统，是 ATC 系统的核心，用于状态表示、运行控制、运行调整、车次追踪、时刻表编制及运行图绘制、运行报告、调度员培训、与其他系统对接。控制中心设备主要包括：中心计算机系统、综合显示屏、调度员及调度长工作站、运行图工作站、培训/模拟工作站、绘图仪和打印机、维修工作站、UPS(Uninterrupted Power Supply，不间断电源)及蓄电池。其中，综合显示屏、调度员及调度长工作站设于主控制室；控制主机、通信处理器、数据库服务器、维修工作站设于设备室；运行图工作站设于运行图室；绘图仪和打印机设于打印室；培训/模拟工作站设于培训室；UPS 设于电源室；蓄电池设于蓄电池室。控制中心的设备组成如图 4-4 所示。

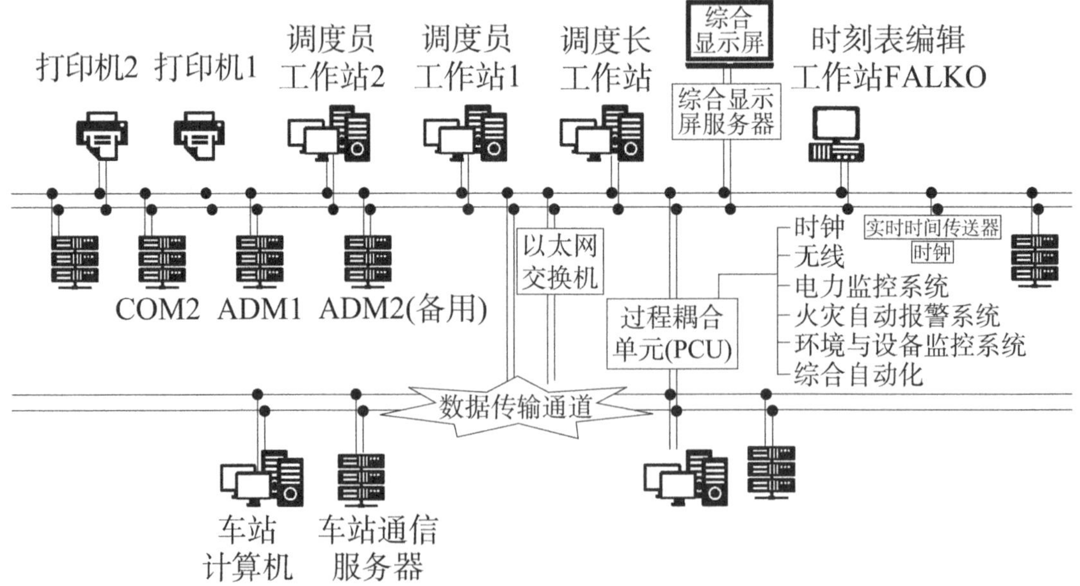


图 4-4　控制中心的设备组成

(2)车站设备。

车站分为集中联锁站和非集中联锁站。根据车站分类不同,其设备各不相同。

①集中联锁站设备。

集中联锁站设有一台 ATS 分机,是 ATS 与 ATP 地面设备和 ATO 地面设备的接口,用于连接联锁设备和其他外围系统,采集车站设备的信息,传送控制命令,使车站联锁设备能接收 ATS 系统的控制,以实现车站进路的自动控制。它还控制站台上 PIIS(Passenger Information Indication System,乘客信息指示系统)的列车目的显示器、列车到发时间显示器和 DTI(Dcparturc Time Indicator,列车发车计时器)。

②非集中联锁站设备。

非集中联锁站不设 ATS 分机。非集中联锁站的 PTI(Positive Train Identification,列车自动识别)、PIIS 和 DTI 均通过集中联锁站的 ATS 分机与 ATS 系统联系。有岔非集中联锁站的道岔和信号机由集中联锁站的计算机控制,通过集中联锁站的 ATS 分机接收 ATS 系统的控制命令。

(3)车辆段设备。

①ATS 分机。

车辆段设一台 ATS 分机,用于采集车辆段内存车库线的列车占用及进/出车辆段的列车信号机的状态,在控制中心显示屏上给出以上信息的显示,以便控制中心及车辆段值班员及车辆管理人员了解段内停车库线列车的车次及车组运用情况,正确控制列车出段。

②车辆段终端。

车辆段派班室和信号楼控制台室各设一台终端,与车辆段 ATS 分机相连,根据来自控制中心的实际时刻表建立车辆段作业计划。

(4)列车自动识别。

PTI 设备是 ATS 车次识别及车辆管理的辅助设备,由地面查询器环路和车载应答器组成。其中,地面查询器环路设于各站。PTI 设备用于校核列车车次号。当列车经过地面查询器时,地面查询器可采集到车载应答器中设定的列车车次号,并经车站 ATS 设备送至控制中心,校核是否与中心计算机列车计划中的车次号一致,若不相同则报警并进行修正。

(5)列车发车计时器。

DTI 设备设丁各站,是安装在站台上的、为司机提供发车时间的指示系统。

DTI 为列车运行提供车站发车时机、列车到站及晚点情况的时间指示,提示列车按计划时刻表运行。正常情况下,列车整列进入站台后,按系统给定站停时间倒计时显示距计划时刻表的发车时间,为零时指示列车发车;若列车晚点发车,则 DTI 增加停站时间的计时。在特殊情况下,若实施了站台扣车控制,DTI 给出"H"显示;如有提前发车命令 DTI 立即显示零;列车通过车站时 DTI 显示"="。

2) ATS 系统的基本功能

(1)列车监视和跟踪。

列车监视和跟踪的功能,即进行在线列车的监视、跟踪、车次的移位及显示。列车监视是用计算机来再现列车的运行。列车运行由轨道空闲和占用信号来驱动,列车由车次号来识别。ATS 向 MMI、乘客信息显示系统、模拟线路表示盘提供列车位置和车次号。

列车车次号是 ATS 功能实现的先决条件。列车由车辆段或其他地点进入正线运行时,ATS 系统将根据计划时刻表自动给计划车加入车次号。调度员也可人工输入或删除车次号。车次号从列车在车辆段开始至全部正线连续追踪,在中心表示盘及显示器上的车次窗内随看列车运行的位置动态显示。调度员可人工修改,并能由车次查出对应车组号。

(2)时刻表处理。

时刻表处理,包括安装、修改、存储时刻表,描绘、显示和打印实迹运行图。系统提供时刻表编制用的数据库,通过调度员的人工设置如站停时间、列车间隔、轨道电路布置等数据产生计划时刻表。每天运营前将当日使用的计划时刻表从控制中心传至车站 ATS 分机。

系统存储适合于不同运行情况的多套时刻表,根据时刻表自动完成列车车次号的跟踪与更新,并自动生成时刻表。

控制中心 ATS 系统根据列车运行的实际情况自动绘制列车实际运行图。系统随时对时刻表的状态进行比较,如利用车次号和列车位置可以对一列车的计划位置和实际位置进行比较。在发生偏离(早点或晚点)时,系统一方面通过适当的显示通知调度员,另一方面自动产生相应的纠正措施。

(3)自动建立进路。

控制中心能对列车进路、信号机、道岔实现集中控制,可根据当日列车运行计划时刻表自动控制列车运行,包括自动办理正线各种进路并控制办理的时机,自动控制列车驶入、离开正线的时机,自动控制车站列车停车时间及发车时机。

必要时,通过办理控制权转移手续,可将控制权转移至车站。

调度员必要时可以人工控制,包括人工建立及取消正线各种进路等。调度员的人工控制命令在执行前均由中心计算机检查其合理性,并给出提示。

自动建立进路的功能是形成控制道岔位置的命令和在适当时间向信号系统发送这些命令。将列车车次号和位置信息、道岔位置和已选信号系统的信息提供给自动建立的进路系统,命令的输出由接近列车的监测和进路计划来控制。

(4)列车运行自动调整。

不断地对计划时刻表与实际时刻表进行比较,通过调整停站时间自动调整列车按计划时刻表运行,在此基础上自动产生列车的出发时间。在装备有ATO的线路上能通过对列车运行等级的设置实现对列车运行的自动调整,调度员也可通过人工命令调整列车停站时间来调整列车运行。

(5)乘客信息显示系统。

乘客信息显示系统的主要用处是通知等待的乘客下一列车的目的地和到达时间。

(6)监测与报警。

监测与报警,即能及时记录被监测对象的状态,有预警、诊断和故障定位功能;监测列车是否处于ATP保护状态;监测信号设备和其他设备接合部的有关状态。监测过程应不影响被监测设备的正常工作。

在相应工作站上,可报告所有故障报警的状况并予以视觉提示,直到恢复正常状态为止。重要的故障以音响报警提示,直到确认报警状况为止。

### 4.3.2 ATS系统故障现象及处理方法

ATS系统发生故障时可能出现的现象很多,故障原因也不尽相同,如:中央所有ATS工作站反应缓慢,或均不能操作命令,画面不能更新;ATS/LOW工作站无法操作;所有中央ATS工作站及大屏显示某一联锁区全灰,联锁区内无列车信息,列车车次位置不能更新;中央ATS工作站显示车次号发生上下行跳跃或出现错误车次号;部分进路不能排列,点击始端信号机没有反应;中央或车站ATS/LOW工作站显示器黑屏;中央ATS工作站显示列车压过轨道出现绿光带等。故障原因通常为:ATS服务器故障、通信中断、工作站死机、ATS软件出错、联锁故障、ATS软件进程出错、线路接触不良等。针对不同的故障,其处理的方法和流程不同。

以下介绍某地铁公司几种 ATS 系统故障的处理方法。

(1)LOW 故障的处理流程如图 4-5 所示。

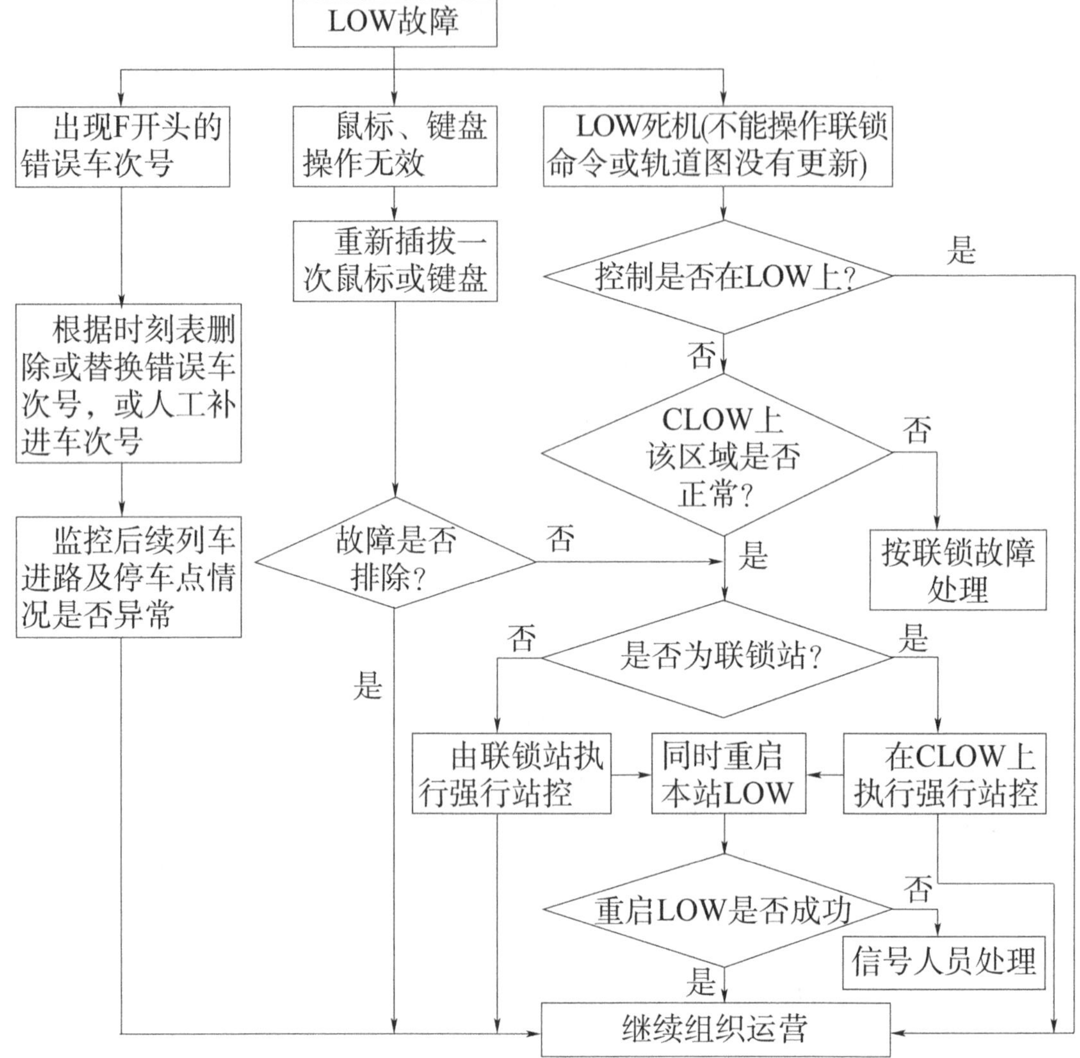


图 4-5　LOW 故障的处理流程

注:CLOW 是 Center Locking Werkstation 的简称,意为中央联锁工作站。

(2)CLOW 死机的处理流程如图 4-6 所示。

(3)所有的 HMI(Human Machine Interface,人机接口模块)打叉或均不能操作命令或反应缓慢,或不能更新,或出现大量车次窗不停闪烁(或 HMI 全灰)的故障处理流程如图 4-7 所示。

(4)HMI 上出现车次号上下行跳跃或出现 F 开头的错误车次号的故障处理流程如图 4-8 所示。

CLOW死机(不能操作联锁命令或轨道图没有更新显示)
控制是否在CLOW上?
是
是否在后备模式?
否
是
车站强行站控取得控制权
在HMI上获取控制权
否
重启CLOW

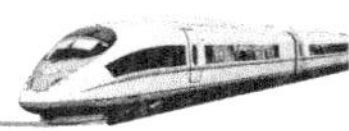

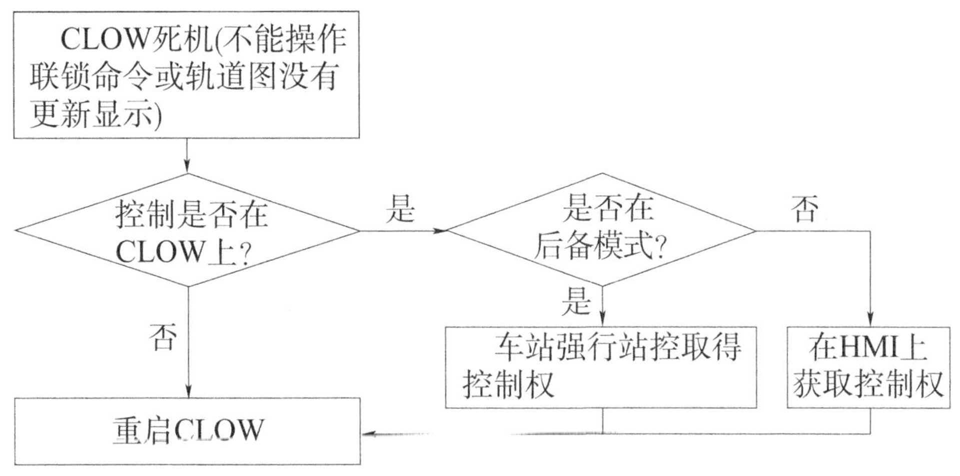

图 4-6　CLOW 死机的故障处理流程

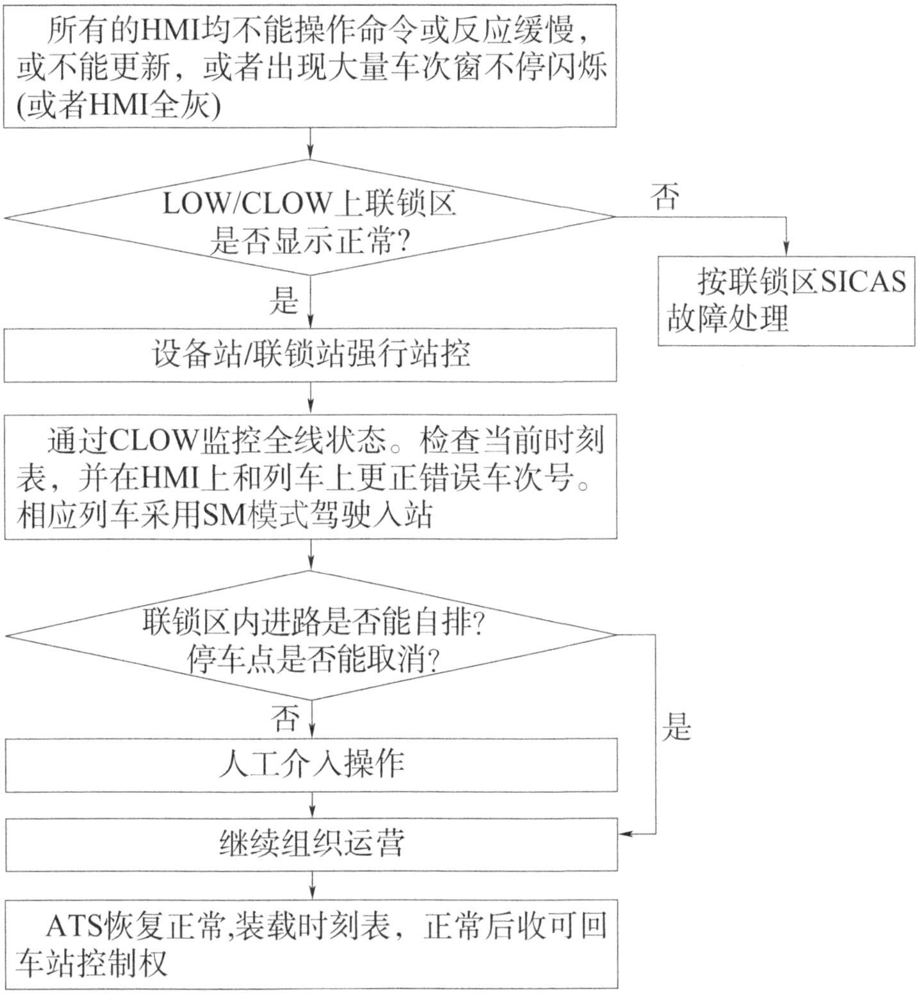

所有的HMI均不能操作命令或反应缓慢，或不能更新，或者出现大量车次窗不停闪烁(或者HMI全灰)
LOW/CLOW上联锁区是否显示正常?
否
按联锁区SICAS故障处理
是
设备站/联锁站强行站控
通过CLOW监控全线状态。检查当前时刻表，并在HMI上和列车上更正错误车次号。相应列车采用SM模式驾驶入站
联锁区内进路是否能自排?停车点是否能取消?
否
人工介入操作
是
继续组织运营
ATS恢复正常,装载时刻表，正常后收可回车站控制权

图 4-7　HMI 故障的处理程序

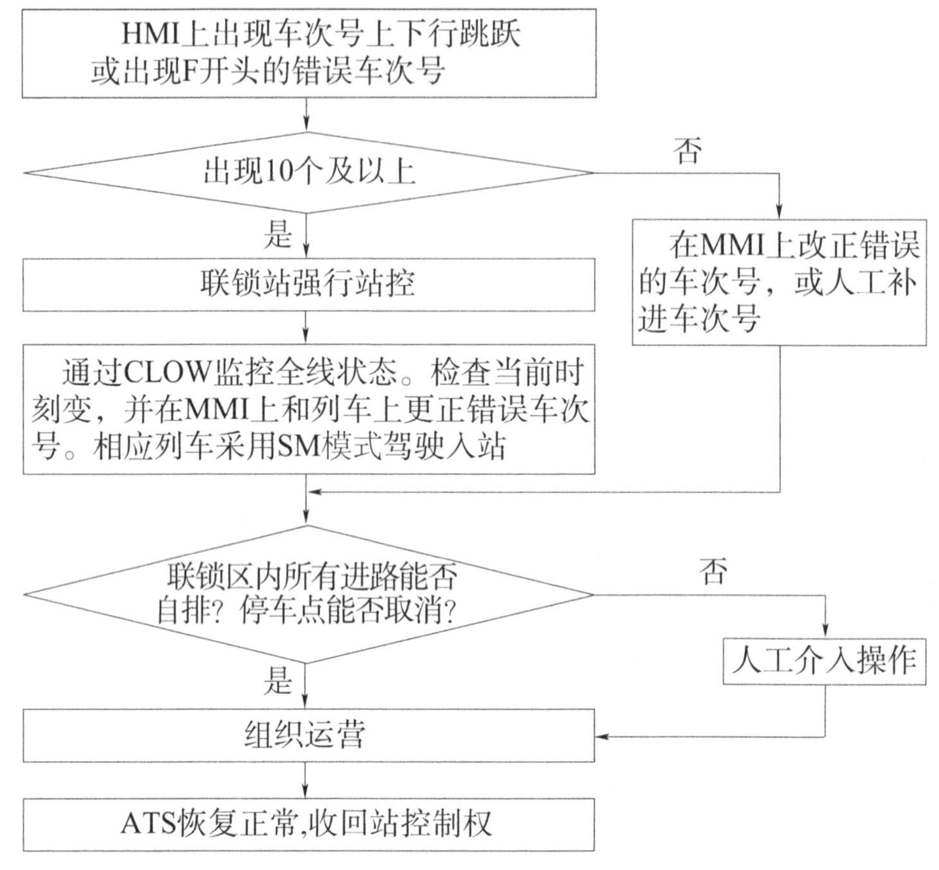


图 4-8　HMI 上出现车次号错误的故障处理流程

通过分析以上 ATS 系统发生故障时的处理流程可知，当调度中心 ATS 系统发生故障时，行车调度员确认仅为调度中心 ATS 系统发生故障后，会下放 LOW 控制权给车站，并要求车站的行车值班员监视各自区域的列车运行状况。这是因为当 ATS 子系统中央设备故障导致与车站连接中断时，系统会自动激活 RTU(Remote Terminal Unit，车站远程终端单元)降级模式，所以车站行车值班员应确认 LOW 工作站上的车站级自动运行模式是否激活。如果车站级自动运行模式能激活，则列车运行基本不受影响；如果车站级自动运行模式不能激活，行车值班员则要在 LOW 上直接手动操作排列进路、取消运营停车点等。同时，司机会根据行车调度员的指示，采用 SM 或 RM 模式驾驶。最后，在维修人员排除故障后，行车调度员通知车站行车值班员收回 LOW 控制权，随后通知相关人员恢复正常运营。

### 4.3.3　ATS 系统发生故障时的应急处理程序

ATS 系统发生故障时，不同运营企业的具体处理程序不尽相同。表 4-3 所列为某运营企业 ATS 系统发生故障时 OCC 的应急处理程序。

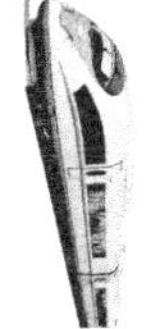

**ATS 系统发生故障时 OCC 的应急处理程序**

表 4-3

| 值班主任 | 行车调度员 1 | 行车调度员 2 | 电力调度员 | 环控调度员 | 维修调度员 |
|---|---|---|---|---|---|
| （1）接行车调度员 1 的报告加强列车监控，启动 ATS 故障程序处理程序。<br>（2）向相关领导报告故障信息及故障处理概况。<br>（3）及时跟进故障处理进展。<br>（4）指导行车调度员按运营时刻表调整列车。<br>（5）通知相关领导故障已经恢复 | （1）发现故障现象立即询问故障影响区段 LOW 状态，确认正常后要求车站强行站控。<br>（2）报告值班主任。通报维修调度员，要求尽快派人处理。<br>（3）询问 LOW 上 RTU 降级模式是否激活，如没有激活，要求联锁站在列车进站停妥后人工取消运营停车点，两端站人工排列列车折返进路。加强列车监控。<br>（4）如果 RTU 降级模式激活，要求车站加强列车监控。<br>（5）当车站在 LOW 工作站上取消不了运营停车点时，应立即报告行车调度员，由行车调度员转告司机， | （1）通过系统报警确认故障类别。<br>（2）要求故障区段相关车站及列车司机加强列车运行情况的监控。做好乘客服务。<br>（3）通过司机在列车折返站折返后人工输入列车车次。<br>（4）转峰时期，计划回基地的列车可临时下线存放在两端折返站的折返线。<br>（5）重点加强对两端折返站投入服务列车数的控制，全线列车改 SM 模式驾驶。<br>（6）按照报点站报点铺画运行图，直到行车调度员收回控制权为止。<br>（7）如故障不是全线性的，对相关列车则随时删除 | （1）故障发生后，加强设备监控。<br>（2）协办值班主任工作 | （1）加强设备监控，协助行车调度员确认列车位置。通知全线车站故障现象，并做好相关列车晚点信息的发布。<br>（2）加强设备监控，协助行车调度员监控列车间隔 | （1）接到行车调度员的通知后立即通知 ATS 工作人员，要求尽快派人处理。<br>（2）询问 ATS 系统工作人员是否已经组织抢修。<br>（3）接受 ATS 系统修复的通知，报告行车调度员和值班主任 |

续上表

| 值班主任 | 行车调度员 1 | 行车调度员 2 | 电力调度员 | 环控调度员 | 维修调度员 |
| --- | --- | --- | --- | --- | --- |
|  | 以 RM 模式驾驶客车出站，直至转换为 SM 模式。当车站取消运营停车点而客车目标速度仍为零且超过 30s 时，车站行车值班员应报告行车调度员，由行车调度员示意司机开车。SM 模式恢复正常时，应向行车调度员报告。<br>（6）当 ATS 系统的自动排列进路或联锁系统（SICAS）的追踪进路不能自动排列时，应由人工介入，在 LOW 工作站上人工排列进路。<br>（7）接到维修调度员故障恢复的通知，尽快按运营时刻表调整列车运营。<br>（8）通知全线车站故障已经恢复 | 错误车次，输入或步进正确车次。<br>（8）接到维修调度员故障恢复的通知，重装时刻表，尽快按运营时刻表调整列车运行。<br>（9）通知全线司机故障已经恢复 |  |  |  |

表4-4所列为某运营企业ATS系统发生故障时车站运营相关岗位人员的应急处理程序。

**ATS系统发生故障时车站运营相关岗位人员的应急处理程序 表4-4**

| 程序 | 电客车司机 | 行车值班员 | 值班站长 |
| --- | --- | --- | --- |
| 信息接报 | (1)发现信号系统故障,及时报OCC,按OCC命令执行 | (1)接OCC启动相应的专项应急预案命令,报告值班站长 | |
| 前期处置 | (2)加强线路、信号瞭望,加强车载信号设备观察,发现异常及时报告 | (3)监控好LOW,确认车站级ATS系统是否正常激活;按OCC命令站控 | (2)启动方案,立即至车站控制室监控列车运行及行车值班员操作 |
| 现场处置 | (3)按OCC命令运行 | (4)车站级ATS系统正常激活,集中站做好列车监控。发现运营停车点未及时取消时安排人工取消。列车折返进路未及时排列时,折返站人工在LOW上排列。<br>(5)车站级ATS系统激活失败,设备集中站在确认列车进站停稳并开门后人工取消运营停车点。列车进站停稳并开门后,非设备集中站立即通知所属的设备集中站取消该趟列车的运营点。折返站人工在LOW上排列折返进路,报点站向OCC报告列车到发点 | |

续上表

| 程序 | 电客车司机 | 行车值班员 | 值班站长 |
| --- | --- | --- | --- |
| 应急终止 | (4)按 OCC 命令恢复正常驾驶 | (6)接到 OCC 应急终止命令,报告值班站长,并根据 OCC 命令上交控制权 | (7)通知该岗位终止方案 |

## 4.4 ATP 系统故障的应急处理

### 4.4.1 ATP 系统概述

ATC 系统中的 ATP 子系统主要用于保证行车安全防止列车进入前方列车占用区段和防止列车超速运行。目前,各城市轨道交通使用的 ATP 系统不尽相同,具体体现在 ATP 系统的工作原理及设备上,但基本的功能及设备组成是接近的。

1)ATP 系统设备组成

(1)ATP 轨旁设备组成。

ATP 轨旁设备主要由 ATP 轨旁单元和相关的发送(接收)设备组成。轨旁设备根据 ATP 系统模式的不同而配备不同的设备。以轨道电路为信道的轨旁核心设备即轨道电路与应答查询器等信标,如图 4-9 所示;以交叉感应环线为信道的轨旁核心设备即感应环线;以无线电磁波为信道的轨旁核心设备即为数较少的定位应答器信标。图 4-10 所示为 PTI 环线,图 4-11 所示为 PTI 天线。PTI 的主要功能是与车载 ATP 交换数据信息,通过 ATP 天线接收速度、目标距离等报文。图 4-12 所示为 ATP 天线。

图 4-9　应答查询器

图 4-10　PTI 环线

图 4-11　PTI 环线　　　　图 4-12　ATP 天线

(2)ATP 车载设备组成。

ATP 车载设备一般由 ATP 车载单元、测速装置和接收(发送)装置组成。ATP 系统中常用的车载设备配备方式有以下 3 种:

①列车两头各一套车载 ATP 设备,互为备用;

②列车两头各一套,但相互独立,只控制各自的行驶方向;

③只配备一套车载设备。

广州地铁 1 号线信号车载设备安装在 A 车(客车按 A-B-C-C-B-A 形式 6 节编组运行)上,每端 A 车各有一套设备,两套设备不互为备用。每一辆 A 车安装有 ATO 车载单元一套、ATP 车载单元一套、速度脉冲发生器两个,ATP 天线两个、PTI 天线一套。其中,ATP 车载单元、速度脉冲发生器和 ATP 天线属于 ATP 车载设备。另外,在车辆司机室的显示器上安装有信号显示软件。

2)ATP 系统的功能和特点

(1)保护区段和停车点。

停车点有时即是危险点,例如站内有车时,车站的起点即是必须停车点。如图 4-13 所示,在停车点的前方通常还设置一段防护段。ATP 系统计算得出的紧急制动曲线即以 P 点为基础,保证列车不超越 P 点。有时也可在 P 点设置列车开口速度,例如 $V_p = 5km/h$,一旦需要,列车可在此基础上加速,或者停在危险点 $Q$ 前方。

(2)距离测量。

为实现 ATP 车载单元的安全功能,ATP 车载单元必须实时掌握车辆位置。距离测量为 ATP 单元的重要功能(如速度检查、开门位置的确定)提供依据。

(3)实际速度的测量。

列车的实际速度是借助于距离测量功能而计算的,列车的实际速度测量是走行距离与时间的比值,这个过程以给定的时间间隔被连续重复计算。列车的实际速度被连续地测量,用于监督速度。

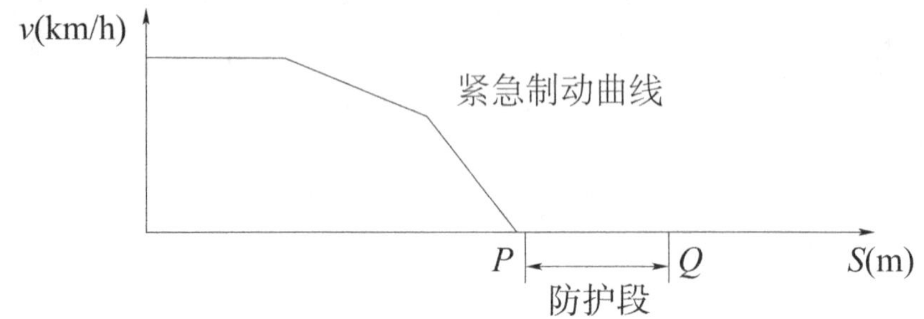


图 4-13　保护区段和停车点

(4)速度监督。

①对最大速度的监控。

监控值由实际速度、设计公差(4km/h)和相应模式中确定的最大恒定速度产生。当列车用高于规定的最大速度加上一个设计公差(4km/h)的速度行驶时,ATP 将启动紧急制动。

②紧急制动情况下的速度监控。

列车是否停止由计算速度决定。当收到紧急停车报文时,如果列车还未停止,而且不是以 RM 模式运行,ATP 将启动紧急制动。

③无任何距离信息的速度监控。

列车起动以后,ATP 车载单元若没有得到车辆已通过轨道电路最后变化的消息,ATP 车载单元便不能对制动曲线进行监控。但它简单地完成静态速度监控,监控速度是在这一轨道信息段有效的最受限制的速度。

④具有距离信息的速度监控。

具有距离信息的速度监控包括以下 5 项:

a. 停车点监控;

b. 对速度限制区段的监控;

c. 对进入下一轨道信息段时的速度监控;

d. 对速度限的监控;

e. 对车辆最大速度的速度监控。

(5)列车追踪间隔。

列车追踪间隔功能保证了列车运行的控制,避免列车相撞。

(6)安全限被侵犯情况下的紧急制动。

该紧急制动通过按压设在车站站台上的紧急停车按钮触发,紧急停车的报

文信息由 ATP 轨旁单元通过轨道电路发送给列车，发送信息的轨道电路区段为站台区和离去区段。紧急停车报文的发送等效于轨道电路的占用。ATP 车载单元收到紧急停车报文后，启动紧急制动，直到列车停稳。

(7)运行方向的监督。

在正线和试车线上，接收到轨旁设备发送的报文后，车载 ATP 单元对列车的运行方向进行监督，不允许列车倒行。当列车倒行超过 2m 时，ATP 产生紧急制动；当列车再次倒行超过 0.5m，ATP 又会产生紧急制动。

(8)车门监控。

ATP 车载单元防止在站外开门和站内开错门。另外，若列车在车门未全部关闭时运行，ATP 会产生紧急制动。

(9)列车自动折返监控。

自动折返运行模式使列车在终点站能够自动折返(包括无人折返)。在这种模式下，列车在 ATP 系统的控制下运行，即 ATP 车载单元通过速度曲线连续对列车的运行进行监督。

(10)列车故障信息和紧急制动的记录。

ATP 车载单元有存储模块和诊断接口。当车载设备发生故障或列车发生紧急制动时，故障信息或紧急制动信息会被储存，另外车载单元的一些状态也会被记录。如果需要，可通过诊断手提电脑读取存储的数据处理和显示。

3)列车运行模式的基本特征及运用

列车运行模式主要有 ATO 模式、AR 模式、SM 模式、RM 模式和 URM 模式。

(1)ATO(自动列车驾驶)模式。

ATO 模式，即列车在正线的正常运行(包括折返线和试车线)模式。在两站间的列车自动运行，列车的运行不取决于司机。司机负责监督 ATP/ATO 指示，列车状况，所要通过的轨道、道岔、信号的状态，必要时加以干预。

(2)AR(自动折返)模式。

列车在折返站和具有换向功能的轨道区段使用。AR(Automatic Reversal)模式包括列车的自动换向和有折返轨的自动折返。其中，有折返轨的自动折返又可分为人工折返和无人折返。

(3)SM(监督人工驾驶)模式。

SM 模式是列车在 ATO 发生故障时的降级运行等情况下的运行模式。在 SM 模式下，司机必须根据显示屏显示的推荐速度驾驶列车，当实际速度在推荐速度 -1km/h 到推荐速度 +4km/h 的范围时，会有声音报警；当实际速度大于推荐速度 4km/h 时,ATP 产生紧急制动,司机要负责监督列车状况,所要通过的轨道、道岔、信号的状态。司机以 SM 模式驾驶时,要保持按下警惕按钮,否则会产生紧急制动。司机以 SM 模式驾驶列车进站,停车在停车窗内,ATP 给出门释放命令后,司机手动开门。

(4)RM(限制人工驾驶)模式。

RM 模式是列车在车辆段运行或联锁、轨道电路、ATP 轨旁设备故障及列车紧急制动以后运行时的模式。列车由司机驾驶,司机负责监督 ATP/ATO 指示显示、列车状况、所要通过的轨道、道岔、信号的状态,速度不能大于 25km/h,ATP 只提供 25km/h 的超速防护。

(5)URM(非限制人工驾驶)模式。

当车载 ATP 设备故障或联锁故障后采用降级的行车组织办法时,使用 URM 模式。列车的运行完全由司机负责,没有 ATP 的监控。

4)列车的运行

(1)列车正常运行。

所有设备正常的情况下,列车按照设计的模式运行。因车辆段没有安装轨旁 ATP 设备,且联锁设备为 6502 电气集中联锁或微机联锁,与 ATP 设备没有接口关系,故列车在车辆段范围内只能用 RM 模式运行,车载 ATP 提供 25km/h 的超速防护。对于列车在正线的运行,根据列车运行的性质不同,则可分为非折返运行和折返运行。其中,非折返运行是指列车在正线线路上的正常运行。折返运行又分为自动折返和非自动折返,自动折返又包括无折返轨的折返(换向)和有折返轨的折返。

(2)信号设备发生故障时的列车运行。

信号设备发生故障时,将影响列车的运行,但在所有信号设备的故障中,会致使列车改变运行模式的只有以下 4 类:联锁设备(包括道岔、信号机)故障、轨旁 ATP 故障、轨道电路故障、车载信号设备故障。其中,联锁设备和轨旁 ATP 设备发生故障时,列车只能以 RM 模式运行;车载信号设备的故障,可根据故障设备的情况,采用相应的运行模式:ATO 设备发生故障时,轨旁设备(联锁、ATP、轨道电路)和车载 ATP 正常,列车以 SM 模式运行,否则只能以 RM 或 URM 模式运行。

### 4.4.2 ATP 系统故障应急处理方法

ATP 系统故障根据设备位置的不同,一般可分为车载 ATP 系统故障和轨旁

ATP 系统故障两类。

ATP 设备发生故障时,会导致列车接收不到速度码、紧急制动等情况。

列车在区间运行发生紧急制动,若列车司机能够明确发生紧急制动的原因,在确认前方进路安全的情况下,可首先转换为 RM 模式运行,再向行车调度员报告;当以 RM 模式运行未能在规定范围内恢复 ATP 监控下的驾驶模式或 ATO 模式时,应报告行车调度员,以 RM 模式运行到前方站。

若列车司机不能够确定发生紧急制动的原因,应立即向行车调度员报告,按行车调度员的指示要求执行。

当列车突发车载 ATP 系统故障时,列车会产生紧急制动,行车调度员在确认故障暂时无法排除,指示故障车司机将 ATP 切除后,以 URM 模式运行,并要求故障车所在车站行车值班员指派站务人员作为故障列车"监控员"上车,协助列车司机瞭望、监控速度表、提醒司机控制速度,必要时立即按压紧急停车按钮,直至运行至终点站(或有存车线的中间站)退出运营。在故障车运行过程中,行车调度员要密切关注全线列车的运行间隔,保证故障车按规定的行车间隔运行(比如一站两区间以上)。

当轨旁 ATP 系统突发故障时,行车调度员在确认故障位置后,除通知设备维修调度员及时组织抢修外,还要命令司机以 RM 模式谨慎通过故障地点。通过故障地点后,在车载 ATC 系统的允许下恢复 SM/ATO 模式运行。在故障没有排除前,行车调度员还要加强对行车间隔的监控,保证列车按规定的间隔运行。

当较大范围的 ATP 轨旁设备发生故障时,由于列车以 RM 模式限速 25km/h 运行,较大的一段区域通过能力受限,因此行车调度员需对全线列车进行多停或折返,降低全线列车的运行速度,必要时还可以将一部分列车下线退出服务,从而避免产生列车阻塞现象。

同时,在故障区也可由调度长决定是否采用 URM 模式通过或改由电话闭塞法组织行车。

### 4.4.3 ATP 系统故障的应急处理程序

(1)车载 ATP 系统故障的应急处理程序如图 4-14 所示。

(2)轨旁 ATP 系统故障的应急处理程序如图 4-15 所示。

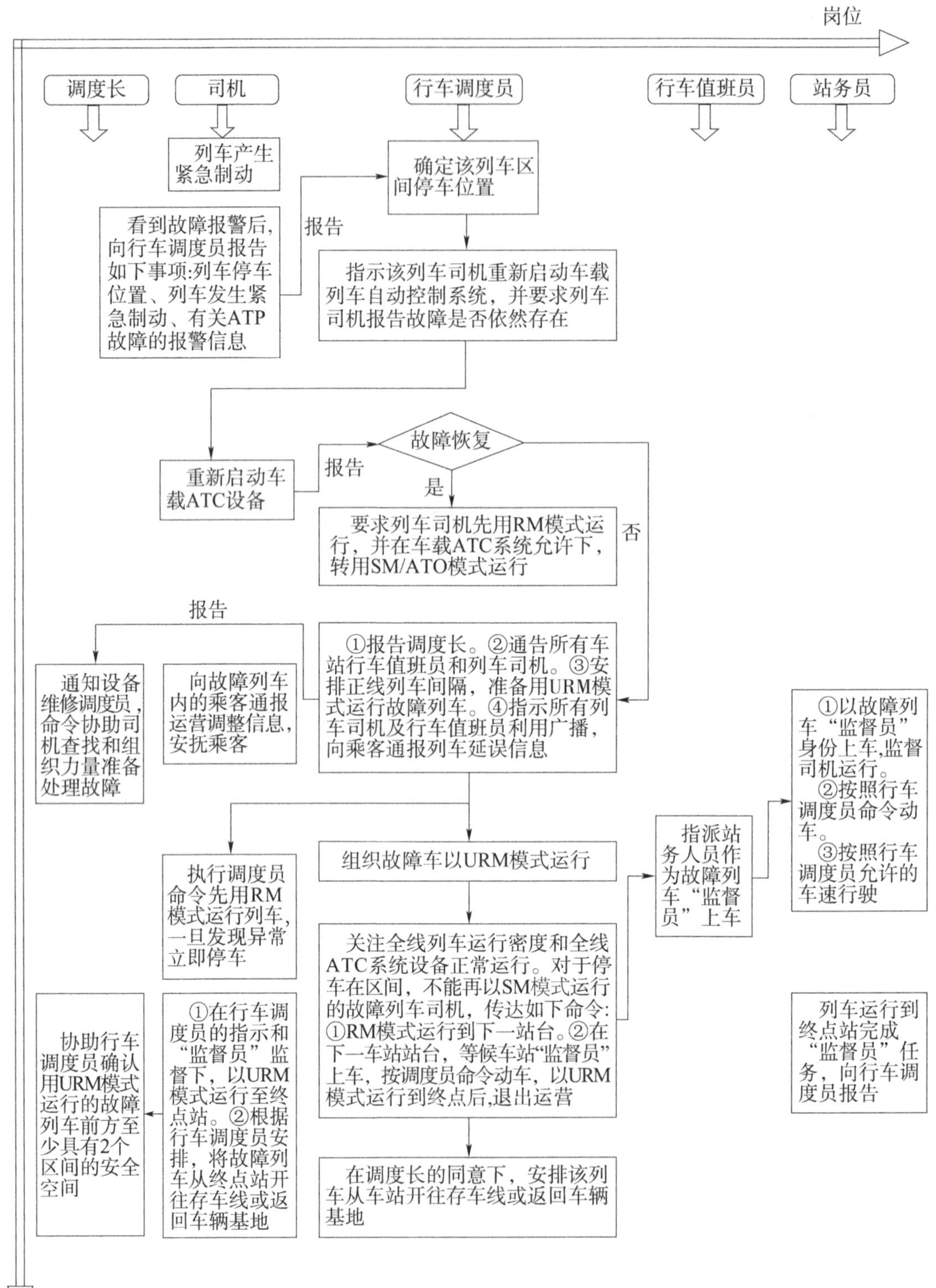


图 4-14　车载 ATP 系统故障的应急处理程序

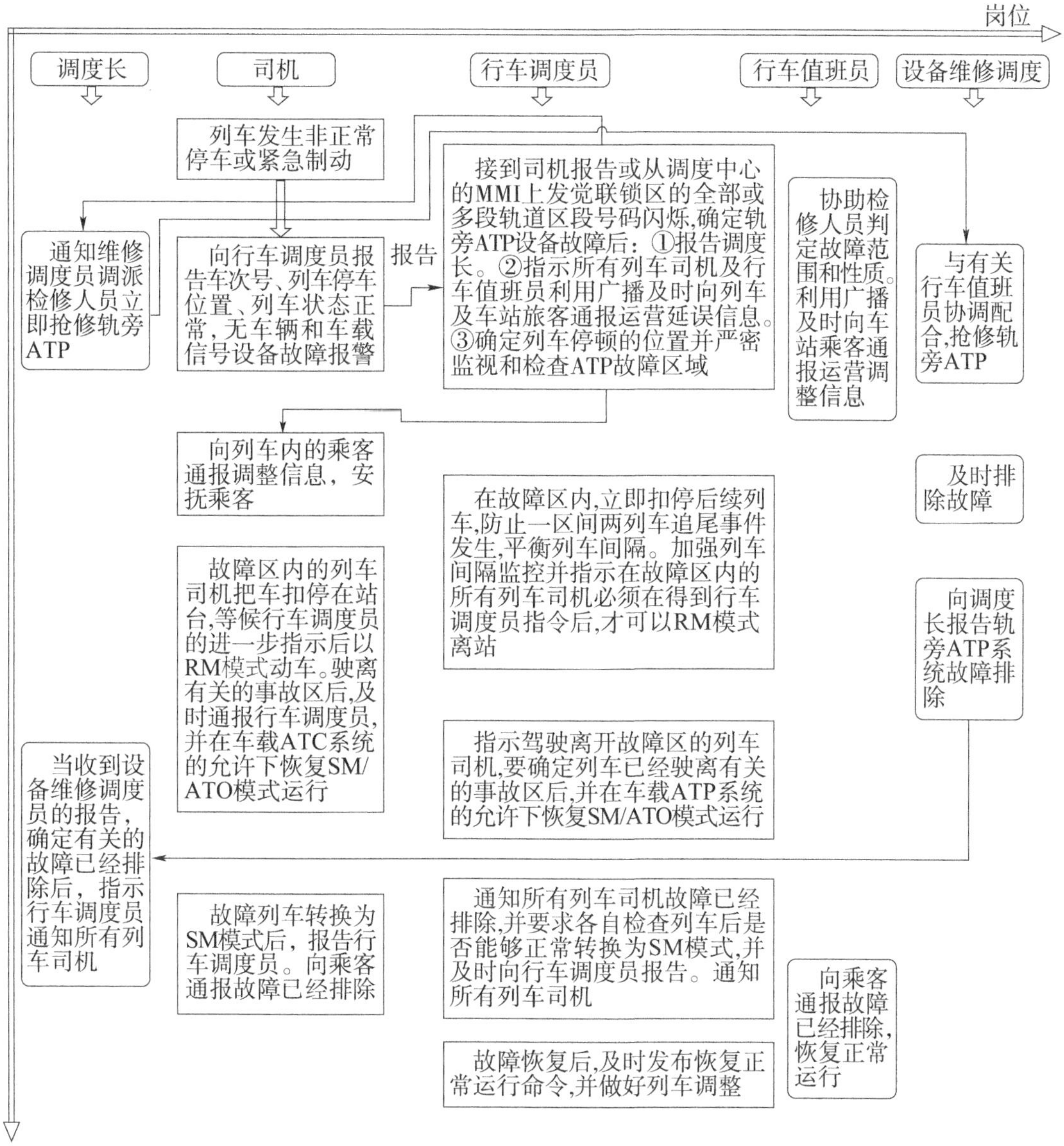

岗位

调度长

- 通知维修调度员调派检修人员立即抢修轨旁ATP
- 当收到设备维修调度员的报告，确定有关的故障已经排除后，指示行车调度员通知所有列车司机

司机

- 列车发生非正常停车或紧急制动
- 向行车调度员报告车次号、列车停车位置、列车状态正常，无车辆和车载信号设备故障报警（报告）
- 向列车内的乘客通报调整信息，安抚乘客
- 故障区内的列车司机把车扣停在站台，等候行车调度员的进一步指示后以RM模式动车。驶离有关的事故区后，及时通报行车调度员，并在车载ATC系统的允许下恢复SM/ATO模式运行
- 故障列车转换为SM模式后，报告行车调度员。向乘客通报故障已经排除

行车调度员

- 接到司机报告或从调度中心的MMI上发觉联锁区的全部或多段轨道区段号码闪烁，确定轨旁ATP设备故障后：①报告调度长。②指示所有列车司机及行车值班员利用广播及时向列车及车站旅客通报运营延误信息。③确定列车停顿的位置并严密监视和检查ATP故障区域
- 在故障区内，立即扣停后续列车，防止一区间两列车追尾事件发生，平衡列车间隔。加强列车间隔监控并指示在故障区内的所有列车司机必须在得到行车调度员指令后，才可以RM模式离站
- 指示驾驶离开故障区的列车司机，要确定列车已经驶离有关的事故区后，并在车载ATP系统的允许下恢复SM/ATO模式运行
- 通知所有列车司机故障已经排除，并要求各自检查列车后是否能够正常转换为SM模式，并及时向行车调度员报告。通知所有列车司机
- 故障恢复后，及时发布恢复正常运行命令，并做好列车调整

行车值班员

- 协助检修人员判定故障范围和性质。利用广播及时向车站乘客通报运营调整信息
- 向乘客通报故障已经排除，恢复正常运行

设备维修调度

- 与有关行车值班员协调配合，抢修轨旁ATP
- 及时排除故障
- 向调度长报告轨旁ATP系统故障排除

图4-15　轨旁ATP系统故障的应急处理程序

单元实训

## 实训1　道岔故障的应急处理

### 1.1　任务描述

在正常运营过程中出现道岔短闪、长闪、灰显等故障。发现故障后，各岗位根据岗位职责、注意事项，按正确流程进行处置。

1.2　任务目标

(1)能够根据道岔故障的现象判断故障原因,并编写道岔故障处置方案。

(2)能够按岗位角色分工,演练处置过程。

(3)在处置过程中,能正确进行设备操作,能进行信息传递,掌握标准化作业方法。

1.3　任务实施

1)组织形式

每个学习小组按涉及的岗位设置OCC行车调度员、电客车司机、行车值班员、值班站长、站务员、维修人员。

2)任务准备

(1)设备准备。

运营实训中心开启ATS信号系统,OCC、车站LOW设备正常;沙盘信号系统及小车正常,达到二联动状态。准备好对讲机、手摇道岔工具包等。

(2)演练准备。

根据图4-16所示道岔短闪故障应急处理方案,编制详细的演练过程记录。各组设置观察员1名,用摄像机、手机等视录设备将演练过程拍摄下来。思考道岔发生短闪/长闪故障的处置方法,在中间站和折返站有何异同,道岔发生灰显、编号闪、红光带故障后处置方法与道岔发生短闪/长闪故障有何异同。使用观察清单记录和分析在道岔短闪故障应急处理中出现的问题,加以更正并提出自己的见解。

任务提示如下:

(1)道岔长、短闪故障。在CTC(Centralized Traffic Control,调度集中)运行等级下,接近该道岔的列车会产生紧急制动。在ITC(点式列车控制)运行等级下,防护该道岔的信号机将无法开放或关闭,列车会在该信号机前的停车点停车。在IXLC(联锁级列车控制)运行等级下,防护该道岔的信号机将无法开放或关闭,列车在该信号机前停车。

(2)在LOW操作过程中,如果道岔被进路征用,需先取消进路征用或强解道岔区段操作,才能执行“挤岔恢复”命令和转换道岔的操作;道岔标号闪烁,此时通过此道岔排列进路,信号处在引导层,对道岔执行“岔区逻空”命令,待故障恢复后,可正常开放信号。

(3)故障道岔能在LOW上操动转换位置则不需手摇,否则应人工办理进路并钩锁故障道岔。对折返站的故障道岔只钩不锁。

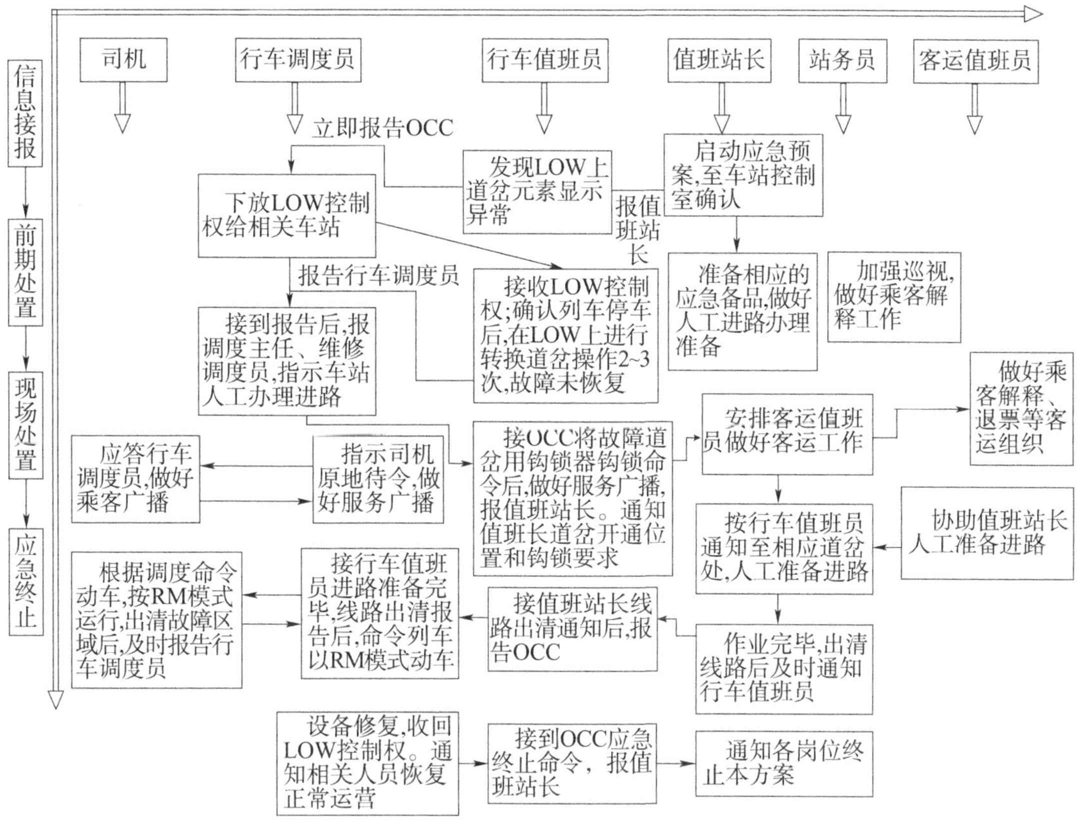

信息接报
前期处置
现场处置
应急终止

司机
行车调度员
行车值班员
值班站长
站务员
客运值班员

立即报告OCC

下放LOW控制权给相关车站

发现LOW上道岔元素显示异常

报值班站长

启动应急预案,至车站控制室确认

报告行车调度员

接到报告后,报调度主任、维修调度员,指示车站人工办理进路

接收LOW控制权;确认列车停车后,在LOW上进行转换道岔操作2~3次,故障未恢复

准备相应的应急备品,做好人工进路办理准备

加强巡视,做好乘客解释工作

安排客运值班员做好客运工作

做好乘客解释、退票等客运组织

应答行车调度员,做好乘客广播

指示司机原地待令,做好服务广播

接OCC将故障道岔用钩锁器钩锁命令后,做好服务广播,报值班站长。通知值班长道岔开通位置和钩锁要求

按行车值班员通知至相应道岔处,人工准备进路

协助值班站长人工准备进路

根据调度命令动车,按RM模式运行,出清故障区域后,及时报告行车调度员

接行车值班员进路准备完毕,线路出清报告后,命令列车以RM模式动车

接值班站长线路出清通知后,报告OCC

作业完毕,出清线路后及时通知行车值班员

设备修复,收回LOW控制权。通知相关人员恢复正常运营

接到OCC应急终止命令,报值班站长

通知各岗位终止本方案

图4-16　道岔短闪应急处理方案

3)实施步骤

小组学员在课堂上进行分角色演练汇报,演练后组员和教师应对演练效果进行评价,并汇报说明演练中存在的问题,提出改进措施。教师点评后展示各小组的录像成果,供学员互相学习。

1.4　任务评价

单元4实训1任务评价表见表4-5。

**单元4实训1任务评价表**　　　　表4-5

| 单元4 | 信号设备故障的应急处理 | |
|---|---|---|
| 实训1 | 道岔故障的应急处理 | |
| 考核内容 | 分值 | 考核得分 |
| 1. 人工办理进路的知识掌握情况、人工办理进路的实际操作技能 | 40 | |
| 2. 演练方案的完成情况(汇报效果) | 20 | |

续上表

<table>
<tr><td colspan="3">考核内容</td><td>分值</td><td>考核得分</td></tr>
<tr><td colspan="3">3. 演练过程考核(团队分工、角色设置、处理程序)</td><td>30</td><td></td></tr>
<tr><td colspan="3">4. 课堂表现及职业素养</td><td>10</td><td></td></tr>
<tr><td colspan="5">总体评价</td></tr>
<tr><td>教师评价<br>(40%)</td><td>小组自评<br>(30%)</td><td>小组互评<br>(30%)</td><td>学生姓名</td><td></td></tr>
<tr><td></td><td></td><td></td><td>分数</td><td></td></tr>
</table>

## 实训2　轨道电路故障的应急处理

2.1　任务描述

2020 年,某市地铁 2 号线 C—D 站区段的轨道电路突发故障。C 站是 LOW 区域联锁工作站所在车站,该车站有上行列车 3 列、下行列车 2 列。调度控制中心、有关列车司机和车站根据现场轨道电路故障情况进行应急处理。

2.2　任务目标

(1)掌握城市轨道交通信号系统中轨道电路的作用。

(2)学会根据轨道电路故障现象判断故障原因。

(3)掌握轨道电路故障时的应急处理方法。

(4)能够编写轨道电路故障应急处理的演练方案,并分岗位进行模拟演练。

2.3　任务实施

1)组织形式

每个学习小组按涉及的岗位设置 OCC 值班主任、OCC 行车调度员、电客车司机、行车值班员、维修调度员、维修人员,按发生故障后的应急处理流程演练。

2)任务准备

(1)设备准备。

运营实训中心开启 ATS 信号系统,OCC、车站 LOW 设备正常;沙盘信号系统及小车正常,达到"二联动"状态。

(2)演练准备。

根据图 4-2 所示轨道电路故障的应急处理程序,参考图 4-17 所示线路信号

平面示意图，编制详细的演练过程方案。思考轨道电路故障的处置方法在车站和车辆段内有何异同？轨道电路故障对正常运营会造成哪些影响？有哪些行车组织方面的应对措施？

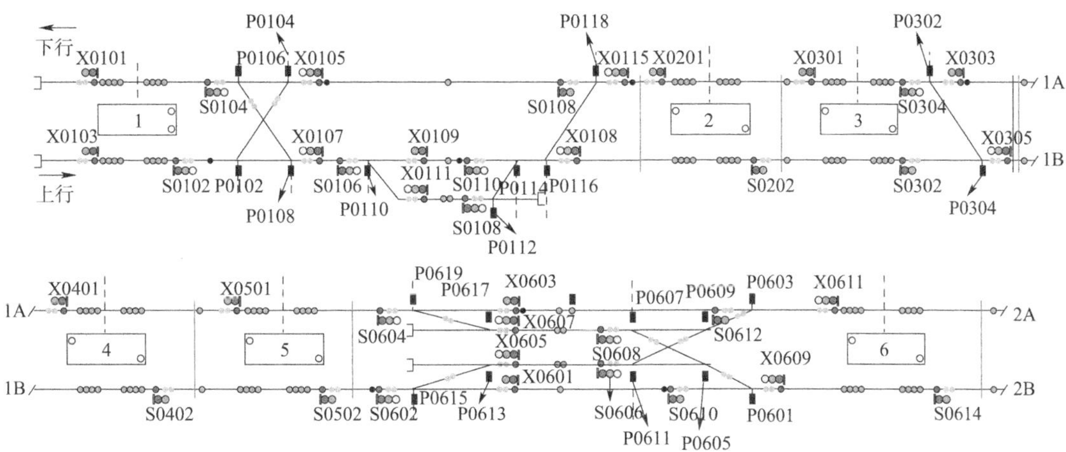


图4-17　线路信号平面示意图

3）实施步骤

教师组织学生学习、讨论轨道电路故障的原因和处理方法、处理程序；教师在ATS上（教师机）指定车站或随机设置轨道电路故障点，按车站、OCC及相关岗位不同，由学员分工种进行演练，其他车站、司机配合。有条件的可以进行“三联动”演练。教师对学员的演练情况进行指导，开展组间互评。

2.4　任务评价

单元4实训2任务评价表见表4-6。

**单元4实训2任务评价表**　　表4-6

| 单元4 | 信号设备故障的应急处理 | |
|---|---|---|
| 实训2 | 轨道电路故障的应急处理 | |
| 考核内容 | 分值 | 考核得分 |
| 1.轨道电路的基础知识掌握情况、轨道电路故障的判断及处理 | 40 | |
| 2.演练方案的完成情况（汇报效果） | 20 | |
| 3.演练过程考核（团队分工、角色设置、处理程序） | 30 | |
| 4.课堂表现及职业素养 | 10 | |

续上表

| 总体评价 | | | | |
|---|---|---|---|---|
| 教师评价<br>(40%) | 小组自评<br>(30%) | 小组互评<br>(30%) | 学生姓名 | |
| | | | 分数 | |

## 实训3　ATS系统故障的应急处理

3.1　任务描述

当中央ATS系统故障时，分析各岗位在ATS系统故障时的应急处理程序，分岗位进行模拟演练ATS系统故障时的应急处理方法。

3.2　任务目标

(1)掌握ATS系统故障时的应急处理方法。

(2)能够编写ATS系统故障应急处理的演练方案，并分岗位进行模拟演练。

3.3　任务实施

1)组织形式

每个学习小组按涉及的岗位设置OCC值班主任、OCC行车调度员、电客车司机、行车值班员、维修调度员、维修人员。按发生故障后的应急处理流程演练。

2)任务准备

(1)设备准备。

运营实训中心开启ATS信号系统，OCC、车站LOW设备正常；沙盘信号系统及小车正常，达到“二联动”状态。

(2)演练准备(预习任务)。

根据表4-1所列ATS系统发生故障时某运营企业OCC的应急处理程序和表4-2所列ATS系统发生故障时车站运营相关岗位的人员的应急处理程序，分析各岗位在ATS系统故障时的应急处理程序，并编制详细的演练方案。

3)实施步骤

(1)学习、讨论ATS系统故障的原因和处理方法、处理程序。

(2)教师在ATS教师机上设置故障，学员按车站、OCC及相关岗位不同，分工种进行演练，其他车站、司机配合。有条件的可以进行“三联动”演练。

(3)教师指导、组间互评。思考并探讨ATS系统发生故障时的处置方法有哪些？关键点是什么？ATS系统发生故障会对正常运营造成哪些影响？有哪些行

车组织方面的应对措施?

3.4 任务评价

单元4实训3任务评价表见表4-7。

**单元4 实训3 任务评价表** 表4-7

| 单元4 | 信号设备故障的应急处理 | | | |
|---|---|---|---|---|
| 实训3 | ATS系统故障的应急处理 | | | |
| 考核内容 | | | 分值 | 考核得分 |
| 1. ATS系统的基础知识掌握情况、ATS系统发生故障时的简单判断及处理 | | | 40 | |
| 2. 演练方案的完成情况(汇报效果) | | | 20 | |
| 3. 演练过程考核(团队分工、角色设置、处理程序) | | | 30 | |
| 4. 课堂表现及职业素养 | | | 10 | |
| 总体评价 | | | | |
| 教师评价(40%) | 小组自评(30%) | 小组互评(30%) | 学生姓名 | |
| | | | 分数 | |

## 实训4 轨旁ATP系统故障的应急处理

4.1 任务描述

某地铁列车运行至区间中发现轨旁ATP故障,请你按照流程做好应急处理。

4.2 任务目标

(1)掌握ATP系统发生故障时的应急处理方法。

(2)能够根据车载ATP系统故障处理程序和轨旁ATP系统故障处理程序编写ATP系统故障应急处理的演练方案,并分岗位采用角色扮演法分组进行模拟演练。

4.3 任务实施

1)组织形式

每个学习小组按涉及的岗位设置OCC值班主任、OCC行车调度员、电客车司机行车值班员、维修调度员、站务员按发生故障后的应急处理流程演练。

2）任务准备

（1）设备准备。

运营实训中心开启 ATS 信号系统，OCC、车站 LOW 设备正常；沙盘信号系统及小车正常，达到“二联动”状态。

（2）演练准备（预习任务）。

根据图 4-13、图 4-14 所示的 ATP 系统故障的应急处理程序，编制详细的演练过程方案。

3）实施步骤

（1）学习、讨论 ATP 系统故障的原因和处理方法、处理程序。

（2）教师在教师机上设置 ATP 系统故障点，学生按 OCC 调度长、行车调度员、电客车司机、行车值班员及相关岗位不同，分工种进行演练，其他车站、司机配合。有条件的可以进行“三联动”演练。

（3）教师指导、组间互评。思考 ATP 系统发生故障时，什么情况下会改由电话闭塞法组织行车？电话闭塞法组织行车有什么规定？ATP 系统故障对正常运营会造成哪些影响？有哪些行车组织的应对措施？

4.4　任务评价

单元 4 实训 4 任务评价表见表 4-8。

**单元 4 实训 4 任务评价表**　　表 4-8

| 单元 4 | 信号设备故障的应急处理 | |
|---|---|---|
| 实训 4 | 轨旁 ATP 系统故障的应急处理 | |
| 考核内容 | 分值 | 考核得分 |
| 1. ATP 系统的基础知识掌握情况、ATP 系统发生故障时的简单判断及处理 | 40 | |
| 2. 演练方案的完成情况（汇报效果） | 20 | |
| 3. 演练过程考核（团队分工、角色设置、处理程序） | 30 | |
| 4. 课堂表现及职业素养 | 10 | |

续上表

| 总体评价 | | | | |
|---|---|---|---|---|
| 教师评价（40%） | 小组自评（30%） | 小组互评（30%） | 学生姓名 | |
| | | | 分数 | |

## 单元小结

本单元旨在帮助学员学习信号设备故障时的应急处理方法和程序，通过典型任务的学习和模拟演练，提高学员应对信号设备故障的能力，使学员奠定良好知识基础和掌握职业技能，并能够应用到实际工作中。

## 复习与思考

1. 列车牵引制动系统故障救援有哪些行车组织模式？
2. 处理道岔故障应依据哪些原则？
3. 人工摇动道岔时须执行哪六步？
4. 进行轨道电路故障应急处理时，行车调度员的工作有哪些？
5. ATP 系统发生故障会导致出现哪些问题？
6. LOW 故障时如何处理？

# 单元5 自然灾害与恶劣天气的应急处理

**教学目标**

**知识目标**

1. 了解水灾的危害,掌握水灾的应急处理措施;
2. 了解地震灾害的危害,掌握地震灾害的应急处理措施;
3. 了解恶劣天气的种类和对城市轨道交通的影响;
4. 掌握运营过程中出现恶劣天气时维持城市轨道交通正常运营的基本办法。

**能力目标**

1. 能按照各岗位工作程序进行水灾应急处理演练;
2. 能按照各岗位工作程序进行地震应急处理演练;
3. 能按照各岗位工作程序进行常见恶劣天气时的应急处理演练。

**建议学时**

6学时

## 案例导入

2011年6月23日16时30分左右,北京突然暴雨,隆隆雷声夹杂闪电,呈现白昼如黑夜之势。此次降雨为2011年北京入汛以来最大降雨,市区不少地方积水严重。多个地铁车站出入口附近积水严重,导致积水沿车站出入口的楼梯迅速涌进站厅及站台。其间,站内运营秩序一度混乱。根据北京地铁公司消息:地铁1号线苹果园站、古城站停运。地铁1号线古城至苹果园上下行区间接触轨采取停电措施,列车在八角游乐园站折返,维持八角游乐园至四惠东运营。在此期间地铁相关车站通过广播等措施告知乘客。

思考:当发生此类情况时,你作为工作人员,应该如何进行应急处理?

# 5.1 水灾的应急处理

## 5.1.1 水灾概述

1)水灾的定义

水灾泛指洪水泛滥、暴雨积水和土壤水分过多对人类社会造成的灾害,多是由暴雨、飓风和堤坝坍塌等引起。

2)水灾危险地带

(1)危房里及危房周围。

(2)危墙及高墙旁。

(3)洪水淹没的下水道

(4)马路两边的下水井通及窨井。

(5)电线杆及高压线塔周围。

(6)化工厂及储藏危险品的仓库。

## 5.1.2 城市轨道交通水灾危害

国内外许多城市的极端强降水事件,造成了城市轨道交通地下空间受淹,给城市轨道交通运营带来了巨大的财产损失。2001 年 9 月,“纳莉”台风带来的强降水,造成台北地铁系统的 63 座车站中 18 座车站被淹,台北地铁陷于瘫痪,车站机电系统损失尤为严重。2003 年,日本福冈市遭受了大暴雨的袭击,导致 Hakata 地铁站、商业中心和建筑物的地下室等均被淹,地铁被迫停运,还发生了地下室淹死人的事件。1992—2003 年,伦敦地铁系统中共发生了 1200 多次的洪水事件,造成了 200 多次的站台关闭,仅 2002 年 8 月 7 日的洪水就造成了 74 万英镑的损失。2007 年 8 月 8 日早晨,纽约降下暴雨,造成地铁遭水淹,所有地铁线路都延误或改变运行区间。2020 年 5 月 22 日,受暴雨影响,广州地铁官湖站外地面积水严重,雨水倒灌进隧道导致无法出车,13 号线暂停运营,车站停止服务,乘客只能改乘其他交通工具。2020 年 7 月 2 日,因天气原因,武汉地铁 2 号线、4 号线多个出入口突然进水,部分站点采取临时封闭措施,武汉地铁 4 号线为保证乘客安全,关闭了中南路站和梅苑小区站。

由此可见,作为地上泛溢河水或暴雨积水极易流侵的半封闭性空间,城市轨道交通等地下空间是水灾危险性极高的空间。当遭遇强降雨、台风暴雨等极端降水事件及其导致的溃堤、漫堤等事件时,如果没有恰当的措施阻止洪水进入地下空间,那么洪水在地下空间中的扩散将非常快,水淹深度的上升速度比城市地表快得多。

### 5.1.3 水灾应急处理措施

1)水灾的应急处理程序

当城市轨道交通车站内出现水灾时,由于涉及乘客安全、运营管理、行车安全、设备设施安全等方面,因此,车站工作人员务必高度重视,迅速处理。

(1)暴雨期间,各岗位应加强巡视,发现情况及时报告。

(2)发现车站出入口水浸,应及时设置挡水板、防洪沙袋等防洪设施,防止雨水涌入站内。

(3)在出入口处地面、楼梯、通道处设置“小心地滑”警示牌,防止乘客摔伤。

(4)当出入口发生拥堵时,引导乘客到人少的出入口或进入站内,必要时向乘客发放一次性雨具。

(5)需关闭出入口时,设置隔离带、“暂停服务”警示牌,引导乘客由其他出入口出站。

(6)做好对乘客的广播工作。

(7)发现设备故障(区间消防水管破裂、废水泵故障)、水淹轨道等情况,应及时报告行车调度员,安排设备维修人员进行抢修及排水。

(8)如抢修作业需下线路,必须经行车调度员同意,确认停电后,方可安排进入轨行区。

2)各岗位职责

(1)车站工作人员的职责。

①值班站长的职责。

a.接到行车值班员通报后,立即赶到受灾出入口进行处置,劝导乘客在出入站时注意安全,并引导乘客尽量从其他出入口进出站。

b.安排站务员、站厅保安、保洁员运送沙袋到受灾出入口砌挡水墙,进行抢险,并通知行车值班员向行车调度员请求关闭受灾出入口。

c.接到同意关闭受灾出入口通知后,安排客运值班员在站厅通道处设置隔离栏杆,张贴告示。

d.发现雨水有漫过挡水墙的趋势,立即要求厅巡和站厅保安继续运沙袋到受灾出入口砌挡水墙,打开车站排水沟盖板,并要求邻站运送支援沙袋。

e.安排人员检查各设备房是否有水浸现象。

f. 发现隧道淹水时，及时接获控制中心的通知有关列车班次受影响而延误的信息，并启用车站广播通知车站乘客。

g. 车站出入口恢复正常后，通知工作人员立即将沙袋撤除，通知保洁员清理通道和楼梯卫生，通知行车值班员报行车调度员，恢复车站正常服务。

②客运值班员的职责。

a. 接到值班站长指令后，在站厅通道处设置隔离栏杆，张贴告示，并做好乘客服务解释工作，引导乘客尽量从其他出入口进出站。

b. 协助厅巡运送沙袋，堆砌挡水墙。

c. 在抢险人员指挥下，安排全站人员投入抢险。

③行车值班员的职责。

a. 接到厅巡报告后立即报告值班班长、机电驻站人员和 OCC，通过 CCTV 监控出入口情况，将情况报告行车调度员。

b. 向行车调度员请求关闭受灾出入口；做好乘客广播服务工作，在 PIS 上显示相关信息，向站长和站务室领导汇报。

c. 监控水泵情况。

d. 接到值班站长可以恢复运营的通知后，报告行车调度员已恢复正常。

④站务人员的职责。

a. 发现车站地面积水持续上涨，有积水进入车站可能时，立即报行车值班员。

b. 确认扶梯无人后停止自动扶梯运行，切断自动扶梯电源。

c. 在站厅通道和出入口处设置隔离栏杆，张贴关闭出入口告示，并做好乘客服务解释工作，引导乘客从其他出入口进出。

d. 观察水位情况，做好雨水导流工作。

e. 协助厅巡运送沙袋，堆砌挡水墙，并在抢险人员指挥下投入抢险。

f. 水灾抢险结束后撤除隔离栏杆及告示，恢复车站正常服务。

(2)调度员的职责。

①行车调度员的职责。

a. 通过 CCTV 观察车站情况，保持与车站行车值班员联系，并向 OCC 报告。

b. 隧道淹水时，通知所有列车司机有关受影响的沿线车站和区间；通知站务中心值班站长事故状况；注意监察如水淹到钢轨底部时，该轨道区段在 MMI 或 LOW 上显示红光带；通知事故段司机水淹到钢轨中部时限速 25km/h，淹到钢轨顶部时限速 15km/h；安排增加维修人员进入隧道查看。

c. 指示在事故区间的列车司机须停留，以向前限速驾驶模式继续前进，或倒退回之前的站台以疏散列车乘客；指示列车司机在抵达车站后，将驾驶模式设定恢复为自动驾驶模式；调度在正线的列车因受此事故影响的运行方式。

d. 随时了解水情变化，必要时，通知电力调度员将接触网(轨)停电。

e. 当司机报告水已流过轨面，列车无法通过时，立即扣停后续列车，确认后续进路空闲(或按维修调度员要求速度执行，并注意地面线路运行安全及区间积水情况，发现险情立即报告)；指示司机执行"退回车站"的安排。

f. 当水灾结束后，执行值班主任下达"恢复列车营运服务"的指示；安排维修人员随乘出动，将事故记录在行车调度员日志中。

②环控调度员的职责。

a. 密切监督 BAS 及 FAS 的运行状态。

b. 监控环控系统相关设备运行。若发现故障，则应及时报修，并指挥设备故障处理、维修施工。

③电力调度员的职责。

a. 加强对调度范围内供电设备实行操作管理。

b. 电力调度员应与行车调度员加强联系，密切配合、正确指挥，保证供电设备的正常运行。

c. 当接到行车调度员的停电通知时，迅速、正确地切断相应的接触网(轨)电源。

(3)列车司机的职责。

①密切关注隧道内的水位情况，及时向控制中心报告淹水情况的事项，包括淹水的区段位置、水位的情况、增进或减退的趋势；请示列车是否能继续前进驶过此区段；如列车不能驶过此区段，启用车载广播通知列车乘客事故状况，继续间断性地用车载广播系统通知乘客有关的事故处理进展情况。

②列车司机须根据控制中心调度员的指示，如列车须停留，以向前限速驾驶模式继续前进，或倒退回之前的站台以疏散列车乘客；如以向前限速驾驶模式驶过事故区段，在抵达下个车站后，与行车调度员确定将驾驶模式设定恢复为自动驾驶模式。

③如果水位已到钢轨顶部，限速 15km/h 运行；如果水已淹过轨面，列车无法通过时，司机须在行车调度员的指示下后退回车站。

(4)机电检修人员的职责。

①对水灾地点及时采取断水堵水措施，开启全部排水泵排水。

②随时向值班站长和行车调度员报告水情。

③按照抢险预案要求，进行紧急处理。

3)事故调查分析

事故处理完毕后，调查事故发生的原因，各部门在了解事故信息方面有无不

足，如何改善；调查事故处理过程中，有无不当或不足，是否应该追究责任，各岗位人员在哪些方面还要提高，如何进行培训；调查事故处理结果，是否已将人员伤亡和损失程度降到最低。

4）事故预防

（1）车站的预防。

①加强对线路、站台、站厅、楼扶梯口、出入口的巡视。

②在特殊车站设置防淹门，配置防水沙袋等。

③在出入口增加排水通道。

④制订和完善应急处理方案，做好员工培训与演练工作。

（2）控制中心的预防。

①关注气象信息，提前做好防灾准备。

②做好应急预案的培训和演练工作。

（3）乘务部门的预防。

①乘务人员上岗要保证良好的工作状态。

②做好乘务人员应急预案的培训和演练工作。

知识链接

## 城市轨道交通排水系统

城市轨道交通排水系统、城市轨道交通车站的排水设计是车站给（排）水及防灾设计的主要内容之一。及时排放车站内部的积水，是保障地铁安全运营的重要措施。

城市轨道交通车站的排水系统既有一般地下建筑工程的共性，又有作为城市轨道交通工程的特点。城市轨道交通车站排水系统采用分流制，主要由废水系统、污水系统和雨水系统组成，分别通过潜水泵提升经室外压力窨井排出。其中废水系统包括车站冲洗水、消防废水和结构渗漏水等；污水主要为卫生间生活污水；雨水主要来自敞开式的出入口和风亭等。

污水泵站应设置在卫生间下的站台层设备区内，泵房集水池有效容积不应小于最大一台泵5min的流量，但不得大于6h的污水量，防止污水停留时间过长而沉淀、腐化。车站和区间主排水泵站（房）、污水泵房、洞口雨水泵站的集水池应设冲洗管、人孔和爬梯，集水池应设集水坑，坡向集水坑的坡度不宜小于10%。污水泵出水管上安装回流冲洗管，以便冲洗污水集水池。污水经潜水排污泵抽至室外压力窨井后进入化粪池处理，再排入城市污水管道。

废水排水系统主要是将消防废水、结构渗漏水、车站冲洗水等由地漏汇集，经排水立管引入站内线路道床排水沟，由排水沟流入车站废水泵房内的废水集水池，经排水泵提升后，排入疲水泵参数。车站主废水泵应设置2台，平时互为备用和轮换工作，消防或必要时同时工作，排水泵流量按消防时排水量和结构渗水量之和确定。我国《地铁设计规范》(GB 50157—2013)规定，泵站集水池有效容积不得小于最大一台排水泵15~20min的出水量。

雨水泵站主要设置在车站敞开式风亭内及敞开式出入口扶梯下，雨水排放设计按当地50年一遇暴雨强度计算，集流时间为5~10min。出入口处雨水泵流量按出入口消防水量与雨水量之和选取，风亭处雨水泵流量按计算雨水量选取。泵提升雨水经压力窨井后再排入市政雨水管道系统。对于非敞开式出入口的排水泵站，可归于局部废水泵站，水泵设计流量仅考虑消防排水量。设有顶盖的风亭，可不设雨水泵站，风亭的结构渗漏水可沿风道排入车站内，由地漏收集后的出水量排放至主废水池。雨水集水池的有效容积不小于最大一台排水泵15~20min的出水量。

## 城市轨道交通防淹门

我国《地铁设计规范》(GB 50157—2013)规定，跨河流和临近河流的地铁工程，应在进出水域的两端适当位置设防淹门或其他防淹措施。

防淹门作为城市轨道交通的防灾设备，主要应用在水系复杂常年蓄水或地处海域海岛的地区。城市轨道交通在以地下线路穿越河流或湖泊等水域时，应考虑在进出水域的隧道两端的适当位置设置防淹门，以防止因意外突发使洪水进入隧道和车站，避免造成大范围的人身伤亡和财产损失，有效保护地下设备和人身的安全。

城市轨道交通隧道防淹门开启状态下，虽然并不会造成被入侵城市轨道交通车站的洪水积聚，对人员的安全撤离有一定帮助，但洪水会沿着区间隧道流入相邻城市轨道交通车站，波及范围更广，影响更大。由于城市轨道交通线路四通八达，洪水往往会远离其最初进入城市轨道交通的源点。2001年，台风“纳莉”使台北地铁陷于瘫痪，18座淹水的车站，平均每座车站的积水约1万t，其中台北车站的积水约6万t，再加上区间隧道的积水，总积水量约30万t。导致此次事件的原因就是城市轨道交通隧道的设计没有考虑防水间隔，也不像日本区间隧道采用倾斜设计，以致洪水来临时，无法阻挡。

因此，城市轨道交通车站在区间隧道两端设置防淹门，不仅可以阻止越江隧道区间内可能侵入的水进入城市轨道交通车站，也能防止侵入城市轨道交通车站内的地面积水和洪水通过区间隧道淹及相邻城市轨道交通车站。在洪水通过地面出入口入侵城市轨道交通车站时应根据人员疏散撤离情况，适时关闭区间隧道的防淹门，以免造成更大的损失。

## 5.2　地震的应急处理

一般人可能认为，地震对位于地下的城市轨道交通线路不会产生较大危害，其实不然，早在1995年发生的日本阪神大地震，就已经证明地震会导致城市轨道交通隧道崩裂、支柱倒塌等现象。至于车站建筑物损毁、站台的损害的问题就更多了。不少城市轨道交通车站及区间隧道也遭到了严重的破坏，甚至出现了城市轨道交通车站完全倒塌而不能使用的先例。2019年4月18日，中国台湾花莲县附近发生里氏6.7级地震，台北地铁全线暂停行驶。由此可见，当地下结构发生严重地震灾害时，不仅会直接产生极其严重的社会后果和经济损失，乘坐城市轨道交通出行的市民也会受到影响。

### 5.2.1　地震概述

1）地震的相关概念

（1）地震。地震的英文为earthquake，又称地动、地振动，是地壳快速释放能量过程中造成振动，其间会产生地震波的一种自然现象。

（2）震源。地球内部发生地震的地方叫震源，也称震源区。它是一个区域，但研究地震时，常把它看成一个点。

（3）震源深度。如果把震源看成一个点，那么这个点到地面的垂直距离就称为震源深度。

（4）震中。地面上正对着震源的那一点称为震中，实际上也是一个区域，称为震中区。

（5）震中距。在地面上，从震中到任一点的距离叫作震中距。

2）地震的类型

（1）天然地震（构造地震、火山地震）。

（2）诱发地震（矿山冒顶、水库蓄水等引发的地震）。

(3)人工地震(爆破、核爆炸、物体坠落等产生的地震)。

其中,天然地震中的构造地震是由于地下深处岩石破裂、错动把长期积累起来的能量急剧释放出来,以地震波的形式向四面八方传播出去,到地面引起房摇地动的现象,这种地震占世界地震总数85% ~90%;而天然地震中的另一种则是火山地震,它是由于火山爆发引起的地震,这种地震占世界地震总数的7%左右。诱发地震主要是由于人类活动如水库蓄水、矿山采矿、油田抽油注水等引发的地震;人工地震是指核爆炸、工程爆破、机械振动等人类活动引起的一系列地面震动,诱发地震和人工地震发生的概率占世界地震总数的3%左右。人们常说的地震一般都是指天然地震中的构造地震。

## 5.2.2 地震对城市轨道交通的影响

地震发生后,城市轨道交通管辖范围内除了会导致地面建筑受损外,可能还会产生如下几个方面的问题:

(1)城市轨道交通列车脱轨、挤岔、相撞,甚至溜逸。

(2)洞下结构局部受损,个别隧道错位,出现地下冒水、漏水现象。

(3)隧道倒塌。

(4)钢轨及下部建筑扭曲。

(5)供电支架损坏、接触网线脱落。

(6)电缆、上下水管道受损,供电、供水中断。

另外,发生地震时,乘客在紧急情况下极易发生恐慌,而造成踩踏事故,继而引发伤亡。客流的大量相互拥挤,给紧急疏散增加了更大难度,这就需要城市轨道交通全体工作人员共同合力全力疏散客流,引导乘客正确逃生。

## 5.2.3 地震应急处理措施

1)地震应急处理程序

城市人民政府城市轨道交通主管部门应当会同有关部门制订处理突发事件的应急预案,城市轨道交通运营单位应该根据实际情况制订地震、火灾、浸水、停电、反恐防爆等分专题的应急预案,建立应急救援组织,配备救援器材设备,并定期组织演练。当发生地震、火灾等灾难,城市轨道交通运营单位和工作人员应当立即报警和疏散人员并采取相应的紧急救援措施,其目的是:做好城市轨道交通事故的防范与处置工作,保证及时、有序、高效、妥善地处置城市轨道交通事故灾难,最大限度减少人员伤亡和财产损失,维护社会稳定,支持和保障经济发展。

城市轨道交通事故灾害大致分为安全事故、自然灾害、人为突发事故三类，针对每一类灾害的具体措施可能千差万别，但其导致的后果和产生的影响却是大同小异。所以针对地震灾害，应根据不同的级别(由高到低)，制订具有较强针对性的专项应急预案。

(1)一级预案。

①启动一级应急措施。OCC电力调度员切断交流供电电源，启用紧急照明，列车紧急制动停车。列车司机负责组织列车上乘客向车站疏散；车站站长或值班站长负责组织有关人员疏散乘客、保护城市轨道交通设备，并将情况报告OCC，若通信中断应设法与外界取得联系，并做好自救工作；OCC发布列车停运、急救命令，及时将灾情报告指挥部及市有关部门。

②车辆部、客运部、物资设施部及时成立应急处理工作组，召集各专业救援队队员，组织救援工具、物品。根据灾情尽快恢复动力照明系统供电，确定牵引供电恢复送电方案，救援队出席救援，在起复机车、车辆和抢修线路中，快速确定方案，并报控制中心。方案确定后严格由救援队长单一指挥作业，有两个以上救援队联合作业时，应商定一名队长为总体指挥。

③必要时向指挥部、市政府有关部门和组织请求援助；指挥外援人员抗震救灾，尽快恢复电力运营。

④及时向指挥部、市政府报告震情、救灾情况以及运营开通情况。

(2)二级预案。

①启动二级应急措施。OCC电力调度员切断牵引供电系统电源，启用紧急照明；列车司机制动列车停车，组织列车上乘客向车站疏散；车站站长或值班站长负责组织有关人员疏散乘客、保护城市轨道交通设备，并将情况报告OCC，若通信中断应设法与外界取得联系，并做好自救工作；OCC发布列车停运、急救命令，及时将灾情报告指挥部及市有关部门。

②各应急处理工作组及时到位履行职责，组织救援抢险，恢复牵引供电，开通城市轨道交通线路运营。

③必要时向指挥部、市政府有关部门和组织请求援助；指挥外援人员抗震救灾，尽快恢复城市轨道交通运营。

④及时向指挥部、市政府报告震情、救灾情况以及运营开通情况。

(3)三级预案。

①小于里氏6.5级的地震发生后，列车司机视灾情维持列车运行到前方站停车，疏散车上乘客；站长或值班站长负责组织有关人员疏散车站乘客、保护城市

轨道交通设备，并将情况报控制中心，若通信中断应设法与外界取得联系，并做好自救工作；OCC视情况发布列车停运或限速命令，组织抢险救援，向上级领导报告有关情况。

②按市防震救灾领导小组的要求，在运营分公司抗震救灾应急指挥部领导下，视震情、灾情组织抢险救援，具体落实抗震救援工作和措施，并及时报告有关情况。

2）不同岗位人员的应急处理

（1）值班站长。

一旦发生地震，值班站长应保持镇静，按上级调度指挥，组织车辆运行工作，组织并引导乘客疏散，配合各部门做好应急救援工作。

（2）站务员。

站务员以救护乘客为主，主动疏散并引导乘客逃生。如果地震灾害比较迅猛，来不及逃生，站务员应采取就近原则，先在桌下、床下紧急避险，然后积极开展疏导乘客、救护伤员及组织乘客自救互救工作。

（3）当班的列车司机。

遇到险情时，当班的列车司机应立即采取紧急措施制动车辆，减少车辆自身功能与地震能量叠加。地震过程中若发现列车受损、接触网断线及隧道照明中断，应使用应急照明查明周围的情况，采用有效的措施与OCC或邻站值班站长联系，报告情况，以求得救援和行动指令。在孤立无援的最困难条件下，列车司机是组织该列车所载乘客避险逃生的负责人，应立即采取一切可能的措施安抚乘客，组织乘客有步骤、有组织地脱离险境。

（4）设备值班人员。

设备值班人员应关闭正在操作的设备，切断身边的电源，就近选择较安全的位置紧急避险。

（5）OCC、变电站、变电所值班人员等关键岗位人员。

这类人员应在就近选择较安全的位置紧急避险后，坚守岗位，立即进入抗震抢险救灾状态，采取一切可能措施减少地震损失。同时着手调查，收集管辖范围内人员、设施、设备损失情况，迅速将险情及初步救援方案向有关领导报告。

3）事故调查分析

事故处理完后，车站做好人员伤亡统计，维修部门做好线路、设备的损坏统计。各部门对应急救援工作做总结分析，总结成功经验或是存在的不足，不断完善工作，提高应急处理效率和能力。

4)事故预防

地震的预防主要从建筑设计、信息获取、应急处理方案等几方面着手。在线路、车站的设计建造时,要考虑工程的抗震能力;城市轨道交通系统要与地震台保持信息畅通,获得地震信息后提前停运,震期要密切关注余震信息,以免造成二次灾害。应急处理方案是应急处理的灵魂,技术科应反复研讨并完善应急预案,各部门也应结合部门特点将应急预案具体化。各部门之间还应加强协作,加大应急演练力度,加强员工应急处理能力培训,常备应急处理物资。由此从震前、震期的各个方面来预防事故,将人员伤亡和损失降到最低。

### 5.2.4 地震灾害后的恢复与善后工作

(1)应迅速组织各专业救援队,由有丰富经验、有指挥能力、责任心强的人担任救援队长,组织营救人员和抢修设备。

(2)震后后勤保障组应联系专业医务人员组成医务抢救队伍。

(3)震后物资设施组要组织通信、电力、给水排水抢修队伍,根据灾情特点,制订修复计划和任务。

(4)地震发生后,城市轨道交通隧道结构受到损伤,道床、钢轨等可能出现扭曲变形、位移,严重时可能断轨。因此,物资设施组工务专业人员须及时检查线路,抢修被毁路段。

(5)及时救援震后隧道内的车辆和被困乘客;及时将掉道、受损车辆起复,然后将其转移到安全地段加装止轮器、车挡等,防止受余震溜车;对车辆内部应及时清理、检查、抢修被砸毁车辆;及时将受损车库内车辆转移到安全地段加装止轮器、车挡等,防止受震倾覆溜车。

**知识链接**

**地震等级**

地震等级简称震级,是划分震源放出的能量大小的等级。释放能量越大,地震震级也越大。地震震级分为九级,一般小于2.5级的地震人无感觉;2.5级以上的地震人有感觉;5级以上的地震会造成破坏。

弱震震级小于3级。如果震源不是很浅,这种地震人们一般不易觉察。

有感地震震级等于或大于3级、小于或等于4.5级。这种地震人们能够感觉到,但一般不会造成破坏。

中强震震级大于4.5级、小于6级。中强震属于可造成破坏的地震,但破坏轻重还与震源深度中距等多种因素有关。

发震时刻、震级、震中统称为“地震三要素”。

## 5.3 常见恶劣天气的应急处理

2008年11月15日下午，杭州萧山风情大道地铁1号线出口附近发生大面积塌方事故，造成11人死亡。这次地铁坍塌事故主要和杭州特殊的土质和前段时间的持续性降雨等有关。

城市轨道交通系统是城市中人流最为集中的地方之一，一旦发生灾害，将直接危及乘客的人身安全。气候异常会给交通运输带来大的影响。其中，暴雨、洪水对铁路运输的影响最大；浓雾、大雪对高速公路通行影响最大；大雾以及强对流天气对航空运输影响最大；台风、大雾对船舶的航行影响最大。城市轨道交通也同样遭受到各种灾害性天气的侵害，其灾害破坏可能导致整个城市和区域经济、社会功能的瘫痪。

### 5.3.1 恶劣天气与预警信号

1)恶劣天气的定义

恶劣天气是指突发气象灾害预警信息所描述的天气，包括台风、暴雨、暴雪、大雾等天气。

2)预警信号

中国气象局规定的气象灾害预警信号(简称预警信号)有台风、暴雨、暴雪、寒潮、大风、沙尘暴、高温、干旱、雷电、冰雹、霜冻、大雾、霾、道路结冰14种。除干旱外，其他13种气象灾害对城市轨道交通运营安全都有较大影响，都可以归入影响城市轨道交通的恶劣天气中。

3)预警信号的标准

常见的恶劣天气主要有台风、暴雨、暴雪。自2010年起，中央气象台台风、暴雨、暴雪预警发布标准如下。

(1)台风。

红色预警：预计未来48h将有强台风(中心附近最大平均风速14～15级)、超强台风(中心附近最大平均风速16级及以上)登陆或影响我国沿海。

橙色预警：预计未来48h将有台风(中心附近最大平均风速12～13级)登陆或影响我国沿海。

黄色预警：预计未来48h将有强热带风暴(中心附近最大平均风速10～11级)登陆或影响我国沿海。

蓝色预警：预计未来48h将有热带风暴（中心附近最大平均风速8～9级）登陆或影响我国沿海。

（2）暴雨。

红色预警：过去48h有2个及以上省（自治区、直辖市）大部地区持续出现日降雨量100mm以上的降雨，且上述地区有日降雨量超过250mm的降雨，预计未来24h上述地区仍将出现100mm以上的降雨。

橙色预警：过去48h有2个及以上省（自治区、直辖市）大部地区持续出现日降雨量100m以上的降雨，且南方地区有成片或北方地区有分散的日降雨量超过250m的降雨，预计未来24h上述地区仍将出现50mm以上的降雨；或者预计未来24h有2个及以上省（自治区、直辖市）大部地区将出现250mm以上的降雨。

黄色预警：过去24h有2个及以上省（自治区、直辖市）大部地区出现100mm以上的降雨，预计未来24h上述地区仍将出现50mm以上的降雨；或者预计未来24h有2个及以上省（自治区、直辖市）大部地区将出现100mm以上的降雨，且南方地区有成片或北方地区有分散的超过250mm的降雨。

蓝色预警：预计未来24h有2个及以上省（自治区、直辖市）大部地区将出现50mm以上的降雨，且南方地区有成片或北方地区有分散的超过100m的降雨；或者已经出现并可能持续。

（3）暴雪。

红色预警：过去24h有2个及以上省（自治区、直辖市）大部地区出现25mm以上的降雪，预计未来24h上述地区仍将出现10mm以上的降雪。

橙色预警：过去24h有2个及以上省（自治区、直辖市）大部地区出现10mm以上的降雪，预计未来24h上述地区仍将出现5m以上的降雪；或者预计未来24h有2个及以上省（自治区、直辖市）大部地区将出现15mm以上的降雪。

黄色预警：过去24h有2个及以上省（自治区、直辖市）大部地区出现5mm以上的降雪，预计未来24h上述地区仍将出现5mm以上的降雪；或者预计未来24h有2个及以上省（自治区、直辖市）大部地区将出现10m以上的降雪。

蓝色预警：预计未来24h有2个及以上省（自治区、直辖市）大部地区将出现5mm以上的降雪，且有成片超过10m的降雪。

4）恶劣天气的判断

气象灾害预警信号实行统一发布制度，地方气象主管机构负责本行政区域内警情发布、解除与传播的管理工作。

城市轨道交通运营公司接到气象主管机构发布的预警信号，即可判定为恶劣天气。气象主管机构向城市轨道交通运营公司提供气象信息的方式有如下几种。

(1)正常情况下。

①地方气象主管机构可以通过互联网在城市轨道交通运营公司网上提供气象信息。其内容包括:

a. 运营公司沿线早晨、下年天气预报;

b. 本地区 48 ~ 72h 天气预报;

c. 一周天气趋势预报;

d. 气象灾害预警信息。

②地方气象主管机构可以通过手机短信方式提示运营企业中央控制室调度值班主任,以发布气象灾害预警信息。

(2)当网络传输出现故障时,地方气象主管机构可以通过普通传真机传输气象信息,同时,致电运营企业中央控制室调度值班主任,并互通姓名,做好相应记录。

(3)当网络传输与传真机同时出现故障时,地方气象主管机构可以电话通知运营企业控制中心调度值班主任,值班主任接到气象信息后,应复通确认,并互通姓名,做好相应记录。记录的信息包括灾害天气的主要类别(根据灾害天气的成因特点,将其分为雨灾、风灾、雪灾、雾灾、雷雹灾害)及所造成的直接和间接灾害。针对所处城市的实际特点,运营部门应依照城市特征制订相应的恶劣天气应急处理预案。

## 5.3.2 城市轨道交通灾害天气的主要类别

根据城市轨道交通天气灾害的成因特点不同,将其分为雨灾、风灾、雪灾、雾灾、雷雹灾害、温度变化灾害 6 类,每一类又分几种灾害性天气。灾害类别和相应的灾害性天气,以及其直接和间接灾害见表 5-1。

**自然灾害性天气的直接和间接灾害** 表 5-1

| 类　别 | 灾害性天气 | 直接灾害 | 间接灾害 |
|---|---|---|---|
| 雨灾 | 大雨 | 暴雨、洪水、涝害,灌淹没车站、隧道设施,冲垮高架桥及其他城市轨道交通设施等 | 泥石流,山崩 |
| | 暴雨 | | |
| | 连阴雨 | 霉变,能见度低,列车速度下降等 | 病虫害 |

续上表

| 类别 | 灾害性天气 | 直接灾害 | 间接灾害 |
|---|---|---|---|
| 风灾 | 飓风 | 卷走接触网、供电设备等 | 风暴,巨浪,沙尘暴 |
| | 龙卷风 | | |
| | 台风 | | |
| | 沙尘暴 | 能见度下降,列车速度下降,轨道积沙等 | |
| 雪灾 | 暴雪 | 掩埋地面、高架轨道设施,能见度下降,列车速度下降等 | 冰冻,冻融,低温灾害 |
| | 大雪 | | |
| | 吹雪 | | |
| 雾灾 | 大雾 | 能见度下降,列车速度下降,“雾闪”断电等 | — |
| 雷雹灾害 | 雷电 | 电击高架轨道和电力线网设施 | 雷击火 |
| | 冰雹 | 毁坏电力线网和轨道设施,轨道积水 | |
| 温度变化灾害 | 高温 | 乘客流量增大 | — |
| | 低温(寒潮、霜冻、冻雨) | 电网爆裂,输电能力下降,乘客流量增大等 | 冰冻,冻融,雪灾 |

### 5.3.3 不同岗位人员的应急处理

1)主要处理原则

(1)以人为本,安全第一。

把保障人民群众的生命安全放在首位,抢险救灾先人后物,加强预案启动和实施过程中的安全管理,落实安全防护责任和安全措施,确保应急处置期间人员人身安全和行车安全。

(2)统一指挥,逐级负责。

OCC按照各自职责分工,迅速组织相关工作人员参与应急处理。

(3)快速反应,协同应对。

出现台风、暴雨等恶劣天气,车站应及时响应,迅速开展工作,相关工作人员积极配合、密切协作,减少恶劣天气对车站、行车的影响,尽快恢复正常运营秩序。

(4)以防为主,常备不懈。

坚持预防与应急相结合,防患于未然。各相关单位要开展台风、暴雨等恶劣天气交通突发事件的预防工作,妥善做好应对突发事件的各项工作。

2)处理方法

在不同的恶劣天气期间,车站当班的员工应经常巡视车站;天气情况差时,巡视次数相应增加。应巡视各车站站台、站厅、所有出入口及其四周通道、与车站相连的行道、轨道范围及值班站长认为有必要巡视的其他部位。

维修人员负责巡视各车站设备及附属建筑物内的机房,并安排测试应急设备(如抽水机)。巡视及测试完毕后,必须通知值班站长。车站其他人员(如物业人员)巡视本岗位职责范围的区域(如排水沟等)、设备,巡视完毕后必须通知值班站长。

### 5.3.4 恶劣天气时的应急处理程序

1)雨天应急处理程序

(1)如遇突降大雨,值班站长要立即组织有关人员到出入口等处查看降水情况。

(2)站务人员在各出入口铺设防滑垫,设立警示标志。

(3)地势较低的车站应立即放置防洪板、沙包,防止雨水灌入车站。若遇雨水较大有可能发生倒灌事故时,应及时通知机电部门做好排水准备。

(4)值班站长通过 BAS 查看雨水泵开动情况,如有异常情况则应立即报修。

(5)行车值班员通过 PA(Public Address System,车站广播系统)、PIS 向进站乘客宣传安全、防滑的注意事项。

(6)站务人员加强巡视,确保车站出入口、站厅、站台的客流秩序;关注出入口处客流情况,向乘客发放一次性雨衣、伞套,宣传疏导其快速出站,不要在出入口处停留。

(7)值班站长要立即采取雨天设备故障、长时间无车等特殊情况下的应对措施;根据现场情况,适当调配人员,做好限流准备,并及时挂出提示牌、张贴通告。

(8)露天段车站应加强站台巡视,督促保洁员做好地面清理工作。

2)大风、沙尘天气的危害及应急处理程序

风力超过 7 级的大风将对车站运营造成影响。接到控制中心发布的有关恶劣天气的消息后,车站须检查悬挂物,以免脱落物硬伤乘客及员工;指派专人对

站台上的可移动物品进行加固;督促保洁人员做好车站卫生;露天段车站做好停运、客流疏散准备;如有其他异常情况应立即上报控制中心。

当列车遇雾、暴风、沙尘天气,瞭望困难时,司机应及时将情况报告行车调度员或车站行车值班员;必要时开启前照灯,适时鸣笛,适当降低速度。当看不清信号、道岔时,要停车确认,严禁臆测行车,列车进入车站时,司机要适当降低列车速度,确保对标停车,运行中严禁盲目抢点。

3)雪天的危害及应急处理程序

城市轨道交通运营线路出现大范围降雪时,钢轨冰冻会影响车辆的牵引制动,尖轨与基本轨无法紧密贴合,接触轨冰冻而无法与受流器接触造成机车无电,此外还会造成乘客摔伤等后果。值班站长应通知所有工作人员,并向工作人员通报恶劣天气的相关情况,做好雪天应急处理工作。

(1)站务人员在出入口、楼梯口铺设防滑垫和提示牌,同时组织人力及时清扫出入口积雪。

(2)值班站长通知保洁人员注意出入口、楼梯口等区域的卫生状况。

(3)站务人员在客流量较大的出入口疏导乘客进出站。

(4)行车值班员通过 PA、PIS 向进站乘客宣传安全、防滑的事项。

(5)行车值班员通过 CCTV 密切关注进出站客流变化,并随时向值班站长报告。

(6)值班站长要随时掌握运营现场和天气情况,并随时做好延长运营时间的准备工作。

### 知识链接

#### “雾闪”缘何逼停动车

2012 年 1 月 1 日,西安—郑州的动车 D1002 次列车两次出现“雾闪”断电事故,造成动车三次晚点。2013 年 1 月 11 日,北京西—武汉站的动车 D2031 在信阳段发生“雾闪”断电故障,致使千余旅客滞留。

在冬季,电力机车经过大范围的大雾地段运行后,车顶绝缘子、受电弓等设备的迎风面一般会产生 5 ~ 20mm 厚的霜状冰。当机车停车后,由于司机室及机车内部的热空气上升会使车顶温度升高,绝缘子表面的霜状冰中会渗出小水珠。随着小水球不断变大,造成的漏泄电流也会逐渐加大,漏电产生的温度会进一步融化冰霜,反过来使漏泄电流不断加大。这种情况一旦达到某一临界值,会瞬间发生高压电对车顶的高强度放电闪络现象,也就是所说的“雾闪”。

电力机车“雾闪”一般在冬季大雾天运行后停车和再次开车后10km/h以下速度运行时发生。“雾闪”会造成机车停电，给轨道交通运输安全带来严重隐患。

“雾闪”并不只是在电力机车运行时出现。凡是有输电线路存在的地方，就有“雾闪”事故发生的可能性。

物质按导电性能可划分为导体、半导体和绝缘体。电瓷瓶是绝缘体，它把输电线路和输电铁架分隔开来，即把两个导电体分隔开，达到输电目的。为了防止瓷瓶在雨雪天气受影响，人们还把瓷瓶的外形设计成伞状，使雨雪不易降到瓷瓶的内部，以使瓷瓶保持良好的绝缘性能。但是，风是无孔不入的，低空大气中的杂质受到风的吹动仍能侵入到伞状瓷瓶的内部，瓷瓶受长期污染就会变脏。这时如有浓雾存在，雾的凝结又会加重瓷瓶的污染，可使瓷瓶的绝缘性能下降，在高压输电网络中就会产生短路放电，造成跳闸、掉闸的停电事故，大范围、长时间的突然停电就会造成“雾闪”灾害。

## 单元实训

### 实训1　强暴雨出入口水淹事件的应急处理

1.1　任务描述

某日发生强暴雨，雨水开始出现倒灌。学生根据以下预设条件分组进行演练。

(1)出现强暴雨，OCC启动专项应急处理预案，行车调度员向车站发布恶劣天气警报，厅巡巡站时发现车站C口地面积水持续上涨。

(2)暴雨持续，积水将要威胁出入口安全，车站做好应急处理的抢险准备。

(3)雨水有漫过上部挡水墙趋势，车站调集人员组织抗洪抢险工作。

(4)积水突破上部挡水墙流进车站。

(5)积水漫进站厅。

(6)暴雨停止，车站接到OCC应急处理终止命令且车站紧急情况解除后，通知各位岗终止本方案，撤除防护、清理现场；司机确认恢复动车条件，恢复正常驾驶。

1.2　任务目标

(1)培养学生掌握城市轨道交通车站各岗位应对车站水淹的应急处理能力。

(2)培养学生演练车站各岗位之间的协调和配合能力。

(3)培养学生将理论应用于实践的能力。

1.3　任务实施

(1)学生可按6~8人一组,分别饰演车站不同岗位工种。按照演练步骤,根据本单元所学内容,制订本组的演练方案,演练应急处理情况。

(2)学生可反复演练,逐步完善演练效果。

(3)各组设置观察员1名,用摄像机、手机等记录设备将演练过程拍摄下来,使用观察清单记录和分析该小组演练问题及演练程序中关键点的时间把握程度。演练视频也是教师评价依据之一。

(4)演练后应对演练效果进行评价,并汇报说明演练中存在的问题,提出改进措施。

1.4　任务评价

单元5实训1任务评价表见表5-2。

**单元5实训1任务评价表**　　表5-2

| 单元5 | 自然灾害与恶劣天气的应急处理 | | | |
|---|---|---|---|---|
| 实训1 | 强暴雨出入口水淹事件的应急处理 | | | |
| 考核内容 | | | 分值 | 考核得分 |
| 1.强暴雨导致出入口水淹应急处理的过程知识掌握情况、应对出入口水淹相互协作的应急处理能力 | | | 40 | |
| 2.演练方案的完成情况(汇报效果) | | | 20 | |
| 3.演练过程考核(团队分工、角色设置、处理程序) | | | 30 | |
| 4.课堂表现及职业素养 | | | 10 | |
| 总体评价 | | | | |
| 教师评价(40%) | 小组自评(30%) | 小组互评(30%) | 学生姓名 | |
| | | | 分数 | |

## 实训2　城市轨道交通遭遇地震演练

2.1　任务描述

本市地震台发布地震通报，行车调度员向全线列车发布限速运行至前方站停车清客命令，车站立即封站，组织乘客疏散。处理流程如下。

(1)行车调度员通知全线列车清客，司机做好广播工作并安抚乘客。

行车调度员："全线列车司机注意，接市地震台发生地震通报，全线列车限速运行至前方站停车清客。"

司机："××次列车司机有，接市地震台发生地震通报，全线列车限速运行至前方站停车清客。明白。"

列车广播："各位乘客请注意，由于发生紧急情况，列车即将在前方站终止服务，请勿触碰车内设施，列车到站后请所有乘客下车，给您带来不便非常抱歉。"

(2)行车调度员通知全线车站疏散乘客并封站。

行车调度员："全线车站请注意，接市地震台发生地震通报，全线车站立即疏散乘客并封站。"

(3)车站接到通知后，值班站长启动地震应急预案，安排车站工作人员封站，疏散乘客。

车站值班站长："车站所有工作人员请注意，由于发生地震，现在启动地震应急预案，所有工作人员做好乘客疏散与封站工作。"

(4)车站工作人员根据值班站长的指示，做好相应工作。

①站台岗：迅速将站台乘客向站厅疏散，列车到站后协助疏散列车上的乘客。

②售票员：停止售票，锁好车票、票款和票亭，打开边门疏散乘客。

③保安：到出入口粘贴告示，阻止乘客进站

④厅巡：关停车站所有扶梯，疏散乘客。

⑤票务员：锁好票务室(点钞室)，到站厅疏散乘客。

⑥其他所有工作人员：协助疏散乘客，若有乘客受伤，做好乘客的救护工作。

(5)车站值班员按压AFC闸机紧急释放按钮，打开所有进出站闸机，并广播引导乘客疏散。

车站广播："各位乘客请注意，由于车站发生险情，请所有乘客按照工作人员指引，迅速离开车站，请照顾好身边的老人和小孩，注意自身安全，谢谢您的配合。"

(6)车站值班员立即拨打“119”“120”寻求支援,留守岗位,通过CCTV观察车站情况,与值班站长、行车调度员、环控调度员保持联系。

(7)事后恢复:得到市地震台地震平息的通报后,行车调度员通知各部门做好恢复运营的准备工作。

①各维修部门对线路、设备、信号通信系统等做全面检查,确认具备恢复运营条件后报告行车调度员。

②车站人员清理现场,具备运营条件后报告行车调度员。

③行车调度员报集团公司分管领导批准后,下令恢复运营,各部门各岗位工作人员回到自己岗位,恢复日常工作。

2.2　任务目标

(1)能按各个岗位工作人员的职责及正确处理程序对地震灾害进行应急处理。

(2)能填写事故调查表,能做事故调查报告,能提出预防改进措施。

(3)能对情景模拟进行自评与总结,不断完善。

(4)能妥善处理各种细节,做到随机应变。具备爱岗敬业、坚守岗位的职业素质。

2.3　任务实施

1)组织形式

以6~10人为一组,分角色扮演各运营岗位人员:乘客若干,司机、行车调度员、环控调度员、维修人员、值班站长、值班员、站务员若干,消防人员、急救人员等。

2)任务准备

(1)根据所分配的情境,合理设置细节,要符合常理,不能刻意简化情境。

(2)急救箱、担架、警戒绳、应急照明、对讲机、电话、安全帽、扩音器、广播等物资准备齐全,运用合理。

3)实施步骤

(1)给各组分配情境任务。

(2)组内讨论情境细节、人员与职责、物资等。

(3)情景模拟。

(4)事故调查及预防。

(5)自评与总结。

2.4　任务评价

单元5实训2任务评价表见表5-3。

**单元5 实训2 任务评价表** 表5-3

<table>
<tr><td>单元5</td><td colspan="4">自然灾害与恶劣天气的应急处理</td></tr>
<tr><td>实训2</td><td colspan="4">城市轨道交通遭遇地震演练</td></tr>
<tr><td colspan="3">考核内容</td><td>分值</td><td>考核得分</td></tr>
<tr><td colspan="3">1. 地震应急处理的过程知识掌握情况、应对地震灾害相互协作的应急处理能力</td><td>40</td><td></td></tr>
<tr><td colspan="3">2. 演练方案的完成情况(汇报效果)</td><td>20</td><td></td></tr>
<tr><td colspan="3">3. 演练过程考核(团队分工、角色设置、处理程序)</td><td>30</td><td></td></tr>
<tr><td colspan="3">4. 课堂表现及职业素养</td><td>10</td><td></td></tr>
<tr><td colspan="5">总体评价</td></tr>
<tr><td>教师评价<br>(40%)</td><td>小组自评<br>(30%)</td><td>小组互评<br>(30%)</td><td>学生姓名</td><td></td></tr>
<tr><td></td><td></td><td></td><td>分数</td><td></td></tr>
</table>

## 实训3 暴雪天气下的应急处理

3.1 任务描述

某年1月12日因暴雪突袭,某地铁站A、B、D三个出入口已被厚雪覆盖,此时正值下班高峰期,大部分乘客滞留在楼梯口,无法出站,某乘客因地面湿滑不慎摔倒导致双手擦伤。另一部分乘客受阻于出入口外无法进入车站乘车。

3.2 任务目标

(1)能按正确流程对恶劣天气灾害进行应急处理。

(2)清楚各个岗位工作人员的职责及处理程序。

(3)能妥善处理各种细节,做到随机应变。

(4)能对情景模拟进行自评与总结,不断完善。

(5)能填写事故调查表,能做事故调查报告,能提出预防改进措施。

(6)具备爱岗敬业、坚守岗位的职业素质。

3.3 自己任务实施

(1)能认真确定任务目标,正确运用车站突发事件处理原则,遵循应急规范,

按照应急预案基本程序编制本小组演练方案。

(2)编写完毕后按照流程在课堂上认真有序地扮演方案中的各个角色完成岗位工作。

(3)各组设置观察员1名,用摄像机、手机等视录设备将演练过程拍摄下来,使用观察清单记录和分析该小组演练问题及演练程序中关键点的时间把握程度。

(4)演练完毕后,做好自我评估总结和汇报工作。

3.4　任务评价

单元5实训3任务评价表见表5-4。

**单元5实训3任务评价表**　　表5-4

| 单元5 | 自然灾害与恶劣天气的应急处理 | | | |
|---|---|---|---|---|
| 实训3 | 暴雪天气下的应急处理 | | | |
| 考核内容 | | | 分值 | 考核得分 |
| 1. 暴雪天气应急处理的过程知识掌握情况、应对暴雪天气相互协作的应急处理能力 | | | 40 | |
| 2. 演练方案的完成情况(汇报效果) | | | 20 | |
| 3. 演练过程考核(团队分工、角色设置、处理程序) | | | 30 | |
| 4. 课堂表现及职业素养 | | | 10 | |
| 总体评价 | | | | |
| 教师评价(40%) | 小组自评(30%) | 小组互评(30%) | 学生姓名 | |
| | | | 分数 | |

## 单元小结

城市轨道交通会遭受各种灾害性天气的侵害,其灾害破坏可能导致整个城市和区域经济、社会功能的瘫痪。城市轨道交通系统是城市中人流最为集中的地方之一,一旦发生灾害,将直接危及乘客的人身安全。随着城市规模的不断扩大,人民生活水平和出行需求都在不断提高,对城市轨道交通的依赖越来越大,因而灾害性天气对城市轨道交通造成危害,进而对城市造成损失的可能性也越来越大。因此,如何克服恶劣天气与自然灾害的影响,确保城市轨道交通在各种不利条件下的安全运营,是城市轨道交通运营企业必须面对的问题。

## 复习与思考

1. 什么是恶劣天气?城市轨道交通系统中,应当注意哪些恶劣天气?

2. 城市轨道交通运营公司是如何判断和传递恶劣天气信息的?

3. 简述恶劣天气期间的车站一般应对措施。

4. 如果你所在的城市出现暴雪,作为站务员,在日常工作中,你应该注意哪些问题?

5. 试结合国内外案例,简述地震对城市轨道交通运营来说有哪些影响。

6. 夏季是暴雨频发的季节,若在车站中出现积水漫进车站的情况,作为值班站长,你应当怎样处理?

# 附录1 城市轨道交通常用名词中英文对照表

| 英文简称 | 英文全称 | 中文全称 |
| --- | --- | --- |
| AFC | Auto Fare Collection | 自动售检票 |
| AG | Auto Gate | 闸机 |
| AM | ATO Mode | 列车自动驾驶模式 |
| AR | Automatic Reversal | 自动折返 |
| ATC | Automatic Train Control | 列车自动控制 |
| ATO | Automatic Train Operation | 列车自动运行 |
| ATP | Automatic Train Protection | 列车自动防护 |
| ATPM | ATP Manual Mode | ATP 监督下的人工驾驶模式 |
| ATR | Automatic Train Regulation | 列车自动调整 |
| ATS | Automatic Train Supervision | 列车自动监控 |
| ATT | Automatic Train Tracking | 列车自动跟踪 |
| BAS | Building Automation System | 环境与设备监控系统 |
| BOM | Booking Office Machine | 半自动售票机 |
| BS | Block Section | 闭塞分区 |
| CBTC | Communication Based Train Control System | 基于通信的列车控制系统 |
| CLOW | Central Local Opreation Workstation | 中央联锁工作站 |
| CTC | Centralized Traffic Control | 调度集中 |
| DCC | Depot Control Center | 车辆基地控制中心 |
| DCH | Drive Control Handle | 司机控制手柄 |
| DCU | Drive Control Unit | 牵引控制单元 |

续上表

| 英文简称 | 英文全称 | 中文全称 |
| --- | --- | --- |
| DDC | Direct Digital Controller | 数字直接控制器 |
| DDU | Drive Display Unit | 司机显示单元 |
| DTI | Departure Time Indicator | 发车计时器 |
| FAS | Fire Alarm System | 火灾报警系统 |
| HMI | Human Machine Interface | 人机接口模块 |
| IBP | Integrated Backup Panel | 综合后备盘 |
| ISCS | Integrated Supervision and Control System | 综合监控系统 |
| LCB | Local Control Box | 就地控制盒 |
| LOW | Local Opreation Workstation | 现场操作工作站 |
| MCP | Main Control Panel | 主控盘 |
| MCS | Main Control System | 主控系统 |
| MMI | Man Machine Interface | 人机界面 |
| MS | Mode Switch | 模式选择开关 |
| OCC | Operated Control Center | 运行控制中心 |
| PIIS | Passenger Information and Indication System | 乘客信息显示系统 |
| PIS | Passenger Information System | 乘客信息系统 |
| PSC | Platform System Controller | 站台门控制器 |
| PSL | Platform Screen Doors and Local Control Panel | 就地控制盘 |
| PTI | Positive Train Identification | 列车位置识别 |
| RM | Restricted Manual Mode | 受限制的人工驾驶模式 |
| RTU | Remote Terminal Unit | 车站远程终端单元 |
| SCADA | Scan Control Alarm Database | 电力监控系统 |
| TBS | Telephone Block System | 电话闭塞 |
| TVM | Ticket Vending Machine | 自动售票机 |
| UPS | Uninterrupted Power Supply | 不间断电源 |
| URM | Unrestricted Manual Mode | 不受限制的人工驾驶模式 |
| VCBS | Vital Control by Pass | 重要控制旁路开关 |

# 附录2 常用术语

(1)生产安全事故(事件)。在运营事业总部管辖范围内,在生产过程中,凡因违反规章制度、违反劳动纪律、技术设备不良及其他原因,造成人员伤亡、设备损坏、经济损失、影响正常生产或危及生产安全的,均构成生产安全事故(事件)。其他食品安全、收益安全、治安、交通安全等另有规定的,按其规定执行。

(2)"四不放过"原则。"四不放过"原则事故调查分析和处理的基本原则,具体包括事故原因没有查清不放过、事故责任者没有严肃处理不放过、防范措施没有落实不放过、广大员工没有受到教育不放过。

(3)直接经济损失。直接经济损失是指事故中直接发生的设施、设备损坏或报废的价值及事故救援、伤亡人员处理费(不含保险赔偿费用)。设备报废时按账面价值减除折旧及残值计算;破损设备按修复费用计算。

(4)中断正线行车。中断正线行车是指不论事故发生在区间、车站或车场,造成运营正线双线之一(上、下行线之一)不能通行后续客运列车的情况。正线行车中断时间由事故发生的时间起至实际恢复列车行车条件的时间止(APM 线启动系统运行模式,行车组织能载客往返全线各站时不列入中断正线行车计算)。

(5)列车。列车是指按地铁规定编组的并有车次号的客车车组、工程车、单机,分为客运列车、其他列车两类。列车与其他调车作业的客车车组、机车、车辆、设施、设备等互相冲撞而发生的事故(事件),按列车事故(事件)论。列车以调车方式进行摘挂或转线而发生的事故(事件),按调车事故(事件)论。

(6)客运列车。客运列车是指以运送乘客为目的按规定编组而成的客车车组,且已载有乘客或非运营总部人员,包括专列。

(7)非客运列车。非客运列车是指除客运列车以外的列车,包括空列车、工程列车、调试列车、救援列车及开行的单机等。当列车救援时,无论故障列车或是救援列车,只要某一列车上载有乘客,均按客运列车论。

(8)工程列车。工程列车是指因运营生产的需要开行的由机车与按规定编组的车辆(包括客车、单元车、单节车、平板车等)连挂而成的列车。

(9)调试列车。调试列车是指因对运营设备进行调整、试验需开行的列车。

(10)救援列车。救援列车是指因需处理运营生产中发生的事件,担任救援任务而开行的列车。

(11)单机。单机是指因运营生产的需要开行的带有车次号的机车。

(12)机车。机车是指除客车车组外,凡自身带有动力能独立行驶的车辆(现阶段包括600型内燃机车、380型内燃机车、210型轨道车、架线车、磨轨车、网轨检测车等,根据运营总部增加的设备而增加)。

(13)车辆。车辆是指含电客车、机车、平板车、作业车、检测车等在轨道上运行的设备。

(14)重伤。重伤按照《劳动部关于重伤范围的意见》及国家标准《企业职工伤亡事故分类》(GB 6441—1986)的有关规定执行。

(15)冲突。冲突是指列车、机车、车辆相互间或与设施(包括车库、站台、车挡)设备发生冲撞招致列车、客车车组、机车、车辆、设施、设备等破损。

(16)脱轨。脱轨是指列车、客车车组、机车、车辆车轮离开钢轨轨面(包括脱轨后又自行复轨)。每辆(台)只要脱轨1轮,即按1辆(台)计算。

(17)整备作业。整备作业是指列车、机车、车辆、轨道车等进行检查、试验设备功能、清扫等作业。整备作业过程中发生的行车事故(事件),按调车事故(事件)论。

(18)列车分离。列车分离是指编组列车因未确认车的连接状态或车钩作用不良而发生的车辆分离(包括车钩缓冲装置破损)。

(19)占用线。占用线是指停有列车、客车车组、机车、车辆的线路或已封锁的线路。

(20)占用区间。占用区间是指下列情况之一:

①区间已进入列车;

②区间已被列车取得占用的许可;

③封锁的区间(如安排进行施工作业等);

④区间内有停留或溜入的列车、客车车组、机车、车辆。列车发出后溜入的亦算在内。

(21)向占用区间或区段错发出列车。向占用区间或区段错发出列车是指在采用站间电话联系法、电话闭塞法、区段进路行车法等人工组织行车法行车时,向占用区间或区段发出列车。开行救援列车、抢险列车时除外。

(22)准备好进路。

有下列情况之一的,属于未准备好进路:

①进路上停有车辆或危及行车的障碍物;

②进路上的道岔未扳、错扳、临时扳动或错误转动;

③邻线的列车、客车车组、机车、车辆等越出警冲标。

(23)未拿或错拿行车凭证发出列车。未拿或错拿行车凭证发出列车是指已办理完行车手续,应凭行车凭证发车的但没交或没拿,或者行车凭证有日期、区间、车次错误的,并且已经发出列车。

(24)信号升级显示。信号升级显示是指由于某种信号联锁条件错误或有关人员违章操作,信号机设备发生应停信号显示为开放信号。

(25)擅自改变列车运行方向行车。擅自改变列车运行方向行车是指在没有车载信号保护的情况下,未经行车调度允许,列车没按规定或图定的运行方向或行车调度员指挥的行车方向运行的,并已占用或进入另一区间。

(26)未办或错办行车手续发出列车。未办或错办行车手续发出列车是指在采用站间电话联系法、电话闭塞法、区段进路行车法等人工组织行车法行车时,未办理行车手续发出列车,或办理手续后的区间或区段与列车运行的区间不一致。

(27)列车冒进。

信号有下列情况之一的,属于列车冒进信号:

①列车前端任何一部分越过固定信号显示的停车信号或规定的手信号显示地点;

②停车列车越过信号机或警冲标;

③不含因紧急情况扣车、信号突变等,致使列车采取紧急制动后越出信号机的。

(28)超速运行。超速运行是指列车的运行速度超过线路、车辆、规章等设备要求和安全规定的最高速度。不含因行车组织、服务需要进行的临时限速,以及 ATP 保护范围内的超速。

(29)车辆溜逸且已经进入正线区间或车站。车辆溜逸且已经进入正线区间或车站是指机车发生溜车,越出本车原占用的线路、股道或区间,并且进入了正线区间或车站。

(30)客运列车错开车门、未关闭车门行车、运行途中开门、车未停稳开门。

①错开车门,是指客运列车停车后未对好站台开启客室车门(指客车至少有一个客室门越出站台头端墙或未到站台尾端墙,在未切除车门的情况下,打开了客室车门)或开启非站台(含不具备服务条件或不组织运营服务的站台)一侧的客室车门。

②未关闭车门行车,是指客运列车客室门未关闭或未关闭好(两侧门缝隙大于 30mm)发车,故障车门已越出站台或进入区间。若车门故障无法关闭,已设置防护栏或专门工作人员随车在故障车门处进行监护,不按本款论。

③运行途中开门,是指在客运列车运行过程中,因车门故障等原因,客室车门打开。

④车未停稳开门,是指客运列车未停稳时,客室车门打开。

(31)客运列车夹人开车。客运列车夹人开车是指夹住人体任何部位或随身衣物起动列车。

(32)将人关在车门与屏蔽门之间开车。将人关在车门与屏蔽门之间开车是指有人进入了车门与屏蔽门之间空隙起动列车。

(33)伤害后果。伤害后果是指按国家标准构成轻伤以上或地铁责任医疗费用 1000 元以上。

(34)接触网(轨)错送电、漏停电。接触网(轨)错送电、漏停电是指因工作失误造成接触网(轨)不应该送电的送电,或者应该停电的没停电。

(35)运营时间车站照明全部熄灭。运营时间车站照明全部熄灭是指运营时间内,某座城市轨道交通车站的照明(包括正常照明、应急照明)全部熄灭。因城市轨道交通外部供电失效造成的照明全部熄灭时不列于此项内。

(36)接触网断线或断杆。接触网断线或断杆是指接触线或承力索断线,或者接触网支柱断。

(37)调车。调车是指除列车在正线运行、车站或车厂到发以外,一切机车、车辆或列车有目的的移动。

(38)挤岔。挤岔是指车轮挤上道岔、挤过道岔或挤坏道岔。

(39)应停载客列车未停站通过。应停载客列车未停站通过是指因有关行车人员违反劳动纪律、违反规章制度致使应停载客列车在站通过(不包括行车调度根据列车运行情况临时调整变更通过的列车)。

(40)擅自切除车载安全装置。擅自切除车载安全装置是指未按规定得到行车调度员同意,擅自切除客车车组的ATP切除开关、车门旁路开关、疏散门旁路开关、气制动旁路开关、停车制动旁路开关等安全设施。

(41)设施、设备超限。设施、设备超限是指设施、设备越过设备限界。

(42)车辆超限、装载货物超限。车辆超限、装载货物超限是指客车、机车、车辆等任何一部分超出车辆限界,或装载的货物任何一部分超出车辆限界。

(43)侵入行车限界。侵入行车限界简称侵限。限界是为保证地铁车辆安全行车规定的技术尺寸,任何设备、设施不得超过车辆限界,否则即侵入行车限界。

(44)未撤除防溜措施动车。未撤除防溜措施动车是指没有撤除铁鞋、止轮器动车,或没有缓解制动、手闸等动车。

(45)漏乘。漏乘是指乘务员在列车开车时,未按规定人数出乘。若有同等职务的人员或能胜任现行职务的高职人员顶替出乘将列车正点开出,不按事件论。

(46)操作不当或客运列车客室、车站设施设备不良造成人员受伤。操作不当或客运列车客室、车站设施设备不良造成人员受伤是指由于操作不当或客运列车客室、车站设施设备不良,造成轻伤或以上,或发生地铁责任承担医疗费用1000元及以上的。

(47)耽误列车。耽误列车是指列车在始发站或停车站,因违章作业、违反劳动纪律造成列车晚开或超过运行图规定的停车时间。

(48)未经允许客运列车搭载乘客进入非运营线路。未经允许客运列车搭载乘客进入非运营线路是指载客列车未经行车调度许可,在未进行清客的情况下擅自驶入未对外运营的线路、车站、车厂线,或因未计划办理进路致使载客进入非运营线路(折返线、存车线、车厂线路等)。

(49)电客车误进供电区。电客车误进供电区是指电客车升弓或伸出集电靴由无电区进入有电区,或由有电区进入无电区。

# 附录3 标准化用语范例

## 1 呼叫应答制度

所有无线对讲必须以发起呼叫的形式开始对讲，呼叫应答完毕后再报事由，在呼叫应答中必须说明列车车次、位置和动态。

### 1.1 司机呼叫行车调度员（以下简称“行调”）

司机：“行调，____站上（或下）行（或进、出站）____次呼叫。”

行调：“____站上（或下）行（或进、出站）____次司机，请讲。”

### 1.2 行调呼叫司机

行调：“____站上（或下）行（或进、出站）____次司机，行调呼叫。”

司机回答：“____站上（或下）行（或进、出站）____次司机有，行调请讲。”

## 2 列车迫停（不明原因时）

司机：

“行调，____次____站上（或下）行线被迫停车。”

“行调，____次____站至____站间上（或下）行线被迫停车。”

行调：

“____站上（或下）行线____次原地待令（或其他指令）。”

“____站至____站间上（或下）行线____次原地待令（或其他指令）。”

## 3 列车脱轨（或倾覆）

司机：“行调____次列车脱轨（或倾覆），妨碍（或不妨碍）邻线。”

行调：“____次列车脱轨（或倾覆），妨碍（或不妨碍）邻线，司机严禁动车。”

## 4 列车发生挤岔

司机：“行调，____次列车挤岔，妨碍（或不妨碍）邻线。”

行调：“____次列车挤岔，妨碍（或不妨碍）邻线，司机严禁动车。”

## 5 行调命令列车立即停车

行调:“____次列车立即停车。”
司机:“____次列车立即停车。”
司机停车后
司机:“行调,____次列车停稳。
行调:“____次列车待令。”

## 6 列车发生故障

司机:“行调,____次发生____故障,影响(或不影响)运行。”
行调:“____次发生____故障,影响(或不影响)运行。”

# 附录4 国家城市轨道交通运营突发事件应急预案

## 国家城市轨道交通运营突发事件应急预案

（国办函〔2015〕32号）

### 1 总则

#### 1.1 编制目的

建立健全城市轨道交通运营突发事件（以下简称运营突发事件）处置工作机制，科学有序高效应对运营突发事件，最大程度减少人员伤亡和财产损失，维护社会正常秩序。

#### 1.2 编制依据

依据《中华人民共和国突发事件应对法》《中华人民共和国安全生产法》《生产安全事故报告和调查处理条例》《国家突发公共事件总体应急预案》及相关法律法规等，制订本预案。

#### 1.3 适用范围

本预案适用于城市轨道交通运营过程中发生的因列车撞击、脱轨，设施设备故障、损毁，以及大客流等情况，造成人员伤亡、行车中断、财产损失的突发事件应对工作。

因地震、洪涝、气象灾害等自然灾害和恐怖袭击、刑事案件等社会安全事件以及其他因素影响或可能影响城市轨道交通正常运营时，依据国家相关预案执行，同时参照本预案组织做好监测预警、信息报告、应急响应、后期处置等相关应对工作。

#### 1.4 工作原则

运营突发事件应对工作坚持统一领导、属地负责，条块结合、协调联动，快速反应、科学处置的原则。运营突发事件发生后，城市轨道交通所在地城市及以上地方各级人民政府和有关部门、城市轨道交通运营单位（以下简称运营单位）应立即按照职责分工和相关预案开展处置工作。

#### 1.5 事件分级

按照事件严重性和受影响程度，运营突发事件分为特别重大、重大、较大和一般四级。

事件分级标准见本预案附则。

## 2 组织指挥体系

### 2.1 国家层面组织指挥机构

交通运输部负责运营突发事件应对工作的指导协调和监督管理。根据运营突发事件的发展态势和影响,交通运输部或事发地省级人民政府可报请国务院批准,或根据国务院领导同志指示,成立国务院工作组,负责指导、协调、支持有关地方人民政府开展运营突发事件应对工作。必要时,由国务院或国务院授权交通运输部成立国家城市轨道交通应急指挥部,统一领导、组织和指挥运营突发事件应急处置工作。

### 2.2 地方层面组织指挥机构

城市轨道交通所在地城市及以上地方各级人民政府负责本行政区域内运营突发事件应对工作,要明确相应组织指挥机构。地方有关部门按照职责分工,密切配合,共同做好运营突发事件的应对工作。

对跨城市运营的城市轨道交通线路,有关城市人民政府应建立跨区域运营突发事件应急合作机制。

### 2.3 现场指挥机构

负责运营突发事件处置的人民政府根据需要成立现场指挥部,负责现场组织指挥工作。参与现场处置的有关单位和人员应服从现场指挥部的统一指挥。

### 2.4 运营单位

运营单位是运营突发事件应对工作的责任主体,要建立健全应急指挥机制,针对可能发生的运营突发事件完善应急预案体系,建立与相关单位的信息共享和应急联动机制。

### 2.5 专家组

各级组织指挥机构及运营单位根据需要设立运营突发事件处置专家组,由线路、轨道、结构工程、车辆、供电、通信、信号、环境与设备监控、运输组织等方面的专家组成,对运营突发事件处置工作提供技术支持。

## 3 监测预警和信息报告

### 3.1 监测和风险分析

运营单位应当建立健全城市轨道交通运营监测体系,根据运营突发事件的特点和规律,加大对线路、轨道、结构工程、车辆、供电、通信、信号、消防、特种设备、应急照明等设施设备和环境状态以及客流情况等的监测力度,定期排查安全隐患,开展风险评估,健全风险防控措施。当城市轨道交通正常运营可能受到影响时,要及时将有关情况报告当地城市轨道交通运营主管部门。

城市轨道交通所在地城市及以上地方各级人民政府城市轨道交通运营主管部门，应加强对本行政区域内城市轨道交通安全运营情况的日常监测，会同公安、国土资源、住房城乡建设、水利、安全监管、地震、气象、铁路、武警等部门（单位）和运营单位建立健全定期会商和信息共享机制，加强对突发大客流和洪涝、气象灾害、地质灾害、地震等信息的收集，对各类风险信息进行分析研判，并及时将可能导致运营突发事件的信息告知运营单位。有关部门应及时将可能影响城市轨道交通正常运营的信息通报同级城市轨道交通运营主管部门。

### 3.2　预警

#### 3.2.1　预警信息发布

运营单位要及时对可能导致运营突发事件的风险信息进行分析研判，预估可能造成影响的范围和程度。城市轨道交通系统内设施设备及环境状态异常可能导致运营突发事件时，要及时向相关岗位专业人员发出预警；因突发大客流、自然灾害等原因可能影响城市轨道交通正常运营时，要及时报请当地城市轨道交通运营主管部门，通过电视、广播、报纸、互联网、手机短信、楼宇或移动电子屏幕、当面告知等渠道向公众发布预警信息。

#### 3.2.2　预警行动

研判可能发生运营突发事件时，运营单位视情采取以下措施：

（1）防范措施。

对于城市轨道交通系统内设施设备及环境状态预警，要组织专业人员迅速对相关设施设备状态进行检查确认，排除故障，并做好故障排除前的各项防范工作。

对于突发大客流预警，要及时调整运营组织方案，加强客流情况监测，在重点车站增派人员加强值守，做好客流疏导，视情采取限流、封站等控制措施，必要时申请启动地面公共交通接驳疏运。城市轨道交通运营主管部门要及时协调组织运力疏导客流。

对于自然灾害预警，要加强对地面线路、设备间、车站出入口等重点区域的检查巡视，加强对重点设施设备的巡检紧固和对重点区段设施设备的值守监测，做好相关设施设备停用和相关线路列车限速、停运准备。

（2）应急准备。

责令应急救援队伍和人员进入待命状态，动员后备人员做好参加应急救援和处置工作准备，并调集运营突发事件应急所需物资、装备和设备，做好应急保障工作。

（3）舆论引导。

预警信息发布后，及时公布咨询电话，加强相关舆情监测，主动回应社会公众关注的问题，及时澄清谣言传言，做好舆论引导工作。

#### 3.2.3　预警解除

运营单位研判可能引发运营突发事件的危险已经消除时，宣布解除预警，适时终止相关措施。

### 3.3　信息报告

运营突发事件发生后，运营单位应当立即向当地城市轨道交通运营主管部门和相关部门报告，同时通告可能受到影响的单位和乘客。

事发地城市轨道交通运营主管部门接到运营突发事件信息报告或者监测到相关信息后，应当立即进行核实，对运营突发事件的性质和类别作出初步认定，按照国家规定的时限、程序和要求向上级城市轨道交通运营主管部门和同级人民政府报告，并通报同级其他相关部门和单位。运营突发事件已经或者可能涉及相邻行政区域的，事发地城市轨道交通运营主管部门应当及时通报相邻区域城市轨道交通运营主管部门。事发地城市及以上地方各级人民政府、城市轨道交通运营主管部门应当按照有关规定逐级上报，必要时可越级上报。对初判为重大以上的运营突发事件，省级人民政府和交通运输部要立即向国务院报告。

## 4　应急响应

### 4.1　响应分级

根据运营突发事件的严重程度和发展态势，将应急响应设定为Ⅰ级、Ⅱ级、Ⅲ级、Ⅳ级四个等级。初判发生特别重大、重大运营突发事件时，分别启动Ⅰ级、Ⅱ级应急响应，由事发地省级人民政府负责应对工作；初判发生较大、一般运营突发事件时，分别启动Ⅲ级、Ⅳ级应急响应，由事发地城市人民政府负责应对工作。对跨城市运营的城市轨道交通线路，有关城市人民政府在建立跨区域运营突发事件应急合作机制时应明确各级应急响应的责任主体。

对需要国家层面协调处置的运营突发事件，由有关省级人民政府向国务院或由有关省级城市轨道交通运营主管部门向交通运输部提出请求。

运营突发事件发生在易造成重大影响的地区或重要时段时，可适当提高响应级别。应急响应启动后，可视事件造成损失情况及其发展趋势调整响应级别，避免响应不足或响应过度。

### 4.2　响应措施

运营突发事件发生后，运营单位必须立即实施先期处置，全力控制事件发展态势。各有关地方、部门和单位根据工作需要，组织采取以下措施。

#### 4.2.1　人员搜救

调派专业力量和装备，在运营突发事件现场开展以抢救人员生命为主的应急救援工作。现场救援队伍之间要加强衔接和配合，做好自身安全防护。

#### 4.2.2　现场疏散

按照预先制订的紧急疏导疏散方案，有组织、有秩序地迅速引导现场人员撤离事发地点，疏散受影响城市轨道交通沿线站点乘客至城市轨道交通车站出口；对城市轨道交通线路实施分区封控、警戒，阻止乘客及无关人员进入。

#### 4.2.3　乘客转运

根据疏散乘客数量和发生运营突发事件的城市轨道交通线路运行方向，及时调整城市公共交通路网客运组织，利用城市轨道交通其余正常运营线路，调配地面公共交通车辆运

输,加大发车密度,做好乘客的转运工作。

4.2.4 交通疏导

设置交通封控区,对事发地点周边交通秩序进行维护疏导,防止发生大范围交通瘫痪;开通绿色通道,为应急车辆提供通行保障。

4.2.5 医学救援

迅速组织当地医疗资源和力量,对伤病员进行诊断治疗,根据需要及时、安全地将重症伤病员转运到有条件的医疗机构加强救治。视情增派医疗卫生专家和卫生应急队伍、调配急需医药物资,支持事发地的医学救援工作。提出保护公众健康的措施建议,做好伤病员的心理援助。

4.2.6 抢修抢险

组织相关专业技术力量,开展设施设备等抢修作业,及时排除故障;组织土建线路抢险队伍,开展土建设施、轨道线路等抢险作业;组织车辆抢险队伍,开展列车抢险作业;组织机电设备抢险队伍,开展供电、通信、信号等抢险作业。

4.2.7 维护社会稳定

根据事件影响范围、程度,划定警戒区,做好事发现场及周边环境的保护和警戒,维护治安秩序;严厉打击借机传播谣言制造社会恐慌等违法犯罪行为;做好各类矛盾纠纷化解和法律服务工作,防止出现群体性事件,维护社会稳定。

4.2.8 信息发布和舆论引导

通过政府授权发布、发新闻稿、接受记者采访、举行新闻发布会、组织专家解读等方式,借助电视、广播、报纸、互联网等多种途径,运用微博、微信、手机应用程序(App)客户端等新媒体平台,主动、及时、准确、客观向社会持续动态发布运营突发事件和应对工作信息,回应社会关切,澄清不实信息,正确引导社会舆论。信息发布内容包括事件时间、地点、原因、性质、伤亡情况、应对措施、救援进展、公众需要配合采取的措施、事件区域交通管制情况和临时交通措施等。

4.2.9 运营恢复

在运营突发事件现场处理完毕、次生灾害后果基本消除后,及时组织评估;当确认具备运营条件后,运营单位应尽快恢复正常运营。

### 4.3 国家层面应对工作

4.3.1 部门工作组应对

初判发生重大以上运营突发事件时,交通运输部立即派出工作组赴现场指导督促当地开展应急处置、原因调查、运营恢复等工作,并根据需要协调有关方面提供队伍、物资、技术等支持。

4.3.2 国务院工作组应对

当需要国务院协调处置时,成立国务院工作组。主要开展以下工作:

(1)传达国务院领导同志指示批示精神,督促地方政府和有关部门贯彻落实;

(2)了解事件基本情况、造成的损失和影响、应急处置进展及当地需求等;

(3)赶赴现场指导地方开展应急处置工作;

(4)根据地方请求,协调有关方面派出应急队伍、调运应急物资和装备、安排专家和技术人员等,为应急处置提供支援和技术支持;

(5)指导开展事件原因调查工作;

(6)及时向国务院报告相关情况。

4.3.3　国家城市轨道交通应急指挥部应对

根据事件应对工作需要和国务院决策部署,成立国家城市轨道交通应急指挥部,统一领导、组织和指挥运营突发事件应急处置工作。主要开展以下工作:

(1)组织有关部门和单位、专家组进行会商,研究分析事态,部署应急处置工作;

(2)根据需要赴事发现场,或派出前方工作组赴事发现场,协调开展应对工作;

(3)研究决定地方人民政府和有关部门提出的请求事项,重要事项报国务院决策;

(4)统一组织信息发布和舆论引导工作;

(5)对事件处置工作进行总结并报告国务院。

## 5　后期处置

### 5.1　善后处置

城市轨道交通所在地城市人民政府要及时组织制订补助、补偿、抚慰、抚恤、安置和环境恢复等善后工作方案并组织实施。组织保险机构及时开展相关理赔工作,尽快消除运营突发事件的影响。

### 5.2　事件调查

运营突发事件发生后,按照《生产安全事故报告和调查处理条例》等有关规定成立调查组,查明事件原因、性质、人员伤亡、影响范围、经济损失等情况,提出防范、整改措施和处理建议。

### 5.3　处置评估

运营突发事件响应终止后,履行统一领导职责的人民政府要及时组织对事件处置过程进行评估,总结经验教训,分析查找问题,提出改进措施,形成应急处置评估报告。

## 6　保障措施

### 6.1　通信保障

城市轨道交通所在地城市及以上地方人民政府、通信主管部门要建立健全运营突发事件应急通信保障体系,形成可靠的通信保障能力,确保应急期间通信联络和信息传递需要。

### 6.2　队伍保障

运营单位要建立健全运营突发事件专业应急救援队伍，加强人员设备维护和应急抢修能力培训，定期开展应急演练，提高应急救援能力。公安消防、武警部队等要做好应急力量支援保障。根据需要动员和组织志愿者等社会力量参与运营突发事件防范和处置工作。

### 6.3　装备物资保障

城市轨道交通所在地城市及以上地方人民政府和有关部门、运营单位要加强应急装备物资储备，鼓励支持社会化储备。城市轨道交通运营主管部门、运营单位要加强对城市轨道交通应急装备物资储备信息的动态管理。

### 6.4　技术保障

支持运营突发事件应急处置先进技术、装备的研发。建立城市轨道交通应急管理技术平台，实现信息综合集成、分析处理、风险评估的智能化和数字化。

### 6.5　交通运输保障

交通运输部门要健全道路紧急运输保障体系，保障应急响应所需人员、物资、装备、器材等的运输，保障人员疏散。公安部门要加强应急交通管理，保障应急救援车辆优先通行，做好人员疏散路线的交通疏导。

### 6.6　资金保障

运营突发事件应急处置所需经费首先由事件责任单位承担。城市轨道交通所在地城市及以上地方人民政府要对运营突发事件处置工作提供资金保障。

## 7　附则

### 7.1　术语解释

城市轨道交通是指采用专用轨道导向运行的城市公共客运交通系统，包括地铁系统、轻轨系统、单轨系统、有轨电车、磁浮系统、自动导向轨道交通系统、市域快速轨道系统等。

### 7.2　事件分级标准

(1)特别重大运营突发事件：造成30人以上死亡，或者100人以上重伤，或者直接经济损失1亿元以上的。

(2)重大运营突发事件：造成10人以上30人以下死亡，或者50人以上100人以下重伤，或者直接经济损失5000万元以上1亿元以下，或者连续中断行车24h以上的。

(3)较大运营突发事件：造成3人以上10人以下死亡，或者10人以上50人以下重伤，或者直接经济损失1000万元以上5000万元以下，或者连续中断行车6h以上24h以下的。

(4)一般运营突发事件：造成3人以下死亡，或者10人以下重伤，或者直接经济损失50万元以上1000万元以下，或者连续中断行车2h以上6h以下的。

上述分级标准有关数量的表述中，“以上”含本数，“以下”不含本数。

### 7.3 预案管理

预案实施后,交通运输部要会同有关部门组织预案宣传、培训和演练,并根据实际情况,适时组织评估和修订。城市轨道交通所在地城市及以上地方人民政府要结合当地实际制订或修订本级运营突发事件应急预案。

### 7.4 预案解释

本预案由交通运输部负责解释。

### 7.5 预案实施时间

本预案自印发之日起实施。

## 附件:有关部门和单位职责

城市轨道交通运营突发事件应急组织指挥机构成员单位主要包括城市轨道交通运营主管部门、公安、安全监管、住房城乡建设、卫生计生、质检、新闻宣传、通信、武警等部门和单位。各有关部门和单位具体职责如下:

城市轨道交通运营主管部门负责指导、协调、组织运营突发事件监测、预警及应对工作,负责运营突发事件应急工作的监督管理;牵头组织完善城市轨道交通应急救援保障体系,协调建立健全应急处置联动机制;指导运营单位制订城市轨道交通应急疏散保障方案;指定或协调应急救援运输保障单位,组织事故现场人员和物资的运送;参与事件原因分析、调查与处理工作。

公安部门负责维护现场治安秩序和交通秩序;参与抢险救援,协助疏散乘客;监督指导重要目标、重点部位治安保卫工作;依法查处有关违法犯罪活动;负责组织消防力量扑灭事故现场火灾;参与相关事件原因分析、调查与处理工作。

安全监管部门负责组织指挥专业抢险队伍对运营突发事件中涉及的危险化学品泄漏事故进行处置;负责组织安全生产专家组对涉及危险化学品的运营突发事件提出相应处置意见;牵头负责事件原因分析、调查与处理工作。

住房城乡建设部门负责组织协调建设工程抢险队伍,配合运营单位专业抢险队伍开展工程抢险救援;对事后城市轨道交通工程质量检测工作进行监督;参与相关事件原因分析、调查与处理工作。

卫生计生部门负责组织协调医疗卫生资源,开展伤病员现场救治、转运和医院收治工作,统计医疗机构接诊救治伤病员情况;根据需要做好卫生防病工作,视情提出保护公众健康的措施建议,做好伤病员的心理援助。

质检部门负责牵头特种设备事故调查处理,参与相关事件原因分析、调查与处理工作。

新闻宣传部门负责组织、协调运营突发事件的宣传报道、事件处置情况的新闻发布、舆情收集和舆论引导工作,组织新闻媒体和网站宣传运营突发事件相关知识,加强对互联网信息的管理。各处置部门负责发布职责范围内的工作信息,处置工作牵头部门统筹发布抢险

处置综合信息。

通信部门负责组织协调基础电信运营单位做好运营突发事件的应急通信保障工作;参与相关事件原因分析、调查与处理工作。

武警部队负责协同有关方面保卫重要目标,制止违法行为,搜查、抓捕犯罪分子,开展人员搜救、维护社会治安和疏散转移群众等工作。

其他有关部门应组织协调供电、水务、燃气等单位做好运营突发事件的应急供电保障,开展供水管道和燃气管道等地下管网抢修;视情参与相关事件原因分析、调查与处理工作等。

各地区可根据实际情况对成员单位组成及职责作适当调整。必要时可在指挥机构中设置工作组,协同做好应急处置工作。

# 参 考 文 献

[1] 刘奇,徐新玉.城市轨道交通应急处理[M].北京:人民交通出版社股份有限公司,2015.

[2] 孟祥虎,孙巧玲.城市轨道交通应急处理[M].北京:人民交通出版社股份有限公司,2015.

[3] 王博,申碧涛.城市轨道交通应急处理实务[M].北京:人民交通出版社股份有限公司,2017.

[4] 王靓,于赛英.城市轨道交通应急处理[M].北京:机械工业出版社,2014.

[5] 李宇辉.城市轨道交通应急处理[M].北京:人民交通出版社股份有限公司,2017.

[6] 刘亚苹,王笑然.城市轨道交通安全管理[M].北京:中国建材工业出版社,2017.

[7] 杨阳.关于地铁列车区间疏散的探讨[J].内燃机与配件,2018(17).

[8] 王芳梅,刘杰.城市轨道交通应急与安全管理[M].北京:清华大学出版社,2017.

[9] 刘利莉.城市轨道交通突发事件应急处理[M].北京:机械工业出版社,2017.

[10] 刘光武,王富章.城市轨道交通运营安全应急管理及信息化[M].北京:中国铁道出版社,2015.